Folge dem weißen

Kaninchen

...in die Welt der Philosophie

跟着白色兔子，到哲学世界去

（德）菲利普·希伯尔（Philipp Hübl） 著
王荣辉 译

漓江出版社
桂林

Author: Philipp Hübl
Title: *FOLGE DEM WEIβEN KANINCHEN... IN DIE WELT DER PHILOSOPHIE*

著作权合同登记号桂图登字:20-2016-352号

图书在版编目(CIP)数据

跟着白色兔子,到哲学世界去/(德)菲利普·希伯尔 著;王荣辉 译.—桂林:漓江出版社,2017.5(2017.11重印)
书名原文:Folge dem weiβen Kaninchen... in die Welt der Philosophie
(大学新知)
ISBN 978-7-5407-8007-4

Ⅰ.①跟… Ⅱ.①菲… ②王… Ⅲ.①哲学-通俗读物Ⅳ.①B-49

中国版本图书馆CIP数据核字(2016)第004206号

丛书主持:叶 子
本书策划:周向荣
责任编辑:叶 子
封面设计:何 萌
内文排版:姜政宏
责任营销:景迷霞

出版人:刘迪才
漓江出版社有限公司出版发行
广西桂林市南环路22号 邮政编码:541002
网址:http://www.lijiangbook.com
全国新华书店经销
销售热线:0773-2583322

北京汇瑞嘉合文化发展有限公司
(北京市经济技术开发区荣华南路10号院 邮政编码:100176)
开本:880mm×1 230mm 1/32
印张:10 字数:210千字
2017年5月第1版 2017年11月第2次印刷
定价:39.80元

如发现印装质量问题,影响阅读,请与承印单位联系调换。
(电话:010-67817768)

目录

CONTENTS

目录
CONTENTS

前言

追寻兔子的踪迹

正当爱丽丝在花园里玩耍时,突然间,有只白兔口里念念有词地跑了过去。好奇的她尾随在后,接着便从兔子洞落入了奇境里。爱丽丝从真实的世界来到了一个幻想的世界,在经历一番冒险后,再度返回。

《爱丽丝梦游奇境》(*Alice's Adventures in Wonderland*)的作者刘易斯·卡罗尔(Lewis Carroll)并非只是作家,他同时也是逻辑学家与哲学家。因此,在广大读者的心目中,书中的奇境就仿佛是个充满哲学谜团的地方;读者们或许会问,"我们能否在早餐之前想出六件不可能的事?矮胖子是否真能理解自己所说的话的含义?那只龇牙咧嘴的猫是否真能整个消失,只留下露齿的笑容?"

在电影《黑客帝国》里,历险旅程的方向则正好完全相反。主角尼奥(Neo)在计算机荧幕上见到了一条信息:"跟着白兔走!"不久之后,有人找上门来。有个在肩膀上刺了只兔子的女人邀他去参加一场"派对"。后来尼奥遇见了神秘人物莫菲斯(Morpheus),他要尼奥在红色与蓝色药丸之间作个选择。

尼奥选择了红色的药丸。当他睁开眼后,便从原本所身处的那个绿色的、优雅的虚幻世界,回到了幽暗的、粗鄙的现实世界。与刘易斯·卡罗尔一样,《黑客帝国》的导演沃卓斯基姊弟(拉娜·沃卓斯基[Lana Wachowski],变性之前名为劳伦斯·沃卓斯基[Laurence Wachowski]与安德鲁·沃卓斯基[Andrew Wachowski]),同样以这部电影创造了一个充满哲学谜团的地方;观众们或许也会问:“整个世界是否可能只是一个幻象?机器有思考的能力吗?我们是否真有自由意志,或者,一切其实都只是注定好的宿命罢了?”

当我们提出了哲学的问题,我们的思维便会去“流浪”。在哲学里,以诸如“流浪”或“旅行”来比喻“前进”,可谓司空见惯。康德曾将哲学形容成“在思想中确定方向”。在维特根斯坦看来,哲学的问题具有“我不了解自己”这样的形式。而哲学的目的无非在于,“为苍蝇指出飞出捕蝇瓶的路”。

捕蝇瓶是一种下方敞开而上方封闭的容器,一旦苍蝇误入其中,便会被困在里头,因为它们总是只想着要往上飞。人类想要逃出所谓的“奇境”或“母体”(matrix,即《黑客帝国》里机械世界的主宰),就好比困在这种玻璃瓶里的苍蝇,同样也是困难重重。

在本书里,你可以跟着白兔前往另一个奇境:现实。因为,借哲学的眼镜之助,我们可以用更犀利的眼光观察那些平凡无奇的事物。诚如普鲁斯特所昭示我们的,最棒的旅行并非那些远赴异国的游历,而是以不一样的角度去审视这个世界。就在这穿越人生、穿越世界的来来回回中,我们在追逐知识的旅程上满载而归。

我们可以一如既往、单纯地逛逛超市,或是与此同时稍微想一想,一场看似平凡无奇的购物,是否就是对我们的自由意志所作的考验?我们可以舒舒服服地聆听一场歌剧,或是与此同时稍微想一想,我们之所以认为《女武神》(*Walkure*)这部作品美妙,不过只是由于我们具有从众的心态罢了?我们可以抽根卷烟,优哉游哉地享受吞云吐雾的快感,或是与此同时,附带地问问自己,“吸烟究竟会限制还是扩张我们的意识,此举到底具有什么样的意义?”

现实的奇境

这是一本关于现代哲学的导读，通过十个篇章，清楚地回答了哲学方面的大提问：人可以不带情感地活着吗？神存在吗？我们能否自由地作决定？我们能够知道什么？我们的言语如何具有意义？可以用科学的方式去解释意识吗？梦是否具有功能？我们如何感受自己的身体？为何美对我们而言，是如此重要？死亡是否具有意义？这些篇章各自是独立的单元，不必依靠别的篇章也能读懂它们。

传统的导读书籍总是会让我哈欠连连。更糟的是，即便读了十几次与古代思想家及其难解的理论有关的介绍后，读者依然搞不清楚，到底谁说的正确以及为何正确，更遑论，当前某些有趣的争议问题竟只字未提。

这本书为读者在哲学的迷宫中指引了方向，其中还包括过去几十年中为人所发掘的一些秘密通道与快捷方式。在旅程中，我们将会把某些知名但却杂乱无章的理论弃于路旁，许多成见与迷思则会被我们修剪。有别于那些尽可能将所有见解集于一身的传统导读，本书则是将重心放在好的论据上。

在中学的最后三年里，我们都曾在许多科目中读过与哲学有关的文章。这些文章曾激发我求知的热情。然而，那些基于理论的晦暗不明所累积出的求知动能，却将我误导至两个错误的方向。一来，我曾误以为，那些以愈隐晦、愈难解的方式呈现在读者面前的文章，必定是“寓意愈为深远”的文章。

可是，上了大学之后，我很快就发现，“我错了！”那些讳莫如深其实不是我的问题，而是那些文章的问题；那些看似博大精深的内容,往往若非陈词滥调,便是胡说八道。

二来,我也曾相信,通过学习哲学,我便能将某种“帷幕”推开,从而跨入一个全新的世界。然而,关于这一点,我又错了。哲学家的工作其实并非在于发现陌生的奇境,他们充其量只是将已知的世界看得更为透彻。他们只是通过学习而理解到,例如柏拉图的“理念论”(Ideenlehre)里的“帷幕”或“隐藏的智能”这些隐喻,其实不过只是一些影响深远却根本站不住脚的知识理论罢了。事实上,根本就没有隐藏着的第二个世界。现实其实就是真正的奇境!

好的哲学家会力求他们的文章能达到清晰与可理解的理想状态。为此,他们会戴上擦拭干净的观念眼镜。有时他们还会拿出放大镜来仔细审视,有时甚至会拿出广角镜,从较大的脉络去进行观察。在这当中,我们应当尽力避免各种观念上的镜片让我们的观察失真。

更确切地来说,许多人往往会埋首于某位思想家的研究,他们不仅对该思想家的用语和思想如数家珍,甚至还将这些人的观点奉为圭臬。譬如,要是人们戴上了尼采的太阳眼镜,整个世界便会显得阴阴沉沉;若是在鼻子上架一副弗洛伊德的粉红眼镜,则无处不会让人感到如玫瑰般缤纷。我们必须抗拒这样的诱惑,才能保持警觉地将运动的隐喻用在思想上,将视觉的隐喻用在知识上。

什么是哲学?

亚里士多德曾说,哲学起于惊奇;也有不少人甚至会说,哲学起于天真的惊奇。然而,唯有当所谓的“哲学”指的是像古希腊的“科学”,这样的说法方属正确。

诸如“哲学家”“学生”以及“他”等修辞上的一般“统称”,本书在使用这类词汇时,一律兼指女性与男性,不另行赘述。语法上的性别,并不代表生物上的性别。

儿童自小开始便可谓“学者”,倘若他们没有将这种“习惯”戒除,他们一生都会是“学者”。可是,尽管如此,他们却还不是“哲学家”。纯真的好奇心是属于自然科学的。儿童想要知道的,是这个世界如何运行。早在他们想要知道诸如神是否存在或正义是什么之前,他们只会问,“为何会变黑?在没起风时,风都到哪儿去了?”

不同于自然科学所回答的典型的“为什么的问题”,例如“为什么石头会掉到地下?”“为什么细胞会分裂?”“为什么水会结冰?”,哲学所提的则是相应于此的“是什么的问题”,例如“什么是因果关系?”“什么是生命?”“什么是自然法则?”当然,光凭“什么问题”的形式,我们尚无法认出哲学,不过,如果再加上目的,我们便能认出它,因为哲学所追问的是事物的本质。

就今日的观点而言,哲学可谓一门概念的科学,换言之,哲学是属于思想范畴的科学。这些思想范畴既基本又普遍,没有它们,我们或许根本什么也理解不了。它们分别是:空间与时间、语言、理性、意义、真实、知识、因果关系、对象、事件、意识、善与恶、知觉、行为、情感、人、正义、美。

正如儿童,自然科学家同样也想知道,为什么发生了某些事情?相反地,哲学家则是带着他们的好奇心去对那些司空见惯、老生常谈的事物追根究底。他们会去探寻那些理所当然的事物里的奥秘,他们会去追问那些最基础的概念如何相互关联。例如,如果没有宇宙,还会有时间吗?为了要说话,人类必须具备理性吗?痛苦或情感也能在无意识的状态下出现吗?

自然科学家与人文科学家将他们的理论,套用在由观察与实验所得出的资料上;哲学家也会做实验,只不过,他们所做的是不需要设备或器材的思想实验。在哲学里，数据与理论之间并没有一刀两断的明显区别。每个与哲学有关的想法或文本，也可以进一步成为哲思本身的对象。

所以，每位研习哲学的学子都可以在与历史上的思想大师平起平坐的状况下进行研究。诚如中世纪的哲学家伯恩哈德·冯·夏尔特（Bernhard von Chartres）所言，之所以会如此，无非只是因为我们这些出生较晚的侏儒站在巨人的肩膀上。登高的路途极其艰辛，可是从上方远眺，我们就能将难以言喻的美景尽收眼底。

站在巨人的肩膀上，我们往往能比巨人看得更远，可是我们绝不能忘记，没有这些巨人，我们或许无法站到那么高的位置。此外，我们也不能将巨人的身影与自己的身型大小相互混淆。

作为科学的哲学

"哲学家"这个头衔并非受保护的职业名称，就如同"侦探""设计师"或"记者"那样。每个人都可以把它当作别名印在自己的名片上。不过，这种滥用头衔的情况，往往会一竿子打翻一船人，把那些在学术方面学有专长的哲学家与其他门外汉混为一谈；同样的情况也会发生在受过专业训练的记者或艺术学院的合格毕业生身上。

然而，在这方面，我们倒也不必那么小家子气，可以说，我们全都是哲学家，就如同我们也全都是心理学家或电视机前的足球教练那样。正如足球教练有好有坏，在哲学家的情况里也是一样。好的哲学家依据高阶的学术标准来工作。他们所写的东西明白、易懂、论证精确，旨在对学术的进步有所贡献。

分析哲学（analytic philosophy，这个哲学流派深受英美的哲学研究所影响，我自己也倾向于这种研究取向）便是以这样的理念为己任的哲学之一。正如每项手工艺,哲学也是知识与能力的集合,从事的人必须熟悉相关的内容与方法。分析哲学家的特征便是他们的方法。他们总是力求以尽可能简单的方式表达,并且只在不可避免的情况下使用专业用语。

他们以详述理由的方式来论证,力图解决问题;他们在逻辑方面训练有素,以缜密的方式压缩自己的论点。在分析哲学里,不存在对权威的迷信。只要是好的论证,无论是由亚里士多德、伯特兰·罗素,抑或是某个默默无名的高中生所提出,这个论证同样都会是好的。

分析哲学家会在写作中展现出某种无形的眼色,他们会非常认真地对待专业问题,对于他们自身则不是如此。他们不会去塑造充满个人风格的专业术语,由此与整个社会划清界线,相反地,他们会把自己定位成某个人人皆能有所贡献的研究计划的参与者。

他们不仅以清晰的论述取代令人费解的内容,而且将这样的取向视为自己的强项。他们不仅彻底地思考,更反问自己,所有科学研究的成果如何相互调和?分析哲学家认为自己的任务在于,更准确地阐释科学与日常生活中的言论及思考方式。

在发展初期,大约是在一百多年前,分析哲学主要是将重心摆在语言哲学与科学哲学。时至今日,无论是伦理学、美学、文化、宗教或政治等主题,无不成为分析哲学所关注的范畴。

在哲学这个领域里,出现了前所未有的人口稠密。也因此,哲学的地图具备了更精细的尺度,因为许多地方在过去一直是渺无人烟的。在这本书里,我将试着特别让原初的思想发声,无论它们出自哲学,或出自诸如心理学、社会学、人类学与神经科学等其他相邻学科。

米老鼠、红酒与热气球

并非所有的哲学都遵循着科学哲学所秉持的清晰与明确的理念。相反地,许多哲学家甚至与这样的要求相去甚远。我们总是会一再遇到三种典型。

第一种典型便是美国哲学家约翰·塞尔(John Searle)所说的"米老鼠哲学家"(Mickey Mouse philosophers)。这类哲学家倾心于某些大起大落的论点,例如真理并不存在、人毫无自由意志可言、情感无非只是大脑状态的言论。

此外,有别于那些认真的哲学家,米老鼠哲学家也不费心去论证他们的主张,对于相关文献并不熟悉,只凭某些自己一知半解的理论得出结论。他们不想打破砂锅问到底地思考,一味地只想对我们的"世界观"发动革命。耐人寻味的是,对于自己究竟想主张些什么,他们多半完全说不出个所以然。

有时,某些神经科学家或物理学家甚至也会加入这些人的行列;尤其是那些在自己的专业里取得不错的成就,却同时误以为别的学科不具有同样高水平的家伙。他们相信,可以从实验中找出问题的答案。只不过,事实上,那些问题他们从一开始就提错了!这些米老鼠哲学家不愿跟随白兔的脚步,取而代之的,他们宁可见树不见林地拿着大炮轰小鸟。

第二种典型便是所谓的"红酒哲学家"(red wine philosophers),他们在一杯波尔多葡萄酒下肚后,便能滔滔不绝地谈话或写作。他们当中有不少人曾受过良好教育,甚至还是出类拔萃的文学家,可以源源不断地说出许许多多不同凡响的比喻。

遗憾的是,他们并不将自己过人的语言才华用于事实上。他们同样也对最新的研究成果缺乏兴趣，不会有系统地对自己的论点深思熟虑，只会以天马行空的方式任意联想，万一遇到不知道该怎么办的情况时，他们便会提出质疑。

在这种状态里，攻击“学院派哲学家”的时事评论员不在少数；他们之所以会作这样的攻击，有时或许是因为他们得不到专业人士的肯定。对于门外汉来说，他们看起来似乎是博学多闻，因为他们不仅总爱掉书袋，而且还善于巧妙地将自己片面的观察，包装成伟大的论点忽悠别人。在风格与表演方面，红酒哲学家可说是金玉其外，只不过在内容方面，他们却是败絮其中。他们的文章往往十分华丽，然而读到最后，不仅不会让人增进知识，反而还可能越读越迷糊。

至于第三种典型，则是所谓的“热气球哲学家”（hot air balloon philosophers）。属于这种类型的，多半是法国的文化学者，他们不仅在日常生活中发现了各种感官错觉，在文本中发现了各种歧义，在学术中发现了各种权力游戏，还大胆地由此得出结论：这个世界不过只是个虚构，我们的言语具有无穷的意义，没有一种方法可以帮助我们找到真理！美国哲学家杰瑞·弗多（Jerry Fodor）曾说，这就好比我们在头痛时选择直接把头砍掉，而不去服用阿司匹林。如同米老鼠哲学家那样，他们也喜欢耸人听闻的、极端的论点。

不过，热气球哲学家倒是由此得出了方法上的结论：他们不想再以科学的方式工作、不想再以明白清晰且无矛盾的方式写作、不想再为自己的主张论证，而只想创作文学！

为此，他们大吹大擂自己的论点。在高空飞行中，一旦空气变得异常稀薄，他们便会将自己的幻觉与真知混淆。如同红酒哲学家那样，当他们遇到氧气不足的情况时，他们就会用比喻的糖精来补偿。

由于一切不再涉及真理,因此,相较于在其他地方,在这个圈子里人们更在乎被重视。他们必须更高分贝地大声疾呼,好让自己能被听见。因为,所有的主题不过是一时的流行,它们就像气球一样,很快就会被风吹走。热气球哲学家不收集真正的知识,他们会借助于修辞来替自己划界。他们也不想跟随白兔的脚步,宁愿在盲目的国度里扮演目光短浅的导游。

有别于他们,分析哲学家将自己定位在某个三角的中心。这个三角包含了三个端点:文本、自然以及文化。他们十分娴熟于重要的相关文献,由此避免重复过往的争论。

此外,他们也谋求对经验研究的综观。因为,他们不能够再像从前那样,只露出一颗头颅瘫坐在谚语的躺椅上。时至今日,他们必须坐在圆桌上答复来自其他科学家的各种难题。最后,如同文化学家,分析哲学家也对流行与权力游戏以及哲学的社会与文化面向极为敏感,可是他们却不因此而牺牲准确性、现实性与科学方法。

对于哲学的成见

没有哪个学科像哲学一样遭到许许多多的成见。有些人认为,哲学主要是在作文本的训诂,换言之,是在批注前人的著述。对于这些人而言,只要哲学可以将某个思想安插到思想史上就足够了。然而,哲学其实是始于那些有人质疑某个主张是否已有妥善的论据之处。

有些人则认为,那些印在日历上的花哨格言特别具有哲理,尤其是当它们隐含了诸如“自由”或“意义”等概念在其中时。然而,在这类情况下,哲学则始于格言家可以解释清楚他们的陈述究竟是何意。

某些人则自以为是哲学家,因为他们质疑一切。一旦有人说些什么,他们立刻就会问,“你怎么知道?”这种反射式的怀疑论,可说是科学怀疑的讽刺漫画。它将可靠的知识与无误论相互混淆。讽刺的是,人们可以用哲学的方式证明,根本不可能同时去质疑一切。

批判是怀疑的表亲。因此,许多人认为,一些重大的社会问题或许必须问问哲学家们的立场,因为他们特别有资格对这些问题发表意见。然而,一方面,其实每个人都有能力对那些迫切的议题形成合宜的判断;另一方面,每个人也都有责任谴责与纠正那些误解与不公不义。哲学方面的教育也许可以在这当中有所帮助,只不过,它其实并非通往政治成熟的王道。

哲学家也并非天生的人生导师,他们无法告诉我们,如何才能拥有既幸福又充实的人生,即便在这个行业里的确存在着部分的幸运儿。

最后,哲学既没有走到它的“尽头”,也未曾被其他学科所取代。英国哲学家约翰·奥斯汀(John L. Austin)曾将哲学比作太阳,逐渐地将个别的学科分出,接着便冷却成一颗颗行星。有些人还接着阐述,“后来太阳停止发光,剩下的只有那一颗颗行星”。

这是个颇具吸引力的意象,只可惜是错误的。亚里士多德曾问,“是什么让存在有了生命?”“为何我们会做梦?”这些问题是经验问题,故而亚里士多德也曾是自然科学家,即便当时尚无这样的名称。不过,他所讨论的,主要还是真正的哲学问题,例如与时间的性质或因果关系有关的问题。直到今日,情况依然没变。

举两个例子来说,物理学家阐述自然规律,然而“何谓自然规律?”这样的问题则不属于自然科学的范畴。再者,心理学家对我们的行为提出解释,可是他们却很少会去问,什么是良好的心理解释所应具备的特质。一旦他们提出这样的问题,便会跨入哲学的领域。

借过,我是哲学家!

在一场派对中,如果有人承认自己在攻读哲学甚或教授哲学,总会同时引来钦敬与鄙夷的眼光。有时钦敬的眼光会多些,因为人们会觉得,竟有人尝试去解答"人"这个大谜团。有时鄙夷的眼光会多些,因为人们会觉得,竟有人会去钻研那些疯狂、脱离现实的主题。

接下来总是会出现同样的问题,例如"你最喜欢的哲学家是谁?"就仿佛哲学家是作家、明星或导演。最好的答案莫过于"伍迪·艾伦"(Woody Allen),因为他同时集多种身份于一身。

第二个常被问到的典型问题就是,"为什么要研究哲学?"老实说,我也每天都会问自己这样的问题。对此,佛陀倒有个妙答。他说:"虽说这一行的收入不是很丰厚,进步又缓慢,不过倒是可以认识不少有趣的人。"

第三个典型的问题往往会伴随着忧心的眼神,"那么,你学了哲学之后都做了些什么?"我曾在哲学研究所担任过多年的学生顾问。起初,我总会很概括地回答:"哲学家会在出版社、媒体、政坛、企业咨询等领域工作。"后来我发现,列举某些哲学系的毕业生(例如李小龙、马丁·路德·金、教宗本笃十六世[Benedikt XVI]等人)在他们的人生当中做了些什么的回答还更有效果。

总是可以将妙喻信手拈来的维特根斯坦曾说:"哲学是一场战斗,它反对的是以语言作为手段来使我们的理智入魔。"时至今日,哲学家可谓是"无理论国界医师",他们不仅治疗语言的混沌,更致力于揭穿所有情况下的胡扯。他们会借助于"真理探测器"来工作;它会在侦测到政治的空话、广告的洗脑、电影的陈腔滥调,以及电视节目和报章杂志的错误结论时发出警告。

尽管如此,我们还是经常可以听到这样的论调:哲学对我们的社会一点用也没有!这样的成见有部分得归咎于哲学家本身。黑格尔认为,哲学总是来得太晚。换言之,总要等到生米都已煮成了熟饭!“密涅瓦的猫头鹰”(Eule der Minerva),即智慧的象征,“在黄昏中起飞”。无论如何,白兔早在黎明时分便已苏醒,并且在日出时便跨出它的第一步。

第一章

情感,来自理性的思考还是感性的发泄?

过去二十多年来,情感逐渐成为在神经科学、心理学与哲学等学科里被大量讨论的主题。令人讶异的是,一直等到人们意识到我们的人生是多么受情感所左右,科学界才对情感燃起了研究的热情。

她说:“我们不能够再在一起了。”我完全摸不着头绪。接着她哭了起来,突然间,我明白了一切。我吃了一惊。我也想放声大哭,可是我不能。我哑口无言,很不舒服,不过我却还是能准确地描述,我的感受究竟如何。这并非是朝着胸口的重击。然而,不知为何,我却感受到胸中有股强烈的纠结,就仿佛在这一瞬间,心跳突然停止了。起初我希望她只是在说笑,虽然我早已知道这并不是个笑话。接着我变得愤怒。她觉得另一个人怎么样呢?

临床医学家说,在面临失恋的状况时,人们会经历多个阶段:震惊、拒绝、愤怒、悲伤及接受。而最后一个阶段永远不会来!到头来,只会剩下思慕;思慕对方的气味、对方好奇的眼神、对方的体温。我不仅受伤、失望,而且还妒忌,因为另一个人也许正吻着她!

事实上,并没有典型的被抛弃之后的情感,可是被抛弃则会引发许多不同的情感:惊讶、惶恐、嫉妒、失望、思念,还有悲伤。情感会快速而直接地将我们裹住,我们往往会极为强烈地感受到它们,而它们则通常都是稍纵即逝的。只有在很少数的情况里,愤怒或喜悦会持续较长的时间。

此外,情感是一种遭遇,一般来说,我们无法将它们呼之即来、挥之即去,而是只能去碰上它们。当然,我们会学着去处理情感。当我们察觉到怒火在身上燃起,我们可通过深呼吸来抚平自己。当我们感到恐惧时,我们可通过厘清事态告诉自己,这些恐惧毫无道理。可是,尽管如此,这些不受欢迎的要素往往还是挥之不去。

即便是演员,当他在镜头前通过回忆过往的惨痛经历来表现出确实极为哀伤的样子时,接下来,他往往也会被牵绊在这样的情感里。

过去二十多年来,情感逐渐成为在神经科学、心理学与哲学等学科里被大量讨论的主题。令人讶异的是,一直等到人们意识到我们的人生是多么受情感所左右,科学界才对情感燃起了研究的热情。

许多学者会用"情绪"(Emotionen)一词取代"情感"(Gefuhlen)。我则是以同义词来看待这两个用语。然而,语言使用的准确性往往是很重要的。因为,在德文里,我们可以用"感觉"(Fuhlen)指涉至少三种不同的感受:我们感觉到愈来愈愤怒、有时会感到沮丧、感觉到叶片在鼻尖上搔痒。愤怒是一种情绪意义下的情感,沮丧是一种心境,搔痒则是一种简单的身体感知。有别于我们直接在身体上察觉到痒、饿或痛等感知,心境与情感复杂得多。尽管这两者无所不在,却很难掌握它们。

传统上,人们会将诸如痛苦、易怒等心境和感觉区分开来,因为情感具有与其成因的直接关联。例如,我们"对"某人感到嫉妒,或是我们"对"向日葵感到欢喜。我们无法就这么感到嫉妒或生气。相对地,心境就不是这样了。我们可以一整天感到沮丧,或是在运动过后感到十分亢奋,而完全不需要有什么原因。

你不妨想象一下,隔壁那条缺乏教养的杜宾狗,在未戴口套的情况下,突然站在你面前大肆咆哮,这时你或许会感受到所有情感当中最典型的那种:恐惧。某些哲学家在“恐惧”与“害怕”之间建构了某种人为的差异。然而,在我们日常生活的用语里,其实并不存在这样的差异;充其量,只不过有某个用语听起来比较老气罢了。

如同所有其他的情感,恐惧也具有至少五种典型的属性。第一个属性是前面已经提及的“关系”:我们总是对某些东西感到恐惧,例如对狗。第二种属性是对状况所作的自动“评估”:恐惧让狗显得危险。第三种属性是“感受”:我们对恐惧的感知有别于愤怒或喜悦。第四种属性是特殊的“表情”:我们的眼睛会张大,嘴唇会笔直地拉向双耳,下颚则会垂向喉部。第五种属性则是“行为准备”:肾上腺素会涌入大脑,从而提高我们的注意力,血液则会流向双腿,为逃跑作好准备;当然,在我们的内心,也兴起了确实要逃跑的渴望。

如果想要以理论来解释恐惧或其他情感,我们就必须先回答两个重要的问题。一是:“情感的本质是什么?”本质是一种不可或缺的特性。以先前所提到的杜宾狗为例,这只动物之所以能成为一条狗,它必须具备特定的染色体组。这个染色体组对于这条狗的存在属于本质性的。至于腿的数量则并非本质性的。因为,即使是一只只有三条腿的狗,它仍是一只狗。而毛皮的颜色也非本质性的,例如人们可以将杜宾狗染成粉红色,如此并不会损及这只杜宾狗是一只狗的实质。

换成是情感,则问题便是:倘若要构成情感的状态,在上述的五项特性之中,有哪些特性不可或缺?当女友与我分手时,我感到悲伤。什么是这种感受的本质?

身体理论（Korpertheorien）认为，身体感受的形式是本质性的，没有悲伤不带着眼泪或哽咽。认知理论，即思想理论（Gedankentheorien）认为，情感总是与诠释或判断有关，没有悲伤不带着对于我们失去了什么的认知，例如失去了伴侣或祖父母等。混合理论（Mischtheorien）则认为，情感由多种要素组成。我们可以将情感理论大致分成这三类。

第二个问题则是，“情感究竟有何作用？”在恐惧的情况里，情感的作用显然就是逃跑的动机与准备。然而，在悲伤的情况里，情感的作用似乎就没有那么明显。它会让我陷于近乎瘫痪的状态，可是，我很难说，它是否通过这样的方式为我作了什么准备。

隐形的蛇与身体的警钟

首先我们得先谈点相关的理论。大约在 1870 年时，进化论的奠基者查尔斯·达尔文观察到猴子在吃惊时，会扬起眉毛并张大眼睛。通过这样的举动，它们便能扩大自己的视野，有利于对猎物或危险作出较妥善的反应，这是种显而易见有利于生存的行为。当猫感到不安时，它们会将背部拱起。通过这样的举动，便可让它们的体型看起来更为巨大。这样的行为同样也可能是演化方面的有利条件，因为它或许可以吓跑攻击者。以此类推，我们可能会认为，达尔文也对人类的情绪作了些研究。毕竟，人类有许多地方与其他的哺乳动物相似，而且我们还具备了某些在动物身上不会发生的情感，例如羞耻或羡慕。

令人意外的是，在达尔文看来，人类的情感表达不过是进化过程中一些没有作用的残余物！达尔文并未发展出与人类有关的情感理论。因此，我们可以将他视为早期的身体理论者。因为，根据他的看法,情感只是可以在身体上读取的行为模式。

最早的身体理论完成于1900年左右,在各自独立的情况下,由两位科学家分别建立;这两个人一位是美国心理学家威廉·詹姆斯(William James),另一位则是丹麦生理学家卡尔·朗格(Carl Georg Lange)。

根据詹姆斯-朗格理论(James-Lange theory),情感是对身体过程的知觉。乍听之下,这似乎不太出人意料。然而,这当中却隐含了一个矛盾点。根据詹姆斯的说法,我们并非因为害怕而发抖,相反,我们其实是因为发抖而害怕;我们并非因为悲伤而流泪,反倒是因为流泪而悲伤。对身体过程的知觉并非先于情感,而是这样的知觉本身就是情感。詹姆斯曾邀请我们做个思想实验:如果我们将所有身体的感受从恐惧中移除,唯一剩下的,不过就只是与情感毫无关系的思想残余。一个简单的心理实验似乎已经足以证明这样的主张。

请你先坐下,接着将自己的脸挤出一点笑容。过了一段时间之后,你就会变得确实开心起来。近来坊间出现了一些微笑瑜伽研习班,他们会让学员们模仿微笑的狮子或咯咯发笑的企鹅,到最后,整个教室里便会洋溢着欢乐。人们可以将这样的效应解释成喜悦似乎不过就是对于被改变的脸部肌肉的知觉。

然而,这项理论有个麻烦之处,它预言了身体感受的降低会导致情感感受的下降。因此,当人类在没有身体感知的情况下依然具有情感时,这样的说法便会遭到反驳。早在詹姆斯那时,他便已见到这样的问题。虽然有些半身不遂的病患表明,在发生意外后,他们的情感生活的确变得贫乏许多,不过这样的情况并非适用于所有的人。

法国知名记者尚-多米尼克·鲍比(Jean-Dominique Bauby)的

个案,便是一个令人印象深刻的反例。他曾是法国时尚杂志 *Elle* 的总编辑,在经历一场中风后,罹患了闭锁症候群(locked-insyndrome)。他全身上下除了左眼皮之外,完全无法动弹。因此,他必须学习在只利用眨眼的情况下,从序列中将他所要的字母选出。这些字母依照频率来编排。眨一下眼代表“是”,眨两下眼则代表“否”。鲍比就这样一个字母接着一个字母,慢慢地将自己的意思传达出来,最终写就了《潜水钟与蝴蝶》(*Le scaphandre et le papillon*)一书。

2007 年时,美国导演朱利安·施纳贝尔(Julian Schnabel)将这部作品搬上银幕。在这本书里,鲍比不仅畅谈了他在中风前后的人生,还提到了他几乎完全丧失的身体感觉。他所能感受到的,无非只是从头到脚固定的压力,就仿佛他是被囚禁在一个旧型的潜水钟里。

鲍比一方面哀伤欲绝,另一方面却又满怀复原的期望。当他眼见自己的子女得以顺利成长,内心感到十分骄傲。尽管这不过是三言两语,可是鲍比真挚的情意却无比地撼动人心。如果有人想要为詹姆斯-朗格理论作辩护,那么他就必须主张,鲍比的所有情感,都是他自己想象出来的,因为他再也没有任何身体知觉了。然而,这样的说法实在令人难以想象。难道我们可以完全凭空想象出某种情感,却不必同时具有这样的情感吗?

美籍葡萄牙神经科学家安东尼奥·达玛西奥(Antonio Damasio),曾受到詹姆斯-朗格理论的启发。他可谓当代身体理论的代表人物,并将情感与情感的感受区分开来。在他看来,情感会调节我们的行为,即便我们并非总是能有意识地感受到它们。乍听之下,他的论调似乎有点特殊,毕竟,在“情感”这个用语里,已经包含了“感觉”在里头。

情感要如何才能不被感觉呢？很凑巧,在“情绪”这个替代的表述方式里,我们可以找到代表“推动”与“驱动”的拉丁文“motio”。虽然这对于情感的性质只字未提,不过,达玛西奥所要阐述的,正与这第二种面向有关。他认为,即便我们并未感觉到情感,情感依然在驱动着我们。在他看来,神经科学与心理学的相关实验都支持这样的主张。

举例来说,如果给受试者观看蜘蛛的图片1/20秒的时间,接着立刻再给受试者观看中性的图片,例如一间房屋,那么受试者只会知觉到房屋。没有一位受试者表示,自己看到了一只蜘蛛。由于第二个图像“屏蔽”了第一个图像,因此这类实验被称为“屏蔽实验”(masking experiment)。尽管如此,在受试者身上还是会立即出现心跳加速与指尖出汗的反应,这是恐惧的两种典型特征,它们表现得就像受试者有意识地见到了蜘蛛那样清晰。

再者,有时受试者完全没有察觉到,他们是处在这样一种令人不安的状态里。在达玛西奥看来,恐惧是我们内部情绪警报系统的一部分,因为它能帮助我们为逃亡作准备。即使是在我们完全没有听到警钟响起的情况下,这套系统依然在暗地里运行着。这就仿佛是身体为我们作了反应,就好像当有什么巨大的不明物体突然靠近,我们会凭直觉退缩。

纽约大学神经科学家约瑟夫·雷杜克斯(Joseph LeDoux),曾以神经科学的方式证明这样的论点:在我们的大脑里,存在着开关恐惧的长、短回路。短的开关回路会在我们无意识的情况下直接作出反应,只不过,它也容易出错,经常会发出错误的警报。第二条通道则会经过进化过程中后来才出现的大脑区。这条路径较为可靠,它根据的是我们有意识的判断。我们也可以经由它来阻断另一条信道的信息。我们被大蜘蛛吓了一跳,然而,接下来当我们察觉到,那不过是只橡胶做的玩具，我们便会再度平静下来。不过，有时这种有意识的修正会受到干扰。例如，患有蜘蛛恐惧症的人，对于仿冒品也会感到害怕，即使他们明知那些东西其实并不具有危险性。在这些人身上，短的开关回路显然分布得十分牢固，以致他们无法将它关闭。

达玛西奥与雷杜克斯的重要发现在于：情感也能在无意识的情况下出现，并且对我们的行为造成影响。所以，有意识的情感是一种特殊情况，它们并非詹姆斯主张的身体知觉，而比较像是身体过程（更准确地说，是大脑过程）的高阶反应。达玛西奥认为，对于这些反应，我们除了喜悦的温暖感受或愤怒的沸腾感受以外，什么也意识不到。

不过，有个问题依然悬而未决：如果情感也可以在意识之外发挥作用，为何我们还会如此频繁地感觉到情感呢？我们会把恐惧当成不愉快的体验并因而想要去避免它，这或许并非出于偶然。此外，恐惧显然不仅仅是某种自动逃生机制而已。

思考的情感与情感的思考

当我们见到邻家的杜宾狗而心生恐惧时，我们也会兴起邻家那只龇牙咧嘴的杜宾狗很危险的念头。认知理论所针对的便是这样的面向，根据这类理论的说法，情感是思想的形式，换言之，它们是评价或判断。不少认知理论家都承认，有时情感也与感觉有关，只不过，它们之间的关系还不如说是偶然的。

美国女哲学家马莎·纳斯邦（Martha Nussbaum）是这类主张的代表人物之一。她质疑，如果没有“对”杜宾狗的恐惧，我们谈何“恐惧”；如果没有“对”祖父之死的哀伤，我们又谈何“哀伤”？

对于纳斯邦而言,倘若恐惧与哀伤具备这样的关系,就必然要包含评价或判断。她直接将詹姆斯的问题给倒了过来:如果我们将所有的思想与评断从愤怒中抽离,那么愤怒究竟还剩下些什么呢?

在纳斯邦看来,这时无非就只是一种无法定义的身体感受,这样的感受在所有人身上不会有一次是相同的。有别于美国男性可能觉得愤怒比较像热血沸腾,美国女性或许会觉得愤怒比较像是如鲠在喉。

之所以会有这样的差异,可能是出于文化的因素:在美国的中产阶级里,人们允许男性释放出他们的愤怒,相反,人们却期待女性能够自我节制。诚如我们通过电影所知道的那样,这种原则对意大利的女性并不适用。

纳斯邦认为,无论如何,这样的差异凸显出诸如愤怒等情感并没有典型的生理学基础。它们毋宁是对于我们生活中的重要事物,或决定我们自我满足的事物所作的判断。

然而,纳斯邦必须面对一个棘手的问题。一旦我们的判断改变,情感必然也会改变。可是,有许多害怕蜘蛛的人,即使他们知道蜘蛛并不可怕,他们依然会对蜘蛛感到害怕。我们可以迅速摒弃错误的判断,却无法同样迅速摒弃错误的情感。况且,我们经常会在完全领会自己究竟在害怕什么之前,就已经先害怕了。因此,深思熟虑的判断并非属于恐惧的本质。

不过,或许我们的情感的“判断”也根本不是出于深思熟虑,而完全是出于自动。当有人撞到我们时,在我们兴起“对方或许可以更小心一点”的念头之前,往往会先立刻火冒三丈。美国心理学家理查德·拉萨鲁斯(Richard Lazarus)曾以其评价理论(appraisal theory,相较于纳斯邦的理论,这套理论较无思想负担)来解释这样的现象。

拉萨鲁斯也以“我们是通过情感与身处的环境取得联系”这样的观察出发。正如我们通过知觉为自己描绘出世界的图像，情感也为我们指出在团体生活与野外求生中的一些重要因素。拉萨鲁斯称这些因素为“核心主题”。我们也可以说它们是“基本的生存主题”。我们不能在怕蛇这个问题上只关注蛇，相反，我们必须去观察核心主题；换言之，以蛇的形式所构成的危险。恐惧在某种程度上将蛇“评价”成危险源。可是这种“评价”不能被理解成是某种有意识的反思，毋宁说是某种对状况自动且迅速的评断。

拉萨鲁斯为所有的情感罗列了相应的核心主题。举例来说，悲伤指出了损失，羞耻指出了逾越社会规范，愤怒则指出了侮辱。我们便是以这样的方式保障自己的生存，因为我们不仅躲避危险、寻求保护，还在团体里行使职责，我们会试着不去逾越规范。

拉萨鲁斯的理论不仅是革新的，而且还符合“情感会控制我们的行为”的观察，即便他自己所指出的核心主题并非总是准确。举例来说，以侮辱作为我们生气的起因实在太过特殊，因为我们有时也会因为笔记本电脑摔坏而生气。因此，不如说生气的核心主题是：有某些事物阻碍了我们达成目的。

不过，悬而未决的是，如果光是核心主题就已足够，究竟为何还需要身体感受？如此看来，无论是身体理论抑或是思想理论，它们似乎都有漏洞。两者是否都只说对了一半？虽然在大型论辩中，真理鲜少位于中间，可是它往往会存在于各对立面的巧妙组合里。混合理论便在这个地方发挥其作用；它们将情感理解成各种要素的综合。

混合的情感

小马克斯气冲冲地，因为安东抢走了他的玩具消防车。小马克斯大叫了起来，用他的小拳头使劲地捶打沙堆。接着，他带着一张涨红的脸走向安东，继而将他推开。小马克斯察觉到自己的身上有股怒气，这股怒气与安东有关，他不仅将安东评价为和平破坏者，并且通过相互挤压的双唇表现出来，而这更引发了他的打斗意愿；所有的这些因素，似乎都属于愤怒。因此，我们或许根本就不必将它固定在某个特别的因素上。以色列哲学家阿隆·本-泽夫(Aaron Ben-Ze'ev)便主张这样的论点。

在他看来，情感通过一些特征来展现其特性。诸如愤怒或恐惧等典型的情感，或许包含了所有的特征，如关系、评价、感受、表现与行为控制等。不过，有些情感可能会欠缺关系，例如好心情；有些情感可能会欠缺感受，例如无意识的情感；有些情感则可能会欠缺典型的表情，例如嫉妒。

传统的理论也许错在它们严格地依附在某个人们必须从中识别出情感的特征上。在本-泽夫看来，这一点正是他的理论的长处，因为他的理论反映了我们感受的多样性。然而，从哲学的角度看来，这种多元性的解答其实并不令人满意，因为有些问题依然悬而未决：每个个别的因素究竟有何作用？感受与评价是如何关联的？

美国哲学家杰西·普林茨(Jesse Prinz)以其“体现的评价理论”回答了这些问题。根据他的看法，情感是对身体改变的知觉，只不过它们正是通过可靠地指出诸如危险或损失等核心主题，来代表这些核心主题。所以，某种情感的身体感受，就好比是指示牌。

例如，完全禁止停车的标志以简单的红色圆圈、红色叉叉及蓝色背景所构成，可是这个标志却代表着一个复杂的内容："此处既不准停车、也不准临停，然而若于交通上有必要或遇有紧急情况时，则不在此限。"

对于许多人而言，这个标志还昭示了："万一我被抓到，我就得吃张罚单！"普林茨认为，情感就如同交通标志。心悸以及因恐惧造成的激动不仅代表着危险，还传递给我们一堆复杂的信息，尽管它们并非以言语诉说，"这里有某种危险，我最好避开它，否则的话，我可能会自讨苦吃！"

普林茨将两种思想传统汇集在一起。如同詹姆斯与达玛西奥，他也认为，情感是被感受或知觉的身体改变。如同纳斯邦与拉萨鲁斯，他也相信，情感不仅告诉了我们与我们所身处的环境的有关信息，它们还具有引导我们求生的作用。普林茨的解答非常地简单：通过作为身体感受的情感，我们自动获得与身处的环境有关的评价，这就有点像是我们完全不必去动脑筋，身体自己就会告诉我们，"当心，危险！"

乍看之下，错误的评断似乎是这项理论的一个问题。举例来说，尽管老鼠并不可怕，可是却有人害怕它们，这该如何解释呢？或者，反过来，尽管装载着核废料的货柜是危险的，可是光从外表上，它们却不会引发我们的情绪激动，这又该如何解释呢？对此，普林茨有个简单的答案，"每种理论都必须容许这样的情形，因为它们确实会发生"。

这就好比每个禁止停车的标志，都有可能设立在不该设立的地方，或是在该设立的地方却不设立。此外，我们也可能无视这些标志。有时情感会误导我们，有时我们则完全没有察觉到它们。不过，在大多数的情况下，它们总是会向我们透露出与我们的周围有关的可靠评断。

情感是天生的吗?

在19世纪80年代时,电子邮件尚不普遍,在大学里只有少数人知道这种事物。由于在通信时偶尔会发生误解,于是美国计算机工程师史考特·法尔曼(Scott E. Fahlman)便在某个信息中建议他的同事们,借助于冒号、连接号以及括号三种符号来标示玩笑。就这样,他发明了电子笑脸;诚如储存的磁盘所记录的,发明的时间是在1982年9月19日的11点44分。

事实上,俄国作家弗拉基米尔·纳博科夫(Vladimir Nabokov)在更早之前就有过这样的想法。1969年,他在接受《纽约时报》的访问时便曾建议,使用某个书版印刷的符号表示玩笑。然而,一直要到法尔曼提议后,这样的建议才总算获得实行。从那时起,这样的笑脸就一直沿用至今。近年来,这些符号几乎与真实的笑具有同样的表达效果,它们都能表达出诸如玩笑、讽刺、喜悦、幸运或单纯的友好。

所有幸福的人彼此都很相似,而所有不幸福的人,也会以同样的方式显露出不幸福。这也就是为何笑脸符号会如此迅速且成功地传遍全世界的原因。我们的脸部辨识能力是天生的,因此,早在婴儿时期,我们用双眼盯着脸部的时间,会比盯着其他没有脸部的事物来得久。

我们的脸部辨识功能甚至好到可以在云朵、岩壁或软木墙里,发现鬼脸与怪相。每个小朋友都知道,只要简单几笔句号、逗号、破折号,就能画出一张脸。就连脸部的情绪表达在世界各地看起来也都一样。当我们微笑、笑或大笑时,脸部会按照同样的模式改变,颧肌会使嘴角上扬,眼轮匝肌则会让笑纹出现。虽然可以通过装出露齿而笑来假装喜悦,可是我们永远无法完全成功地装出喜悦,因为我们无法任意地控制眼轮匝肌。

当有什么好事降临到身上时,我们不仅会感到喜悦,还会让喜悦之情布满整张脸。这说明了,喜悦这种情感是天生的。而且,就其他的迹象看来,许多其他的情感,甚或所有的情感,也都是与生俱来的。许多天性论的反对者,往往会错误地将"天生"与"无法改变"这两者相互混淆。然而,这两者的判别标准其实截然不同。如果某种能力或特质的发展,不以个人的形塑为前提,它们就可以被视为与生俱来。因此,如果它们在所有的人身上都会出现,这便是一个很好的证明;假如它们是无法被学习的,那会是更好的证明。

举例来说,对颜色的知觉便可算是与生俱来的。不需有人为我们指出这世界的色彩,我们便能见到这个世界的色彩。是的,我们甚至从来也不晓得,该如何教人具有彩色的视觉。然而,这并不意味着,没有任何事物可以在这当中造成影响。由于每种能力都有其基础,如果基础受损,我们也会跟着丧失该项能力。我们有可能会失明,也有可能会像南太平洋平格拉普环礁(Pingelap-Atoll)上的岛民那样,由于基因突变,导致所看到的世界只有黑白两色而已。不过,话说回来,就连基因突变,也算某种与生俱来!

如果特质或能力是天生的,必然会存在着某些操控其发展的基因。如果这些复杂的能力根植于遗传物质,它们非常有可能曾经带来过生存优势;某些动物会以大量繁衍的方式确保其物种的延续。因此,即便梭子鱼大口大口地吃下青蛙卵,还是会剩下足够的卵可以化为蝌蚪。

不过,大多数的哺乳动物都只会少量繁殖。于是,为了保障下一代的成长,它们发展出了许多行为模式。在所有的哺乳动物中,人类不仅是具有最长可能寿命的动物之一,而且还是平均寿命最高的动物。因此,对于每种与生俱来的能力,我们都可以去追问,它们究竟对于保障它们的拥有者及后代有何益处?

然而,在科学家们可以对情感的进化功能进行研究之前,他们必须先指出,所有的人类都了解同样的情感。在19世纪70年代末期,美国心理学家保罗·艾克曼(Paul Ekman,他可说是20世纪在情绪研究方面最重要的学者之一)曾试着去检验,情感是否是一种放诸四海而皆准的现象。

在当时以社会建构主义(social constructionism)为主流的学术氛围里,此举近乎是一种挑衅。根据社会建构主义的看法,情感是社会建构的产物,既非与生俱来,而且还会在不同的文化与时代之间出现显著的差异。直到今日,特别是对于文化学家而言,“天生的”一词听来仍是格外地刺耳。

在某些研讨会上,万一有人脱口说出这样的用语,便会引来一片嘘声,甚或被指为“原型法西斯”(proto-fascism)。如果有人宣传某些特质是与生俱来的,很容易就会被大家怀疑,是否想借此为某些社会弊病辩护,或者背后还有什么更不堪的理由。尽管如此,与天生的特质有关的问题,始终是事实的问题,而非政治的问题。

总之,即便艾克曼的想法其实很单纯,但他的研究计划在当时近乎是一种挑衅。承继达尔文的研究,艾克曼给来自不同文化的受试者,观看了表现出特定情感的脸部表情照片。这些受试者在不受文化条件的影响下,分别正确地作出了归类。这样的结果强而有力地指出,情感确实是与生俱来的。

为此,艾克曼还亲自走访了居住在巴布亚新几内亚的前族(Fore)。当时这支民族几乎未曾与其他文明有过接触,艾克曼曾形容他们犹如“石器时代的人类”。前族人往往只以简单的草裙蔽体,从未见过摄影机。艾克曼将西方人的表情照片,包括恐惧、悲伤、恶心、喜悦、惊讶与愤怒给他们观看，他们全都可以毫无问题地完成辨识。

接着，艾克曼为前族人述说了一些颇具戏剧性的故事，并且拍下他们的表情变化。回到旧金山之后，他以此为模板又进行了一些实验，实验结果显示，美国人同样也能清楚地将前族人的表情归类。

艾克曼与其他的学者们，先后有系统地完成了许多先驱性的开拓工作。近年来，与生俱来的“基本情感”几乎已成为所有相关研究的出发点。目前学者们只不过是在确切的数量上还有所争执罢了。过去很长一段时间，艾克曼一直认为，只有上述那六种情感才是基本的；不过后来他改变了见解，认为所有的情感都是基本的。他的暂时清单包括：喜悦、愤怒、怀疑、满意、恶心、羞愧、困窘、兴奋、恐惧、罪过、骄傲、轻松、悲伤、满足，以及感官享受。在这当中，只有惊讶不再被他视为情感。在艾克曼看来，所有其他的感情冲动，只是这些基本情感的变种或组合。

除了举世皆然的脸部表情以外，人们还发现了另一个提示：天生失明的人，具有与明眼人同样的情绪表情。这些天生失明的人，要如何才能学会这些表情呢？并非只有表情，就连触发我们情感的起因，也曾被仔细地研究过。

瑞典心理学家艾恩·欧曼（Arne Ohman）曾发现，当他将蛇的图片展示给受试的幼童，即便幼童先前从未见过蛇，相较于从草里辨识出蜥蜴，幼童可以更快地从草里辨识出蛇。这样的实验结果显示，属于人类心智范畴中的“蛇”，其实是与生俱来的。

此外，在另一个实验里，欧曼还曾将花与蛇展示给受试的猴子观看，并且在观看的过程中，分别给予轻微的电击。很快地，当受试的猴子只是见到花或蛇时，便会产生恐惧。有趣的是，这样的效果在花的方面很快就再度消失，可是在蛇的方面却依然维持着。原则上,每种刺激都可以引发恐惧,可是对于某些刺激,例如蛇,却是在猴脑与人脑里早已准备好,就只等着正确的刺激信号。

情感不仅会以典型的表情来表现,而且还具有同样类型的所有起因。就连神经元的开关回路也相同。我们的恐惧发生于大脑的边缘系统(limbic system)里,这点与鸽子、猫或老鼠完全一样。将这一切综合起来便会显示出,我们的情感是与生俱来的。

进化心理学家推测,早在距今5亿多年前的首批脊椎动物身上,便已有了恐惧。然而,恐惧与其他的情感,究竟在人类的求生奋斗中,发挥过哪些功能呢?

多愁善感者的生存

在16岁的那年夏天,我曾在一家养老院工作过。有一回,我必须循着厨房的后门到地下室里,当我经过那里的垃圾桶时,在完全没有意识到为什么的情况下,一阵恶心的感觉便突然涌了上来。后来我才晓得,原来有个桶子里头装了肉类厨余。那天的天气非常炎热。虽然在回程的路上,我已有了心理准备,可是这对我毫无帮助。同样的恶心反应以迅雷不及掩耳的速度再度降临。后来有位看护看到了我,他便语带关切地问我是否还好。

我的恶心感至少有三种作用。它不仅影响了我的行为,并且在我可以思考此事之前,自动地告知了我与周围有关的信息,而且还通过表情向别人提示,这里有什么事情不太对劲。情感至少发挥了这三种功能,它们是某种自动的“行为、信息及沟通系统”。

关于行为的控制,让我们举几个例子说明。愤怒会促使血液注入手臂与头部。这时我们不仅会变成所谓的脸红脖子粗,还会有种衣领快被涨破的感觉。最能描绘出这种景象的,莫过于以前的卡通片《兔宝宝》(*Bugs Bunny*),当对手对它怒气冲天时便会如此。如同其他的灵长类动物,有时我们也会在愤怒中膨胀鼻孔,此举可以提高输入大脑的氧气流量。

至于充满血的双臂,则有利于进行战斗。相反,恶心则会让我们对腐败的食物退避三舍,甚或在极端的情况下引发呕吐。就连这样的行为也具有好处,因为这些行为可以防止细菌进入我们的体内。此外,情感还会促使我们采取行动。诸如恐惧、愤怒与恶心,都会直接发挥作用,它们会让我们想要脱逃、战斗或回避。至于其他的情感,则会间接地驱使我们。例如,我们会将羞愧或悲伤视为不愉快的体验,于是我们便会试着去避免它们;相反,对于喜悦,我们则永远也不嫌多,于是我们便会想方设法地去取悦自己。

就连情绪记忆也会对我们的行为造成影响。身体理论家达玛西奥不但主张存在着无意识的情感,他还曾经进行过一项著名的记忆实验。他测试了许多罹患所谓的顺行性遗忘症(anterograde amnesia)的病患,这些人在发生意外后,再也无法记住新信息。对他们而言,每一天都宛如发生意外后的头一天。2000 年出品、由克里斯托弗·诺兰(Christopher Nolan)所执导的《记忆拼图》(*Memento*)一片,便是一个令人印象深刻的例子。该片的主角患有记忆障碍,由于无法记住新的事物,于是他便将重要的信息刺在自己身上。

达玛西奥借助于这些遗忘症患者进行了一个"好医生、坏医生"的实验。两位实验执行者之一以亲切的方式对待患者,并且满足他们所有的愿望。相对地,另一位实验执行者则在与患者问好之际,便去戳他们的手,或是分配给他们一些无聊的任务。到了第二天,这些受试的患者既不记得医生、也不记得自己的体验。然而,当他们被问到,这两者之中谁是他们的朋友时,却几乎总是会选择"好"

医生，而不会选择“坏”医生。在这过程中，他们显然是交由自己的直觉来引导。换言之，我们的体验在情绪记忆中留下了痕迹，当我们再也不晓得究竟如何选择，它们便会自行引导我们的行为。

如果我们把自己交给直觉，便会知道许多与我们自己，以及所身处的环境有关的事。这是情感的第二种功用，它们扮演着某种通报或预警系统。如同低血糖会通知我们吃点巧克力、疼痛会通知我们受伤，情感也会通报我们潜在的奖励或威胁。

当我对腐肉感到恶心，便不必去考虑它们是否有毒，因为我的身体已经先为我作了评断。不妨做个小实验：你会愿意喝一杯你刚刚才把口水吐在里面的水吗？或许不愿意。你并不是唯一一位会有这种反应的人。大部分的人都会对自己的口水作呕，只要它们一离开身体。

乍看之下，这似乎是件奇怪的事，毕竟，在几秒钟前，口水分明就还在我们自己的嘴巴里。然而，我们的排泄物多半都带有病菌，因此，对于从身体所排出的东西（例如血、粪便、脓、汗、耳垢或前述的口水［即便它较不危险］）感到恶心是有益的。恶心可以用这样的方式，警示我们小心病菌。

不仅如此，其他人还可以从脸部读出我们所感到的恶心。如此一来，他们便可知道食物已经腐败，而不必再亲自去尝试。所以，情感也具有这第三种功用：我们的表情和肢体语言会完全自动地将我们的感受告知他人。许多理论迄今仍然漠视这个面向。在这个面向里，我们可以明显地看出，情感并非只会通报我们自身。我们不必告诉自己失去了相当重要的人，因为我们自己早就知道这件事了。

然而，悲伤却可将某些关于我们的事透露给他人。当母亲走开时，婴儿哭了起来，通过将信息发送给母亲，好让母亲赶快回来。在群体或团体里,悲伤可以指示出有人需要帮助、照顾与保护。虽然有许多哺乳动物会利用泪液来保持眼睛湿润,可是只有人类会在悲伤时流泪。

虽然有些心理学家推测,我们是通过这样的方式消除紧张,因为我们会通过泪水将荷尔蒙排出,因此在哭过之后会觉得轻松。不过,更有可能的是,眼泪主要的是作为某种需要帮助的信号。它们或许伴随着我们的能力,在进化的过程中有所发展,而它们显然具有这样的功能。

我们的笑同样对于行为或自我认识不具备可见的功能,它们却能将我们的感觉揭露给他人。对于情绪的沟通而言,重要的是,信号是真诚的,换言之,我们难以造假(例如笑与泪)。人类依赖合作。虽说,通过欺骗他人,我们可以利用他人的信任为自己牟利。

然而,反过来,他人也可以对我们做同样的事情。如果每个人总是不诚实且多疑,到头来,合作只会是空谈。因此,正如许多与人类的合作有关的实验所示,从长远看来,真诚与透明终归是值得的。

上述的三种功用或许是以下列的顺序发展出来的:起初只是行为,例如反胃;后来我们的祖先们学会了将他人的行为表现理解为信号,例如若有人将鼻子旁边的肌肉拉高,这便表示他感到恶心;最后,当人类可以思考时,他们便能完整地接收到来自他们的情感的信息。只有我们人类知道,我们的食物坏了并且含有病菌;猴子只会单纯地回避它们。拥有情感者,较适合在蛮荒与团体里生存。至于有能力显示出情感者,生存的机会则更大。

移情:情感解读

在1944年,奥地利心理学家佛里茨·海德(Fritz Heider)与玛莉安妮·西美尔(Marianne Simmel)曾进行过一项有趣的实验。他们给受试者观看了一部简单的动画片,这部影片的内容,就只是一个小圆形与一大一小的两个三角形,来来回回地移动。

在看完影片后,他们请受试者描述一下自己所看到的事情。出乎他们的意料,这些受试者们竟把那些几何图形当成了人来看待。他们有的表示,“小圆形与小三角形彼此相爱”,有的则表示,“小圆形怕大三角形”。

换言之,在受试者看来,这些图形仿佛确实拥有情感。观看过这段影片的人,显然无法摆脱这样的感应。这种设身处地为他人着想的能力,学者们称为“读心”(mind reading)。这里所指的,并非所谓的“心灵感应”,而是指我们只要通过观察他人的行为,便能看出他人的思想、感觉与意图的这种与生俱来的天赋。

这种天赋不仅能让我们在所有地方辨识出人类的好恶,就连在那些非人类的情况里也一样。这或许就是为什么,当我们还在幼年时期,就已能轻易地想象会说话与思考的石头、花朵或动物。

在海德-西美尔实验里,无论是三角形还是圆形,都不具备脸部特征。除了肢体动作以外,我们主要从他人的脸部表情获得信息,并会完全自动地进行处理。关于这一点,我们可以通过缺乏这种能力的患者所呈现出的反差清楚地看出。

以自闭症(autism)患者为例,他们往往无法区别不同的表情。正常的人可以马上看出,某人究竟是在生气或表示惊讶。然而,对于自闭症患者而言,这简直是一道无解的难题。因此,那些具有轻微自闭倾向的亚斯伯格症(Asperger syndrome)患者,会拟好一些辅助规则;例如,“当我抢了某人的停车位,对方应该是生气多于惊讶”。某些这类患者非常善用这种方法,因此他们在日常生活中完全不会引人注意。

同样的情况也见诸患有反社会人格障碍(antisocial personality disorder)的人身上。这些人一般被称为“精神病态”(psychopathy)或“社会病态”(sociopathy)。这类型的人控制冲动的能力薄弱,不会有罪恶感,具有攻击性,追求享受,喜欢冒险与刺激。他们往往十分迷人,然而,在对待他人方面,若不是把别人看成阻碍,就是当成实行其计划的工具。具有反社会人格障碍的人,不仅对他人毫无同情,往往也不知道别人在想些什么。

据推测,在所有的人口当中,大约有3%的人具有反社会的倾向,而这样的人几乎全是男性。在这些人身上,额叶(frontal lobe,此为大脑的一个部分,学者们认为人类的移情能力就位于此处)的结构发育不良。不过,顺便一提,只有少数具有反社会人格障碍的人会成为连续杀人犯。那么,其他的这类人又会做些什么呢?有些心理学家回答,“他们会成为极限运动的选手或投资银行家!”

“灵魂之窗”并非双眼,而是脸部肌肉。唯有正确解读它们,我们才能理解他人。普遍表情的发现者保罗·艾克曼,并非只想研究基本情感。他推测,人类可以借助于脸部肌肉制造出超过一万种不同的表情。如果能够认识所有这些表情,便可以在只是观看这些表情的情况下,知道别人在想什么。因此,艾克曼与他的同事在长年的工作中,不仅对所有的表情进行研究与分类,还试着个别地去制造表情。这方面的知识,使他成为了一部活体测谎机,因为说谎与欺骗,往往会显露在脸部的微表情(microexpression)里,在没有受过训练的情况下,人们根本无法辨识它们。

在艾克曼年轻的时候,他曾经照顾过一位数次尝试自杀的女病人。在一段被拍摄下来的治疗访谈里,这位女病人表示,自己既幸福又快乐。从外表看来,一切似乎都指向这位女病人正在稳定的康复中。然而,就在艾克曼将这段影片以慢速播放后,情况发生了改变。这段影片的播放速率是每秒 24 帧。只有在其中的两帧,这位女病人的脸表现出失望的扭曲;未曾受过训练的眼睛根本就看不出来。

她想要隐藏自己真实的情感。正如大多数的人那样,她并无法完全做到这一点。这项与欺骗的信号有关的知识,顺理成章地被应用到审讯上。艾克曼训练了许多美国的警察、海关人员与情报人员。美剧《别对我说谎》(*Lie to Me*)便以他的生平为蓝本。不仅如此,艾克曼还发展出了一套软件,借助于这套软件,便可训练出辨识微表情的能力。

社会情感的发生

当欧洲人感到羞愧时,他们会看着地板或望向别处。相反地,日本女人则会用双手捂着脸咯咯地笑。此外,日本人比欧洲人更会压抑自己的情感表达,尤其是有权威人士在场的时候。艾克曼与他的同事也曾发现这一点。这种文化差异特别会出现在诸如羞愧、羡慕、嫉妒与罪恶等社会情感上。这是否意味着,社会情感并非与生俱来,而是必须通过学习?

关于这个问题至少有三种说法。第一种说法是:基本情感与社会情感截然不同。恐惧与恶心是与生俱来的,可是羞愧与嫉妒却必须靠后天的学习。如果这种说法是对的,那么我们必然能找到某些既不知羞愧、也不知嫉妒的文化,或是反过来,找到某些知道我们所未知的情感的文化。

对此,有一个被广为讨论的例子:巴布亚新几内亚古鲁伦巴(Gururumba)部落的男人,可以感受到一种他们形容为“宛如野猪”的情感。他们会狂暴地跑来跑去,并且攻击其他的人。主张社会学习论的人，将这个例子视为其论点的明证。

然而问题是，古鲁伦巴人的行为是否完全可以被归类为某种情感？虽然古鲁伦巴人感觉自己是被动地被带往这种状态，可是这样的行为倒让人觉得比较像是蓄意促成的失控。

事实上，无须远赴重洋，我们在国内就能观察到这样的现象。曾经参与过科隆嘉年华（Kolner Karneval）或慕尼黑啤酒节（Oktoberfest）的人应该都知道，就连西欧人也会蓄意将“猪”给放出来。

第二种说法认为：社会情感是由基本情感所构成的混合情感。例如，艾克曼发现恶心与愤怒共同构成了一种深度的鄙视，它是暴力与攻击行为最常见的原因。虽然在这段期间里，他已将鄙视视为一种独立的情感，不过人们或许还是可以主张，鄙视是一种混合情感。

如果恶心与愤怒是与生俱来的，那么鄙视同样也是。美国进化心理学家罗伯特·普鲁齐克（Robert Plutchik）是这种说法的代表人物之一。他以色轮为蓝本发展出了情感轮，正如存在着颜色混合的现象，同样也存在着情感混合的现象。根据普鲁齐克的看法，害羞是恐惧与惊讶的混合，懊悔则是悲伤与恶心的组合。这样的想法十分引人入胜，只不过，具体的假设却不太能取信于人。事实上，我们可以在自己并不感到恶心的情况下觉得后悔。况且，感到后悔的人会对自己的行为觉得遗憾，可是并不必然会觉得悲伤。

第三种说法则是最有可能的一种说法：社会情感与基本情感的区别或许在于，社会情感的行为表现以文化为前提。正如每名幼童在出生时，都带有与生俱来的语言能力，他们可借此去学习德文或日文等不同的语言，我们也是以同样的方式配备了情感能力。行为输入可以有诸如窃笑或低头看着地板等差异，就如同德语和日语的造字与构句也有显著的不同。

如果用语法来打个比喻，不同文化里的儿童学会了以不同的方式来表达情感，可是这些表达方式全是基于同一套语法。不同于在谱系上较古老的情感（诸如恐惧、愤怒或恶心等）已十分稳固，较晚近的社会情感（诸如羞愧或羡慕等），则会在表现上有显著的差异。

因此，许多情感用语无非是在指称情感家族的成员。愤怒有许多变形，例如生气、恼火、攻击、易怒、不满与复仇等。同样，恐惧也有不同的变形，如惊慌、刺激、不安、紧张、怯场、惊恐与神经质等。它们不仅具有同样的核心感觉，也具有同样的核心主题，不过在成因、评断与感受的强度方面却可能有些微差异。这是否同样适用于所有情感当中最具社会性的情感——爱情？

谁发明了爱情？

骑士追求着那高不可攀的贵妇。他为她赋诗，在她的窗台下吟唱，发誓对她永远忠贞。然而，这么浪漫的爱情往往无法实现。难道，自古以来不一直是这样吗？爱尔兰文学家克里夫·刘易斯（Clive Staples Lewis，儿童文学名著《纳尼亚传奇》[*The Chronicles of Narnia*]的作者）曾于20世纪30年代主张，浪漫的爱情是中古世纪的一项发明。

在更古老的文学作品里，例如荷马或维吉尔的著作，从未描述人类是如何恋爱的。可是到了中古时期，情况就完全改变了。许多主张情感是社会产物的文化学家继承了这样的基本思路。在他们看来，中古世纪的宫廷抒情诗渗入了西方世界的求偶仪式里。

直到今日，许多男性还是会通过写些热情的短信，或寄些MP3的播放列表，作为爱的凭据。即使是在今日，我们或许会对什么是真爱有一个与文化有关的概念。法国作家佛朗索瓦·德·拉·罗什傅柯(François de La Rochefoucauld)有句著名的话:“也许有人从未恋爱过,如果他们从未听说过爱。”社会建构主义者不仅采纳了这句格言,还进一步将它普遍化:“如果我们从未在我们的文化里觉察到情感,我们或许不会有情感。”

首先,爱究竟是不是一种情感?一般说来,我们会有意识地感受到情感,而且情感往往只会持续短短几分钟。我们同样也会对爱与恋爱有所感受,可是不如说它们是某种情绪事件,在这些事件当中,也会浮现其他的情感。当我们和所爱的对象在一起或是在思念对方时,我们会以渴望、喜悦、幸福与温暖等形式感受到爱。

可是,当我们在睡觉或恼怒时,我们依然还是爱着所爱的对象。一个爱的事件可以持续数周、数月或数年。此外,它们还会让我们趋向于拥有别的情感,例如忧心、嫉妒、失望或幸福等。虽然恋爱会为我们的心情添上一些色彩;我们会像喝醉了一样变得飘飘然,因为我们的大脑会先后分泌出快乐物质多巴胺(dopamine)与血清素(serotonin)以及幸福激素催产素(oxytocin)。可是这样的激动很快就会变成几乎无法察觉到的背景噪音。

因此,爱与恋爱可以说是一种事件式的情感倾向,正如悲伤或仇恨。它们同样是一种遭遇,因为它们会降临在我们身上;只不过,由于它们比一般情感的持续时间长,因此我们可以借助于自己的行为对它们造成较强烈的影响。

社会建构主义者将情感与情感倾向理解成行为模式。根据他们的说法,爱情是一个脚本、一个迷你剧本,这说明了典型的爱情事件如何上演。事实上,在我们的行为里,来自文学、电影与广告的影响,可说是显而易见。

在许多浪漫喜剧里,尽管恋爱中的男性表现得宛如白痴,可无论如何,他们还是会让人感到有点“可爱”,因为他们为了赢得女性的芳心,尝试了各种手段;这一点几乎与现实生活没有两样。

尽管如此,建构主义者还是做出了错误的结论。因为情感并非剧本,而是身体所感受到的一些判断,这些判断不会只因行为的差异或我们在脑海里拥有不同的画面而改变。诚然,没有社会的灌输,我们或许就不会有情绪。这与“没有食物,我们或许就无法成长”同样无可争辩。

建构主义者在强调文化间细微差异的过程中,背离了人类的巨大共性。此外,各种故事真的是我们这个时代的真实写照吗?事实上,那些含有虚构人物的故事,正表现出了与日常生活的反差。在文学与电影里,鲜少会出现普通人。就算有,他们也会经历某些不寻常的事。

“中古世纪的抒情诗最早道出了爱情”,这个论点从来就不是正确的。我们可以在世界各地的文学作品里,找到许多更早的证据。《圣经·雅歌》最晚成书于公元前500年,根据推测,它的成书年代或许还更久远。

在《圣经·雅歌》里有位女子说道:“你的爱情比酒更美,你的膏油馨香,你的名如同倒出来的香膏;所以童女都爱你。”而这位男子则说:“你的眼睛在面纱后好像鸽子。你的头发如同一群山羊,从基列山下来……我的妹子,我的新娘,你夺了我的心。你明眸一瞥,你颈项上的链子,夺了我的心!”

上述这段文字会给人一种“这两人在相恋”的印象,即便其语言意象是源自某个我们并不熟悉的文化。我们可以理解这两人具有什么样的感觉,因为他们和我们有着相同的感觉,即使时至今日,人们已不时兴借由山羊比喻头发,以表达自己无条件的爱慕之情。

刘易斯认为,从荷马或维吉尔的作品看来,人类或许还未曾有过恋爱。乍看之下,似乎是如此,毕竟摆在读者面前的都是些既成事实。那些伴侣们不是已经成双成对,就是很快凑成一对,例如帕里斯与海伦、奥德修斯与潘妮洛普、埃涅阿斯与狄多等。相识的阶段并非史诗的主题,战斗与历险才是。

不过,这并不意味着,爱情在这当中不扮演任何角色。荷马描述了为何奥德赛必须离开他的妻子潘妮洛普与年幼的儿子去讨伐特洛伊。在历经九年的围攻与三年的迷航之后,他流落到有着一头美丽卷发的女神卡吕普索的岛上。

卡吕普索爱上了这个异邦人,并且把他困在这座岛上长达七年之久。虽然她许给奥德赛长生不老,但他还是每天坐在沙滩上,凝视着酒红色的大海,一心只盼望着有朝一日,能重回潘妮洛普的身边。如果奥德赛不爱潘妮洛普,那么就从未有过一个男人爱一个女人这种事。

几乎在所有文化的民间文学里,也都会出现某些足以让我们"欧洲人"认为与爱的概念有关的动机或行为,例如渴望、亲密、喜悦与承诺等;因此,文化理论错误地将中古世纪的文学趋势,张冠李戴到现实生活上。在这当中,他们显然将爱情与西方伴侣的套路(相识、恭维、看电影、烹调、烛光、接吻、交媾、教堂、子女、旅行车)相互混淆了。

情感中的理性控制

具有反社会性人格障碍的人不仅感受不到爱,而且几乎没有同情心。诚如身体理论家安东尼奥·达玛西奥与他的同事所示,这些人与那些额叶不仅发育不良,而且还因伤受损的患者一样,在实际作决定方面,也会感到困难重重。

一项与此有关的实验是这样的:缺乏移情作用的受试患者,可以在两堆纸牌里,选择他们要的纸牌。有些纸牌会带来获利,有些纸牌则会带来损失,不过受试者并不晓得其中的规则。这个测试游戏会在某个时刻无预警地突然中断,接着受试者便可获得以现金所支付的获利。“好的”这一堆纸牌,会带来稳定的获利与些微的损失;“坏的”这一堆纸牌则会带来高额的获利,但同时也会带来高额的损失。

不同于健康的人,在他们可以准确计算之前,就能很快感觉到哪一堆纸牌比较好,那些具有反社会性人格障碍与额叶受损的人,总是比较喜欢“坏的”那一堆纸牌,即使他们已被告知,选择这堆纸牌,从长远来看,他们终究会有损失。

达玛西奥与他的许多同事由此得出一项结论:情感也会理性地控制我们的决定。这项对于情感的正面看法可说是革命性的;因为长久以来,人们总是认为,情感阻碍了理性。大家应该多多少少都听过与这种冲突有关的一些说法,例如“理性对感性”“肚子对脑袋”“情感对理智”等。这两者都有可能会成为被责难的对象。如果事情是与理性的行为有关,那么人们可能会说,“你太感性了!”

反之,如果事情是与欠缺人情的温暖有关,那么人们可能又会说,“你太理性了!”根据较新的相关知识,第一种责难似乎与新知格格不入。近年来,我们的正面情绪能力已通过”情绪智力”(emotional intelligence)这个关键词而广为人知。这个名称显然有误导之嫌,因为我们在经过训练之后,不太会变得更有智慧,不过在情感方面,倒是会变得更加丰富与敏锐。无论如何,在这段期间里,这样的基本思路已获得确定。

然而,有一部分心理学家提出了过分的要求,他们希望人们应该总是将自己托付给直觉。虽然情感在进化的过程中,曾一度以警示即通报系统之姿展现出益处,可是这并不代表着,直到今日,它们依然总是有益的。我们不能就这么盲目地将自己托付给情绪的感应,因为它们有时很有帮助、有时则否。有时我们之所以不喜欢某些人,或许只是因为她们身上的香水味,让我们无意识地想起了自己的恶婆婆,或者只是因为他们的脸部轮廓,让我们想起凶恶的体育老师。

此外,我们经常也会由于误会而感到嫉妒,或是对完全不会伤害我们的蜘蛛感到恐惧。特别值得一提的是,时至今日,年轻人的攻击性已不再具有什么功能,它们反而成为全世界许多憾事的根源。

在过去,由睾固酮(testosterone)所驱动的愤怒,可以在狩猎与守护家园等方面发挥作用。在现代的民主制度里,好斗变得无用武之地。如今,那些无法控制自己的好勇斗狠的年轻人,不是在球场里打架,就是在街头滋事。德国社会学家古纳尔·海森(Gunnar Heinsohn)曾指出,在那些15—24岁的男性居多的区域里,特别容易引发暴力事件与战争。

另一方面,如果把我们自己托付给悲伤,恐怕也不会带来什么好处。再者,经常会随着悲伤而来的愤怒,又具有什么功能呢?这两种情感对于在未来更妥善地处理损失并没有什么帮助。我们往往明知自己为何悲伤,但即便如此,可能还是会束手无策。

操弄情感的直觉

我们的直觉不仅不可靠,有时甚至完全没用,而且还很容易受到操弄。最肆无忌惮地利用这一点的,莫过于广告。抽烟到底和夕阳、营火旁的牛仔,或云雾中的山川有何关系?全然无关!广告人麦克·康拉德(Michael Conrad)是这种心情写照的发明人。他的灵感则来自卡斯珀·戴维·弗里德里希(Caspar David Friedrich)的画作:大自然、云雾、眺望远处的男人。在广告里,我们几乎见不到事实。说句实在话,我们其实也完全不想知道与四行程引擎的气门有关的事,我们宁可看到越野车是如何优雅地翻山越岭或帅气地横过泥泞,即便我们日后不过只是开着它们去买菜而已。

虽然我们会受到媒体操弄,可是在情绪上也想让自己受引诱。好莱坞可说是最精于此道的。当泰坦尼克号沉入海底,而且杰克为拯救露丝而牺牲了自己,即使最坚强的男子汉,眼泪都会不禁夺眶而出,更遑论,在这一瞬间,整间电影院简直如丧考妣!正如我们的情感具有核心主题,各种电影类型也会瞄准了核心情感:惊悚片瞄准了恐惧、恐怖片瞄准了恐惧与恶心、喜剧瞄准了喜悦与惊奇、青少年喜剧则瞄准了喜悦、惊奇与恶心。

截至目前,还没有人可以说清楚、讲明白,为何负面的情感能取悦我们?不知何故,这似乎是一种基础经验,那就是:当我们拥有浓烈的情感时,特别能够感受到自己是一个人。因此,我们会花钱让自己在受控的条件下,适量地体验负面情感,只是当购买电影票时,我们或许对此浑然不觉。

第二章

语言,真实的沟通还是虚伪的应对?

什么是"语言"呢?我们知道花的语言、蜜蜂的语言、计算机的语言,还知道歌德所写的德语以及很差的德语。很显然,我们以"语言"一词指称许多类似的现象,但它们并非总是同一回事。

在我小的时候,我会这么说话,"妈妈跑快一点,把面包干拿来。"(Mami nell laufen, Bieback holen.)很显然,当初我其实完全明白自己想要些什么。可是,和所有幼童一样,我也不太会发擦音;在发擦音时,必须使用上下颚、舌头与嘴唇搅动气流。在舌头怠惰的情况下,便会将原本的 schnell 快念成 nell,而 Zwieback(面包干)则念成 Bieback。

当时我还不清楚祈使句的语法,更别说要借助于虚拟式来表达礼貌的语气。尽管如此,我所要表达的意思显然十分清楚:我希望妈妈能为我拿块面包干,而且要马上拿来!即使是在表达功能方面,这个句子也是毋庸置疑的:它所涉及的并非"问题"或"主张",而是某种"要求"。

我的童言童语正好涉及语言学的几大领域。"语音学"所研究的是语句的物质形式,因为除了借助于字母、手势与表情,我们主要还会借助于语音来沟通。"语法学"研究的是语句的结构。"语义学”研究的是语句的意义。最后,“语用学”研究的则是脉络中的表意功能。

哲学家们始终对于语言所含有的意义深感兴趣。这也难怪,今日语言学里的许多理论都是出自哲学家之手。不过,令人惊讶的是,如果不具备形式逻辑与计算机理论方面的知识,便会无从了解现今大多数的语言理论。

语言的多样性

然而,我们还是从显而易见的问题开始:什么是“语言”呢?“语言”一词是个含糊不清的用语。我们知道花的语言、蜜蜂的语言、计算机的语言,还知道歌德所写的德语以及很差的德语。很显然,我们以“语言”一词来指称许多类似的现象,可是它们并非总是同一回事。例如,情绪的表达、动物的沟通、程序编码等。此外,还有诸如德语、汉语或斯瓦希里语(swahili)等自然语言,有时在这些个别的自然语言里,还会有高下之分。

哲学家和语言学家主要研究的是人类的语言能力,更确切地说,是研究人类学习和掌握自然语言的天赋。如果有人在学术之外就“语言”这项主题有所争辩,大多数人都会联想到词汇,在这当中特别会联想到“正字法”(Rechtschreibung)与文体分析。例如,也许会联想到令人嫌恶的英语借词,如“这是有道理的”;也许会联想到某些不好听的简称,如 Perso(身份证)或 Caipi(卡琵莉亚鸡尾酒);也许会联想到被艾克哈德·韩沙伊德(Eckhard Henscheid)称为“蠢德语”的政治废话,如“开倒车”“愤世嫉俗且不人道”或“悲伤处理”。

事实上，只有极少数的学者认为，个别词汇、正字法或语言风格，在学术上是有用的题材。

首先，世界上大多数的语言都没有文字化。即便不断在推进中的正字法改革，搞得德国人不得安宁（特别是在中小学期间），文字化在语言学里仍属于边陲地带。更何况，在许多文字文化里，例如在英国，压根儿就不存在什么正字法委员会。

其次，许多语言欠缺的是一些我们所熟悉的字词——一种可明确区隔字词的语言单位，例如休休尼语（shoshone）。这是北美原住民的一种语言，在这种语言里，语句由一个动词构成，人们会将其他的句子分别穿插在这个动词里。以“罗密欧拥抱朱丽叶”一句为例，若改写成休休尼语的形式，整句话或许会变成“拥罗密欧朱丽叶抱”。许多南美与北美的语言，以及全球成千上百各自独立发展出的语言，都是按照这套原则运作的。

第三，字词学得快，忘得也快。特别的是，我们不但可以替换它们，还可以轻松地从别的语言引入它们。我们可以跳“探戈”，吃“披萨”，看“DVD”，穿“T 恤”。一种语言最重要的识别特征，莫过于它的语法结构，即它的句法（syntax）。即便认识了成千上百个中国字，依然不足以说中文。我们还必须晓得，该如何把它们组合起来。

第四，通过语言风格所引介的社会角色，是语言能力的副产品。医生们会以拉丁文“密码”来书写他们的诊断书，青少年习于在小团体里使用密语，中产阶级则会以“标准”德语，彰显他们的阶级意识，由此向下作区别。

然而，语言学家所关心的是，人类“实际上”会如何说话，而非为了成为新闻主播，我们“应该”如何清楚地发音。他们并不想为他人设立规范，只想如同物理学家或生物学家那样，去描述并解释这个世界是如何构成的。

从语言探究心理

观察质朴的语言使用,会令人产生一个简单的想法:通过研究个别的语言,便能间接地研究足以彰显出所有人类的某种心理能力,也就是语言能力。有了这种奇妙的天赋,我们的生命才得以如此多彩多姿。也因此,我们在动物界里是独一无二的。

虽然有些动物具有沟通的能力,可是它们并不会建构语句。狗也许会通过张大眼睛凝视,表达它饿了,可是它们既不会问,“可否给我点饲料?”也不会说,“我饿了!”雄夜莺可以哼出上百种不同的旋律,可是它们所要表达的总是同样的意思,“来吧,来与我交配!”

相反地,人类则可以谈论各式各样的事物,我们可以谈论过去或未来的事、远在天边或近在眼前的事、具体或抽象的事,我们也可以谈论不可能的事,甚至还可以谈论我们自己的内心世界。人类的语言能力可说是如同行走般普遍。

即使数个世纪以来,一直有人相信,或许存在着既原始又精致的语言,可是许多人却不以为然。在历经多年于雨林、山村、草原及下巴伐利亚(Niederbayern)等各个地方所进行的田野调查后,语言学家们几乎可以确定,所有的语言同样都富有表现力。

虽然,从表面上看来,以英语和日语为例,英语似乎比日语容易学。然而,这只是由于我们具备了英语方面的预备性知识,因为德语和英语都是同语系的日耳曼方言。此外,英语可说是人们最容易学得零零落落的语言。我们可以很快地理解英语,而且人们只需要现在式,几乎不必去学习格的变化。然而,诚如我的某位英国友人所言,“它的句法复杂到我们只能幻想自己能掌握它!”

对于“这世上究竟存在着多少种语言”这个问题，大抵说来，有长、短两种解答。短一点的答案是，“大约有六千多种”。长一点的答案则是，“这得看人们所指的‘语言’究竟是什么而定”。

光区分方言就不是件容易的事。精通意第绪语（yiddish）的语言学家马克斯·魏恩莱希（Max Weinreich）有句名言：“语言只是拥有海、陆两军的方言。”他所强调的是偶然性与权力的面向。这就好比很久以前，有个马贼以武力取得了一大片土地，接着他便改称自己为贵族，后来更进一步以国君之姿宣布他所说的方言为这个国家的语言，而且没有人能以别的方言否定他。

然而，一种语言终于何处，下一种语言又始于何处呢？还有，人们是如何群体化的呢？有一种说法认为，这是由于相互理解；另一种说法则认为，这是由于语法的相似性。这两种说法其实都很有问题。巴伐利亚语（Bairisch）和瑞士德语（Schwyzerdeutsch）在语法上同属新高地德语（Neuhochdeutsch）。然而，即便是某位对语言颇有研究的汉诺威人，也不太能理解这两种语言。相反地，西班牙语在语系上离葡萄牙语较近、离意大利语较远。然而，西班牙人却比较听得懂意大利人所说的话。

因此，许多语言学家不禁要问，谈论“德语”或“柏林语”是否真有意义？因为，值得作为研究对象的，其实只有“个人方言”（idiolect），也就是个人的语言。每个人说话的方式各有不同。如果有两个人说话的方式够接近，我们可以简单地说，他们是在说“德语”；可是，除此之外，我们推不出什么其他的结论。这种看似过度的预防措施，主要针对的是一套广泛但却很有问题的意义理论。根据这套理论，作为抽象的“符号系统”的语言拥有自己的生命。如果要看出其中的问题所在，我们就必须先了解一下，什么是语言的意义？

语言代表的意义

在奇境里,爱丽丝于某个时刻遇见了矮胖子,一只虚荣的蛋,他不仅会说话,而且还坐在墙上。矮胖子想要愚弄她,他对爱丽丝说,“非生日礼物比生日礼物还好,当人们处于非生日时,便能收到这样的礼物”。他以这样的一句话,结束了简短的独白,“这对你来说多光荣呀!”爱丽丝不懂,他所说的“光荣”到底是什么意思?他回答:“我的意思是,你在争论中彻底失败了!”爱丽丝对于这样的词意表示怀疑。对此,矮胖子坚决地表示:“我用一个词,总是跟我想要说的恰如其分,既不重,也不轻。”

这项语言理论说明,我们可以自己片面决定想要借助于某个词语表示些什么,哲学家有时会将它戏称为”矮胖子意义理论”(Humpty-Dumpty-Theorie der Bedeutung)。虽说,基于多项理由,这套理论其实是站不住脚的。然而,它却包含了一个正确的核心。词汇与其意义之间的关系,其实是“任意的”。

我们可以根据“意义”的两种意义来厘清这种现象。首先,我们会说,“烟意味着火”,或是“这些斑点意味着麻疹”。其次,我们也会说,“‘开始’与‘起始’这两个词意思是一样的”。我们从上述的每个句子里都获得了一些信息;前者是关于失火或疾病,后者则是关于词汇。

然而,这前后两者却在一个重要的点上有所差异。对此,美国哲学家赫伯·保罗·葛莱斯(Herbert Paul Grice)曾有以下的解释:在火与麻疹的情况下,我们所谈论的是自然符号,即特殊的迹象或病症;然而,在第二种情况下,则涉及了象征符号的语义。借助于词语,必须总有某人意欲指涉些什么。在火的例子里,并不存在某个借助烟来指涉些什么的人，因为烟是火的自然后果。

换言之，字母、单字与句子并非迹象，而是符号，它们和它们的来源之间既不存在自然的连结、也不具有如图像一般的相似性。房屋的图像与真正的房屋具有相似性，大门在下、屋顶在上。相反地，“房”“屋”的音序与真正的房屋完全不具有相似性。语音和意义之间的关系，诚如先前所述，是任意的。

我们也可以说，符号是抽象的；这也是为何它们是一种卓越的储存媒体的原因之一：少许的语音和单字，便足以管理无穷无尽的信息，无论内容是什么。只有在极少数的情况里，语言才具有形象。

例如在拟声词的情况里，黄蜂“嗡嗡”作响、在念“口吃”一词时，我们也陷入口吃，在“隆隆”的踩踏中，楼梯”嘎吱”作响。然而，除了这些例外以外，语言其实是象征性的。在这一点上，矮胖子是“光荣”的，他让爱丽丝“在争论中彻底失败了”。尽管如此，他应该不太可能有办法创造出一套自己的语言。即便他成功了，恐怕也没人能懂。总之，他不能随自己高兴，任意地使用所有的词语。否则，他为何还要向爱丽丝解释，他所谓的“光荣”究竟是什么意思？

路德维希·维特根斯坦曾以这项观察作为研究主题。在他看来，词意的使用是固定的。词语只是工具。如果将来所有的人都用“QQ 熊”一词来指称汽车，那么到时候“QQ 熊”一词的意思就会是现在“汽车”所代表的意思。维特根斯坦便是以其“应用理论”(Gebrauchstheorie)来反驳“意义的图像理论”(Bildtheorie der Bedeutung)。

以汽车为例，意义的图像理论认为，当我们在学习“汽车”一词的意义时，脑海里便会跟着串连起汽车的图像概念。美国哲学家乌伊拉德·凡·奥曼·奎因(Willard Van Orman Quine)称此为“博物馆神话”(Museum Myth)；换言之，这就好比词语是橱窗前的标示牌,而意义则是里面的展品。

乍听之下,在名词与动词方面,图像理论似乎言之成理。因为,当我们听到例如“汽车”“太阳”或“微笑”等词语时,的确往往会在脑海中浮现相应的画面。然而,光是语言里的功能性词汇,便足以抹去这样的联想。当提到例如“但是”“这”或“与此同时”等词语时,我们又该想些什么呢?此外,我们的图像概念太过个人化,不足以促成有系统且成功的沟通。在“艳阳高照”这种情况里,也许每个人都会有类似的想象。可是在“我叔叔是律师”这种情况里,即使实际上的确存在这一情况,每个人的想象也可能会相去甚远。

尽管如此,我们每个人还是能够了解,上述这些句子究竟是什么意思。在理解语言时,并没有什么电影画面在我们内在的双眼前上演。因此,意义不可能以图像的形式来编码。

奎因与维特根斯坦对图像理论的批评是对的。然而,由于对心智图像或“脑袋里的意义”的忌惮,却也让他们失去了准头。诚然,应用说明了意义。当园丁以 Rauke 称呼那株我称之为 Rucola(Rauke 与 Rucola 同是“芝麻菜”的意思)的植物时,他所使用的 Rauke 与我所使用的 Rucola,显然具有同样的意思。

然而,语音形式与意义必须储存在我们的记忆里,否则便无法成功地重复指涉这种苦味的十字花科植物(brassicaceae)。大约在1900年时,当代语言学的先驱之一,瑞士语言学家费迪南·德·索绪尔(Ferdinand de Saussure)便已说明了这一点。意义肯定不是以心智图像的形式,而是以别的形式被储存起来的,而意义理论的任务便是去找出究竟是以何种方式储存的。

维特根斯坦的应用理论将意义置于某个语言社群的行为里。在他看来,Rucola 一语并非我的“心智辞典”里的一个单位,而是以这个词语的所有应用方式显现在德语里。因此,一种语言是由语言的应用规则所构成的。有时人们会说这些规则是“约定俗成”,尽管人们往往还是搞不清楚“约定俗成”到底是什么意思。无论如何,语言肯定不是以人们对于各种意义达成“合意”这种方式“约定俗成”。我们的祖先绝不可能默默地坐在营火旁,直到有人突然跳出来大声疾呼:“从今往后,就让我们用‘火’这个字来说火吧!”因为,如果要以这种方式达成共识,他们势必要先掌握某种语言。

因此,现今的应用理论者所谈论的是“隐规范”(implicit norms);其中最具代表性的,莫过于美国语言哲学家罗伯·布兰登(Robert Brandom)。在他看来,语言不仅有规律,而且有标准;换言之,是有规范的。因为,在语言的使用里,的确存在着“正确”与”错误”之分。

举例来说,如果有人说,“汉堡在慕尼黑的北边”,而他也可以改说,“慕尼黑在汉堡的南边”。语言的本质性构成要件之一应该是,每个使用语言的行为,让言说者在其他的行为方式上同样受到的约束。我们也可以将布兰登的说法理解成,语言规则犹如“典章制度”。如此,如果有人说错了什么,我们便有权去纠正他们。

这样的见解其实很有问题。因为,细究之下,这似乎更像是有文字的文明中的某种社会现象。虽然我们可以去纠正别人或让别人来纠正我们,但这毕竟不是以系统性的方式在进行。诚如与语言学习有关的研究所示,这种情况从不会发生在儿童身上。此外,这位应用理论者已默认这些“规范”储存在我们的记忆里,否则,我们如何能够遵守它们呢?

然而,如此一来,他便同样可以谈论“心智辞典”,并且如同在语言学里普遍见到的那样,以“心智的”取代“社会的”观点。

我们可以将应用理论视为在意义理论方面值得认真考虑的选项。除此之外,另有一种见解也颇受欢迎,只不过不太具有说服力。

这种见解认为,一个词语的历史,换言之,它的“语源”(etymology),应该可以透露出某些与其意义有关的事。

在上古时期,人们相信如果可以回溯得够久远,应该可以在某个时刻找到一个词语的“语源”,换言之,一个词语“真实的”或“原始的”含义,这便是“语源”的语源学。然而,这种说法正确吗?

即使在学者们当中,我们也时常会听到,实际上,interessieren(感兴趣)一语,相当于 dazwischen sein(在中间),而 Amateur(业余爱好者)一语,从字面上看,则相当于 Liebhaber(情人、爱好者;源自于拉丁文的 amare[爱])。

事实上,interessieren 无非就是 interessieren,而 Amateur 也无非就是 Amateur,不是什么 Liebhaber。乍听之下,这些例子似乎颇具暗示性,因为我们很快就见到了某种关联性。

然而,这当中其实存在着无数的反例。bisschen(少许)一语,在语言史上是 Biss(咬)一语的缩小形式。在“Ich will ein bisschen Leidenschaft.”(我要一些热情)这个句子里,人们可以建构出一个贴切的连结:热情的吻有时就宛如“咬”。不过,一换成“Ich will ein bisschen Wasser.”(我要一点水)这样的句子,其中的暗示性便会立刻烟消云散。

我们甚至可以更简单地反驳语源理论。在我们当中,几乎没有人晓得个别词语的历史,可是却都知道是什么意思。如果我们在这方面并不需要各种语源,那么对于理解语言而言,它们根本就无关紧要。无论过去我们的祖先用同样的语音表达了什么意思,一点也不会影响我们如今用它们来进行表达。

语源理论者代表了一种极端的博物馆神话——词语标示牌与意义永远粘在一起。直到今日,文化学家还是会借助于语源来论证:词语曾以某种方式“承载”了意义,继而被各种附加意义所“依附”。语言可谓是符号所汇成的洪流,独立于我们而存在,它们以某种方式“流过”我们。然而,这种说法显然忽略了某些事实。词语并没有自己的神奇生命。没有会思考的人,它们什么意义也没有。唯有当言说者表达并理解它们,它们才具有意义。然而,在此之前,它们多半必须被储存在记忆里。

有种类似的想法则隐藏在忧心语言的没落背后。没有一个时代会以相同于从前时代的方式说话。亲身经历过语言自然更迭的人,便会得出这样的结论:德语正在走下坡,随着时代的改变,许多词语与表达方式都消失了!我们经常可以听到一些昧于事实的诊断,例如:虚拟式就要灭绝了,因为我们经常使用 wurde(想要)造句;还有,我们究竟要回溯多远才能找到“最佳”德语?回溯到托马斯·曼、歌德、马丁·路德、瓦尔特·冯·福格尔魏德(Walther von der Vogelweide),还是查理大帝呢?

语言并非独立于我们而存在。意义不是自己选的、不是内心的图像、不是语源,也不等同于单字的用法。那么,意义究竟是什么呢?

从 Gavagai 分析语言

请你想象一下,有位田野工作者到了一个陌生的国度,并且遇见了一个民族,可是他并不会他们的语言。他既没有字典、也没有翻译。这位田野工作者受到当地居民的热情欢迎。到了晚上,在营火旁,突然有只兔子跳了过去。这时有人大喊:“Gavagai!”这会是什么意思呢?一个唾手可得的假设就是,“那里有只兔子!”不过,也有可能是“我们的晚餐在那儿!”或是“多么有趣的一只动物啊!”或者其实只是“快追!”。

通过这个故事,奎因想要说明的是,何谓理解一种外语。由于这位田野工作者没有任何辅助工具,他势必要设法找到某种“根本翻译”(radical translation)。这大概会这么进行:首先,他必须找出“是”与“否”的表达方式。例如他可以在每次见到兔子时,尝试性地呼喊 gavagai。如果当地居民总是说 bobo,那么 bobo 可能就是“是”的意思。不过,如果他们有时说 bobo,有时则说 mi,那么后者可能就是“否”的意思。由此我们自然就可以推断出,gavagai 并非“那里有只兔子”的意思。

“是”与“否”的表达方式无非就是“真”与“假”的表达方式。借助于这套辅助工具,诚如奎因所说,这位学者获得了在陌生语言里的立足之地,因为从现在起,他可以由此测试和语句结构有关的假设。

词语在孤立的情况下并没有意义,唯有当它们出现在一个完整的句子里才会有意义。德国逻辑学家弗里德里希·路德维希·戈特洛布·弗雷格(Friedrich Ludwig Gottlob Frege)便曾指出这一点。我们可以通过在对话时脱口而出“沙滩”或“斯宾诺莎”来测试这种现象。接下来,必然会出现“你在说什么?”虽然的确存在着所谓的单字句,例如“火!”或“趴!”不过它们其实是“失火了!”或“我们在开派对!”的简化形式。

在 Gavagai 这个例子里,假设的是什么状况呢?如果这些原住民看见动物时说 gavagai,看见人时说 gavagum,这位学者便可以假设 gava 相当于“这是”,此外,gai 指“动物”,而 gum 则指“人”。一旦这位学者以这样的方式对这种外语进行了完整的分析,最终他便可制作出一本翻译手册。

奎因以“翻译的不确定性”(indeterminacy of translation)这个论点而闻名于世。在他看来,如果有两位学者分别撰写出两本手册,虽然它们可能都是正确的，不过却会不相容。例如，个别词语的指涉可能总是不确定的，也许 gavagai 指的是兔子，也许这个词语仅是指活的、已知的、可爱的或白色的兔子。无论这位学者作了多少的观察，总是有可能日后出现了某个意思，便将他的翻译假设推翻了。在任何情况下，奎因都主张这一点。

为翻译的不确定性找出强有力的论据，可以说是一件相当困难的事，如果必须安排在那后面的事情，多过于两位学者之一将“是”与“否”搞混，以致在他的翻译里，各种符号其实是颠倒的。与此相反的，则是奎因的“意义整体论”(meaning holism)。

整体论者会说，“一切关联一切”或“一切都是重要的”。一般说来，这样的论点表示学术的失败，因为学者们总是试图将重要的因素，从不重要的因素中区隔出来。说“一切都是重要的”，就等于说“没有什么是重要的”。

然而，在理解语言方面，奎因的论点却是关键性的。唯有当我们假设他人的话具有意义并且同时相信他们，才能理解他人；我们对语言的理解和对世界的理解，总是合在一起。

奎因曾建议，不要使用“意义”一语来谈论意义。我们所需要的，无非只是同意与不同意，或是更普通的“真”或“假”。“下雪了”与“It is snowing”这两个句子的意思是一样的，因为这两者在各种同样的情况里同真同假。这种想法同样见于维特根斯坦早期的作品里。

在第一次世界大战期间，维特根斯坦曾于战壕中写道：“理解一个句子意味着，当这个句子为真时，知道什么是实情。”因此，在词语方面，我们只需找出，它们对于整个句子的真实性有何贡献，而这些贡献便是它们的意义。

以真实性取代意义

奎因的学生,美国哲学家唐纳德·戴维森(Donald Davidson),对"以真实性取代意义"的想法进行了加工。他那有点古怪的例子是这样的:有人说,"我喜欢河马,它们有皱皱的皮,我在凌晨三点榨来当早餐"。在戴维森看来,这时只有两种可能:我们若不是认为这个说话的人对待河马的方式很"另类",就是认为他所谓的"河马",其实是我们所说的"橙"。通过主张我们"始终"处于田野工作者的情况里,戴维森更进一步锐化了奎因的根本翻译。戴维森认为,就每个人自己的角度看来,每个他人其实都是说着某种外语。

戴维森称自己的理论为"根本诠释"(radical interpretation)。一般来说,我们总是会试着以"他人说了些真实的事"这样的方式来理解他人。在这当中,"正确理解他人"这件事,始终像是在走钢索。然而,我们基本上总是"善意的"。在我们假设对方饮用河马的鲜血之前,我们宁可认为,他所指的是别的意思,例如他出现了口误。普遍来说,我们会视他人为理性的生物,会认为他人大多拥有与我们相同的观点。

因此,对言说者的诠释取决于两种因素:"他的话的意义"以及"他的信念",除此以外,再无别的了。受到波兰逻辑学家阿尔弗雷德·塔斯基(Alfred Tarski)的研究成果启发,戴维森发展出了自己的一套意义理论。他同样也舍弃了"意义"这样的用语,只谈论可借逻辑之助来表示的"真值条件"(truth condition)。

某些词语和语句,我们可以轻松地将它们分解。且让我们来观察一下"歌利亚是巨大的,而且戴维是聪明的"这个句子。"而且"这个词将两个句子连结起来,并且由此造出了一个新的句子。唯有当两个部分皆为真,这个新的句子才为真。很显然,这正是“而且”贡献给一个语句的意义部分。

戴维森强调,意义与真值是相互关联的,然而,他的理论并非语言处理的现实模型,换言之,当我们在聆听时,我们并非总是在思考着,在哪些条件下对方的语句为真。尽管如此,戴维森与其他意义理论家,却是将越来越多自然语言的部分翻译成逻辑的形式代码。这种构想在例如“三”“全部”或“部分”等数词与量词方面效果良好。就连时态,我们也可以形式化地表达。如果有人说,“当我回家时,天色已晚”,他的陈述不仅在当下是对的,并且还表明“天色晚”先于“回家”,而且“回家”先于陈述。

许多语言现象迄今仍让哲学家和语言学家伤透脑筋,即“也许”“如果”之类的句子,便是棘手的难题之一。以下是一段出自美国前总统比尔·克林顿的趣事:有一回,他与妻子希拉里遇见了希拉里年少时的一位友人。当时这位友人是一位加油站的职工。克林顿对他的太太说:“你想想,如果嫁给他,那么你现在说不定就是加油站的老板娘了!”希拉里不甘示弱地说:“不,如果是这样的话,说不定现在他就是美国总统了!”

这两个陈述可能皆为真。然而,究竟谁才是对的呢?美国哲学家戴维·刘易斯(David Lewis,他在学术圈中被誉为20世纪最敏锐的哲学家之一)曾建议,我们不妨借助于“可能世界”(possible world)来分析这类语句。

通过“说不定现在他就是美国总统了”这句话,希拉里想表达的意思相当于,“有另一个可能世界,在那个世界里,他现在是美国总统”。这时候,我们只需要再将克林顿与希拉里的可能世界相互比较即可;在这之中,跟我们的世界最相近的虚构世界胜出。如果偏离的程度很大,这无非代表着结论过于夸张,从而我们的世界也较不可能以那样的方式发展。因此,描绘出最有可能的世界的人便是对的。刘易斯在技术方面巨细靡遗地完善了他的理论。然而,迄今依然争议不断的是,我们究竟应该将世界的相似性系于何处?

另一个广为讨论的问题,则源自我们使用概念的模糊不清。举例来说,哈利的头发茂盛,卡尔则是个秃头。"哈利是秃头"这个句子为假,相反地,"卡尔是秃头"这个句子为真。

如果从现在起,哈利不断地掉头发,也许到了某个时刻,他就会如同卡尔一样是秃头。在朝着这个方向发展的过程里,将会存在许多我们无法准确陈述哈利是否已是秃头的情况。几乎没有任何概念具有鲜明的界线,例如准确地规定:"凡头发少于4135根的人便是秃头。"

然而,"哈利是秃头"这个句子,究竟能否在模棱两可的情况下明确地为真或为假?有些人认为,这是无法确定的。有些人认为,我们必须更精准地表达。还有一些人则认为,虽然答案总是存在着的,不过我们却无法知道。人们称这种问题为概念的含糊(vagueness)。乍看之下,这样的例子有点像是在鸡蛋里挑骨头,然而迄今为止,仍有许多学者在争议着如何解决它们。

看起来,形式的意义理论似乎会在某个时刻到达其极限。毕竟,这当中主要涉及了词语的意义,换言之,即个别词语对于语句意义的贡献。然而,我们的语言其实还提供了更多的内容,例如是什么让诸如影射和暗示、比喻和一语双关、笑话和文字游戏、文学和诗词,以及我们的一切沟通显得如此特别?这些现象主要是语用学(即和语言使用有关的理论)所钻研的对象。

沟通的游戏

有一回，英国语言哲学家约翰·奥斯汀在纽约的哥伦比亚大学举行演讲。当他说道，“双重否定总是会得出肯定，可是双重肯定却从不会得出否定”时，在观众席里，他的美国同行西尼·摩根贝瑟（Sidney Morgenbesser）便嘲讽地答道，“是啊，是啊！”

摩根贝瑟的笑话玩弄了“语义学”和“语用学”之间的差异，或者换个方式来说，玩弄了“词语的意义”与“表述的意义”之间的差异。从字面上看来，两个“是”表达了赞同之意。然而，在某些表述的脉络里，“是啊，是啊”的意思，却相当于“才怪”或其他更强烈的内容。摩根贝瑟讽刺地以奥斯汀之道还治其身，因为摩根贝瑟不断强调词语的意义，以及词语在对话中的功能这两者的差异。毕竟，他可是语用学的奠基者之一。

语用现象的研究始于20世纪的前半叶，特别是在分析哲学里。有别于其他的流派，分析哲学对此进行了格外系统、准确且理论性的研究。在一百多年前的发展初期，研究的重心曾是设计出一套精确的科学语言。由此也迸出了借逻辑之助来表述自然语言的想法。

这样的研究计划基本没有多大的改变，不过观察的视角倒是明显放大了许多。长久以来，学者们总是只关注着陈述句。身为先驱者之一的维特根斯坦，后来曾在他晚期的作品里借助于许多例子说明，我们的语言具有无数的面向。借助于话语，我们可以做出许许多多的事，例如祈祷、诅咒、调情、问候、发誓、虚构、朗诵、吟咏童谣、说笑等。

维特根斯坦称这些行为为“语言游戏”（Sprachspiele），并且由此进行了自我批判。在他早期的作品里，和许多同行一样，他也是只专注在某种十分特殊的语言游戏上,即“陈述”,以致忽略了其他游戏的多样性。奥斯汀也提出了类似的观点,只不过他不说语言游戏,而是说“语言行为”(speech act)。虽然语句本身具有某种字面上的意义,然而在表述它们的时候,我们所做的总是多过字面上的意义;我们会主张、质疑或命令,为船只举行洗礼,签订契约,我们还会宣告某对佳偶正式结为夫妻。

语言行为或言语行为,无论怎么称呼,都依循着一套逻辑。以断言为例:通过断言,言说者便默默地发誓,自己所述为真,即便他只是借由说谎来利用这项条件。在这当中,我们无法在句型上明确地识别出语言行为,因为它并不取决于语法。利用一个问句,我们同样可以断言某些事情,例如“你疯了吗?”

当我们彼此在进行沟通时,即便我们无法记录下语言行为的条件,我们还是能够完成语言行为。相反地,将它们凸显出来并拟成一套理论可说是既费事、又无聊,即使这些论点到最后听起来像是理所当然。因此,约翰·奥斯汀、赫伯·保罗·葛莱斯(H. P. Grice)、维特根斯坦,以及他们同行的论文,也适用于近年来所创立的一门学科:传播学(communication studies)。

不过,其中沟通的概念往往被十分宽泛地认定为“信息的交换”。奥地利传播理论学家保罗·瓦兹拉威克(Paul Watzlawick)曾提出一个著名的论点,“人无法‘不’沟通”。他认为,如果以为单纯只是坐在树下阅读就没有在沟通,这样的想法恐怕有点愚蠢。因为我们总是会默默地且无意识地传达给他人些什么,例如“我不想被打扰!”然而,如此一来,瓦兹拉威克显然模糊掉了“真正的语言游戏”,以及那些“我们只是错误地加在他人身上的语言游戏”之间的重要差异。

葛莱斯曾指出,我们的语言行为总少不了意图。例如想要告诉某人“下雨了”,光是设法让对方获得这项信息是不够的。我可以将百叶窗拉起来,由此让对方知道,外面正在下雨。可是,对此我还是未透露只字片语。直到当我表示,“外面正在下雨”,对方才会从我的行为中读出这项信息;因为他认为我具有双重意图:一是传递信息的意图,二是通过符号来做这件事(传递信息)的意图。因此,当我坐在树下陷入了恍惚的状态,当我不具有意图时,我并没有在沟通。虽然某个观察者可以把我看成是想要借此来表达“少来烦我!”的意思,然而,这样的猜想是否正确,则必须取决于我。唯有当我明白地转过身去或故意不理他人,通过我自己完成一个无言的语言行为,我才告诉了他人这件事。

暗示的艺术

我们必须一直将他人视为说外语的言说者,并不断地进行根本诠释。然而,为何我们还能如此轻松地相互沟通呢?对此,葛莱斯提出了一项解释。他认为,一般说来,言说者也是具有善意的,他们会遵循“合作原则”(cooperative principle)。合作原则由至少四种准则所构成,这些准则所要求的大抵如下:含有信息、陈述真实、只陈述相关内容、以简单明了的方式陈述。

有个经典的范例是这样的:有位女司机对同乘者说:“快没油了!”在这当中,她省略了“我们需要加油,否则我们便无法继续行驶”。这位同乘者认为,她说了某些有关的事情,于是答道:“过了下一个十字路口就有个加油站。”在这当中他则省略了,“你可以去那里加油”。我们之所以能够如此妥善地相互理解,无非是因为我们默默地自动补充了这些省略。

如果此时有位言说者违反了这些准则的其中之一，倾听者便会将他的举动诠释成某种暗示或影射，或者如葛莱斯所言，某种“隐含”(implicature)。也就是说，言说者想要借由自己所说的话来传达某些他未通过字面陈述，但却应该被理解的事情。举例来说，有位男子在酒吧里对某位女子说：“你觉得这音乐如何？”她回答：“简直糟透了，不过我男朋友就爱这一味！”借由这个答案，这位女子违反了“相关”这项准则，因为所提出的问题是关于音乐品味而非她的男友。这位男子会将这项违反视为某种暗示，“我已名花有主，你就别瞎想了！”

推荐信是暗示性文本的一种典型范例。传统上，推荐信的内容应该要兼顾赞美与真实。由于这两者并非总是能同时兼得，于是便出现了以下的措辞，“他总是非常准时，穿着也十分得体”。这么说的意思相当于，“至于其他方面，简直是一无是处！”由于这种评价风格在某些行业里有点过时，故而谨慎一点的老板也可能会写成“他总是相当准时。基于这一点，我并不想说他既没有创造力、也不可靠、更没有效率”。

因此，“隐含”的重要特性之一就是，人们可以将它们删除。从字面上的意思所推出的结论，并非如同字面上所显示的那样。从“恺撒被谋杀”可以推出“恺撒死了”。在这种情况里，我们就不能通过表示“恺撒被谋杀，可是我不会说恺撒死了”来进行删除。

诚如唐纳德·戴维森所指出的，不仅言说者，就连倾听者也必须“合作”。关于这一点，我们往往必须等到有人蓄意拒绝合作时才会发觉。有个老掉牙的笑话是这么说的：我问某人：“你知道市场在哪儿吗？”他回答：“知道啊。”接着就走了。他刻意从字面上来解读我的意思，虽然他当然知道我要什么。

另一个典型的例子则源自 DIY 卖场：

“请问螺丝刀摆在哪里？”

“我们没有卖螺丝刀噢！”

“那么我可以在哪里找到能将螺丝转开的工具？”

“哦，你说的是螺丝起子啊！”

顺便一提，我们最好别陷入一场专业术语的争辩里，只要点点头、摸摸鼻子，将螺丝起子买回去就是了！

当我们彼此在进行沟通时，我们会动用自己全部的知识，这些知识涉及了意义、合作、他人，以及世界的其余部分。因此，一切往往都会进行得很顺利，即使我们的谈话模棱两可。我们会去比较“我还没吃过饭”和“我还没去过喜玛拉雅山”。在第一种情况里，我们会立刻默默地补充“今天”，在第二种情况里，我们则会暗中补充“我这辈子”。句子本身并不会得出这些，这一切全赖我们的经验知识。

在这当中，由于我们的诠释机制运作得极有效率，以致我们往往不会去察觉对方的许多语法错误、口误或句子不完整，更遑论自己的。举凡曾经读过自己谈话记录的人都会惊讶于我们居然浑然不知自己的表述竟会如此漏洞百出！我们甚至可以在没有元音或字母顺序有误的情况下读懂单字。

语言是与生俱来的吗？

当海伦·凯勒（Helen Keller）由于罹患不明疾病而失聪、失明时，她那时才 19 个月大。她生活在 19 世纪末期的美国亚拉巴马州。在没有外力帮助之下，一直到她 6 岁大时，她自行发展出了一套属于她自己的手语，可惜这套手语并非总是能为人所理解。一直要等到语言训练师安妮·苏利文（Anne Sullivan）开始将她的话拼写在手上,海伦·凯勒的人生才有了巨大的转变。

在很短的时间里,她以这种方式学会了英文。到后来,她甚至光是把自己的手放在对方的嘴唇或喉头上,便可以领会对方所说的话。海伦·凯勒曾上大学进修,而且她还是第一位获得学士学位的失聪失明人士。她不仅学会说话,还成为世界知名的演说家。海伦·凯勒曾撰写过12部著作,并投身政界,积极争取美国妇女的选举权。

与她个人的经历同样史无前例的是以下这项事实:她并非通过语言和单字学会英文,而是直接通过她所感觉到的字母。她究竟是如何办到的呢?因为,即使是健康的幼童,要将语言的语音转换成字母,也需要耗费许多的时间与精力。如果这种转换真有那么简单,理应不会存在如此多拼写错误的情形。海伦·凯勒的案例说明了,我们的语言能力是与生俱来的。幼童的大脑十分灵活,因此,语言的灌输,不仅可以通过语音,还可以通过手势与触碰来达成。

天赋论和强化论

在20世纪中叶,美国语言学家诺姆·乔姆斯基(Noam Chomsky)提出了天赋论,他也是首位以精确的措辞提出这项论点的人。乔姆斯基的生平同样也是多彩多姿。

在29岁时,他发表了博士论文里的一个章节,不仅因此在语言学界掀起了革命,就连整个心理学界也为之震撼。他在语言学、哲学与政治学方面的各种著作,迄今依然具有很大的影响力。正因如此,他不仅是目前仍然健在的作者当中被引用次数最多的人,而且还高居史上被引用次数最多排行榜的第七名;他排在亚里士多德、柏拉图与卡尔·马克思之后,但还在黑格尔与西塞罗之前。

乔姆斯基的论点是：所有的人都带着与生俱来的“普遍语法”（universal grammar）诞生于这个世上，他会调控个别语言的学习。这项论点的革命性，唯有置于19世纪50年代的心理学脉络里才能看清，那是一个“行为主义”（behaviorism）当道的年代。

从行为主义者的角度来看，科学的心理学只能谈论人的行为，不能谈论人的内在。行为主义最为人所熟知的部分，莫过于我们从巴甫洛夫（Iwan Petrowitsch Pawlow）的狗的实验里所认识到的“制约”（conditioning）。这位苏联生理学家证明了，人们可以在动物身上将反射与新的刺激连结起来。当狗获得食物时，它们的唾液会分泌得特别旺盛；如果它们在获得食物之际一直听到铃声，不久之后，光是铃声响起，它们便也会随之分泌唾液。巴甫洛夫借由铃声的刺激，强化制约了他的狗。

从这时起，行为主义者便认为，就连我们人类也能通过这种制约的方式学习一切，无论是情感表达、语言、骑脚踏车或礼貌。如此一来，人类便只具备唯一一种与生俱来的学习机制：强化。

为了反驳强化论，乔姆斯基重拾了德国哲学家威廉·冯·洪堡（Wilhelm von Humboldt）的思想。洪堡认为，当我们言说时，我们“以有限的工具创造出无限的应用”。之所以“有限”，那是因为我们的记忆有限，只能学习数量有限的词语和语法规则。之所以“无限”，那是因为我们可以借助于有限的词语和语法规则，去创造与理解前所未闻的语句，例如：“忧郁的王子乘着他红白色的狮鹫飞越岩石国的云雾林。”虽然这个语句是新的，可是我们立刻就知道，它的语法是正确的。

我们的语言是以这样的方式创造与生产，因为它是“递归”（recursive）的。我们可以将部分再度插入其他部分里。“王子”可以变成“忧郁的王子”，由此还可以进一步变成“忧郁且为世人所崇敬的王子”或“忧郁、为世人所崇敬且永远无法被理解的王子”,以此类推。

我们可以将脑袋里的语言中枢视为某种程序,它能制造与加工出任意长度的语句。乔姆斯基的辉煌构想,就是去揭示所有的语法都是基于同一套蓝图,换言之,基于与生俱来的普遍语法。

根据乔姆斯基的说法,如果幼童不具备普遍语法,只具备行为主义者的刺激强化,那么,基于父母和亲属的语言数据,将会发展出无限多的错误语法。然而,幼童却并没有这么做。无论智力、专注力与兴趣如何,每位幼童早在小学时期便已能掌握其母语的所有基本结构。

更令人惊讶的是,我们居然能在接触语言数据是全然个别的情况下(因为每个人所听到的语句都不一样)做到这一点。此外,语言数据往往是不完全或错误百出的。再者,幼童也不会被前后一贯且有系统地纠正。他们根本完全不会学到,例如“Die scheint Sonne.”(正确应为“Die Sonne scheint.”,意即“艳阳高照”)这样的句子是不合语法的。相反地,幼童的语言错误往往点出了对语法规则的理解。通过以 Er reitete 来取代 Er ritt (即将原本应为不规则变化的动词改成规则变化),幼童让语言变得比语言自身更加规律。

借助于“刺激贫乏论”(poverty of the stimulus),乔姆斯基给了行为主义致命的一击。我们也可以以问题的形式来表述这项论点:在只有少许提示的情况下,我们如何能够知道这么多?如果语法知识是无法学习的,那么我们必然事先就已具备了它们;换言之,它们是与生俱来的。

我们可以把脑袋里的语言中枢想象成如心脏或肝脏那样的器官。它一方面与其他的能力合作,另一方面则拥有一套它自己的自动运作模式。乔姆斯基的同行、发展心理学家史蒂芬·平克(Steven

Pinker),提出了“语言本能”(language instinct)的概念。这种概念将语言能力视为宛如计算机程序的先天器官。很快,许多心理学家便将这种概念广泛应用到其他心智能力上,例如我们对于物体或面孔的知觉。

然而,乔姆斯基所谓的“语言器官”(language organ),其实只局限于我们的心智语法,并非指涉我们所有的语言能力。我们的语法直觉是坚固而可靠的,可以立刻判定许多语句的语法正确与否,即便我们说不出个所以然。最能显示出心智语法的自治性的,莫过于它们的运作独立于其余和理解语言有关的部分。让我举两个例子来说明。有位来自东欧的友人在他的电话录音机里录了以下一段话,“我是某某某,我现从录音带里说,你在哔哔之后”。即便这句话的语法不正确,但我们还是可以理解。反过来的情况同样也是可以设想的,“狗,狗、猫,猫、老鼠,老鼠、奶酪,偷,捉,追,酣睡”。这是个语法正确的句子,可是乍听之下,我们可能会一头雾水。

除了上述的理由之外,以下几项论据也是支持天赋论的。第一,语言能力是普遍的,每个健康的人都能说某种语言。第二,诚如海伦·凯勒的案例所示,语言的学习不受知觉的类型所影响。第三,幼童可以毫不费力地学习某种语言,他们可以在不必练习新的词语与结构的情况下,如海绵一般吸收它们。

第四,特别是从许多与疾病、大脑损伤或发育不良有关的情况里可以看出,智力和语法也是相互独立的;这个世界上总是存在着在没有语言灌输的情况下孤立成长的“卡斯珀·豪瑟儿童”(Kaspar-Hauser-Kinder),美国少女杰妮(Genie)可说是最悲惨的案例之一。

从杰妮出生起,她的父母便将她囚禁在某个房间里。当杰妮在13岁的时候获救时,她像条狗一样只会嚎叫。然而,尽管她被如此残忍地对待,并且度过了不堪回首的悲惨童年,她却还是十分聪明。在治疗的过程中,她很快就学会了英语的词汇,并且可以重组相当复杂的玩具模型。可是,她的语句只是单纯的字符串,不具备任何语法。与她同龄但智力较低的青少年都能轻松掌握的句法,对她而言,却永远是个遥不可及的梦想。很显然,她错过了那段可以在此期间在大脑结构中形成心智语法的岁月。

相反地,在患有威廉氏症候群(Williams-Beuren syndrome)的患者身上,情况则完全颠倒。这些人的智商往往低到终生都需要辅助。然而,这些人从小不仅喜欢音乐与交际,还偏好例如"剑齿虎"等罕见的词语。长大之后,他们会变得伶牙俐齿,说起话来宛如在赋诗。这种情况同样也说明了,语法与智力并非绑在一起;一般的学习能力也无法掌控语言习得。

乔姆斯基的理论并非毫无争议。美国人类学家即灵长目动物学家麦克·托马塞洛(Michael Tomasello,目前就职于莱比锡的马克斯·普朗克进化人类学研究所),便是最知名的批评者之一。和乔姆斯基一样,托马塞洛也拒斥行为主义,可是他同样反对独立自主的语言器官这种说法。他认为,人类凭借其合作的能力,在语言能力方面胜过各种动物。

也就是说,幼童在很小的时候,就已经能够指涉超出其活动范围以外的对象,而且还可以向别人指出些什么。相反地,虽然猴子会共同狩猎与进食,也会与同类沟通并影响对方的行为,可是它们既不会用手指出食物的所在,也不会在其他同类的协同下,将对方的注意力引往食物上。同样地,它们也从不会高举物体,借此让其他同类得以观察。简言之,有别于人类,猴子在沟通时并不具备告知其他同类某些事实的目的。

托马塞洛的出发点就是,语言学习只有在合作的脉络里才会有效;换言之,唯有当我们让行为意图与注意力相互协调并与他人分享,语言学习才能产生成效。因此,托马塞洛也认为,在人类语言能力的形成过程中,扮演关键性角色的并非语音,而是手势。包括语言规则在内的人类的所有规范,应该都是由这种具有目的性的普遍化合作所形成的。

托马塞洛的研究重要性在于理解人类的合作。它其实并没有击中乔姆斯基与生俱来的语言器官这样的论点,因为我们可以用乔姆斯基的论点来解释,为何我们的语法是递归的,从而是富有创造性的,还有为何某些语句构造是不可能的。

举例来说,为了对比,在德语里,我们可以将所要强调的句子或词句放在前面,例如"Er ist dein Vater."(他是你的父亲——强调他而不是别人)或"Dein Vater ist er."(你的父亲是他——强调你的而非他的),或诸如此类的句子。然而"Dein Vater er ist."(你的父亲他是)这个句子就不合语法;虽然《星球大战》里的尤达大师是这么说话的!乔姆斯基的语法理论可以解释这样的现象。托马塞洛与其同行基本上对于这种现象提不出任何解释,因为根据他们的说法,心智语法并非独立自主的。

因此,这显示出至少我们的语法是与生俱来的,或许我们的语言能力的其他某些部分也是。

作为语言治疗的哲学

语言学家与哲学家借助于数学的工具来研究语言。迄今,哲学左右了语言理论中的基础研究。反过来,对于哲学的技艺而言,语言也扮演了一个相当重要的角色,因为它不仅是研究的对象,同时还是研究的媒介。

维特根斯坦不仅是影响最深远的语言哲学家之一,他还曾长期思索一个核心问题,“究竟什么是哲学问题?”他曾在自己晚期的作品里表示过对于这个问题的看法:哲学的主要工作应该是对日常语言作精确的研究。

这项新的建议有时会被称为“语言学转向”(linguistic turn)。然而,这并非一个真实的转折点,因为许多优秀的哲学家早就一直在钻研最普遍的一些概念(依据现代的观点,它们就是我们的思维类别)。哲学家将概念与词语区别开来。在德语里,hungrig(饿)是satt(饱)的反面,可是对于durstig(渴)的反面,我们却没有惯用的词语。尽管如此,我们还是对于什么是“不渴了”有概念。为了讨论概念,我们需要词语,就这点来说,哲学早就一直关注着语言了。然而,维特根斯坦见解的新颖之处在于:我们的用语不仅会阻碍清晰的思维,还会误导我们。

传统上,哲学家将概念视为定义。类似于字典那样,我们也会在记忆里对于例如“单身汉”这个词,注记“未婚的男性”。因此,哲学的任务就是去解析这些定义,譬如将“正义”分析成“平衡”,或是将“知识”分析成“正确且有根据的信念”。

然而,哲学与心理学的相关研究指出,只有少数的概念会以定义的形态储存在记忆里。因此,哲学的新计划便在于,去揭露概念及它们与其他概念的关联之结构,例如“时间”“变化”与“因果关系”,这三者之间有着紧密的关联。

维特根斯坦强调,除了概念分析以外,哲学还有第二个任务,那就是:治疗。基于这个比喻,不良的哲学便是疾病,而我们则可以通过求助日常语言来治疗它。

诸如“我”或“差异”等特别重要的名词,宛如病毒一般,侵袭了许多哲学家的思路。举例来说,在马丁·海德格尔(Martin

Heidegger)看来,哲学必须去追问“存在”(Sein)的意义,而这里的“存在”是无法被描述或分类的。在我们的周围只有“存在物”(Seiendes)。换言之,只有诸如细菌、汽车或圣诞节等事物或事件。海德格尔非常重视这种不可表达性,甚至于如果有学生在他的课堂上问,“存在”到底是什么意思,便会被他从课堂上赶出去。在这当中,问题可说是相当关键。在德语里,sein 这个助动词有三种功用:

在“Das Gras ist grun.”(草是绿的)这样的语句里,sein 用来连接名词与形容词;在“Der Gärtner ist der Mörder.”(这个园丁是凶手)这样的语句里,sein 用来表示等同;只有在极少数的情况里,例如在“Großvater ist nicht mehr.”(祖父不在了)这样的语句里,sein 才用来表示存在。海德格尔以最后一种动词形式创造了一个名词,并且以此为基础建构了他的整套哲学。

海德格尔也会写出这样的句子:“Der Platz ist je das bestimmte ‘Dort’ und ‘Da’ des Hingehören seines Zeugs.”(位子向来就是某个东西所属的某个“那里”与“这里”)这听起来显然要比“Alleshat seinen Ort.”(万物皆有自己的所在)有学问多了,可是它们所说的却是同一件事。在晚期的作品里,海德格尔显得更有创意:Einblick(洞察)变成了 Einblitz(闪现),而 Ereignis(事件)则变成了 Eräugnis(观看)。在讨论科技带来的威胁时,他则说“Das Gestell west als die Gefahr.”(普遍化的技术框架作为危险而存在并活动着)。然而,这并不是在玩什么文字游戏,更遑论海德格尔感到陌生的幽默或讽刺。在维特根斯坦看来,在这种臆造的兴致下,只会出现不良的哲学。即使并非在挖苦海德格尔,维特根斯坦对哲学的诊断依然是:当语言休假时,哲学问题就产生了!

就连其他的哲学流派,也不能免于夸夸其谈的专业术语。英国籍奥地利科学与哲学家卡尔·波普尔(Karl Popper),曾分析法兰克福学派(Frankfurter Schule,这个学派主要钻研与社会及政治有关的主题)的陈述,并且将它们翻译成简易的德语。西奥多·阿多诺(Theodor W. Adorno)的句子,“社会总体并不具有在高于由它自己所总结的状态(它自己由此形成)之上的独立生命。”被翻译成“社会是由各种社会的关系所构成的”。至于尤尔根·哈贝马斯(Jurgen Habermas)的论点,“当实际的多样性屈从于它们,它们才被证实对于某个特殊的主题领域是有用的”则被翻译成“当它们是适用的,它们便会适用于某个特殊领域”。

根据个人的经验,我会说这种奇怪的措辞最能吸引年轻学子的注意。它们不但具有精英密语的特征,而且还在那些老生常谈的事物里,产生了如灵光乍现般的重新发现,它们令人相信,最深沉的智慧就在那既荒谬、又不可理解的残余部分里沉睡。

抗拒这种吸引力往往需要一点时间,有时甚至要等到我们终于发现,这种拐弯抹角的表达方式就仿佛一副假牙。在这当中,维特根斯坦与波普尔帮助了我们。通过让某些哲学巨人的骇人文章现出原形,我们便可揭穿这些伪巨人的真面目。

语言的神奇在于:虽然我们的记忆里只有数量有限的词语、意义和语法规则,不过我们却能借此陈述和理解无限多的事物。我们的语言能力是与生俱来的,它让我们有别于其他的动物。当进行沟通时,我们会利用所有的能力,其中包括语言能力以及我们对于他人和世界的认识。语言让我们从小开始就能获得许多乐趣,因为我们可以用语言来游戏。

第三章

信仰，来自对神的敬畏？

> 大多数的信徒肯定是狭义的有神论者。凡认为自己的祷告有时会获得回应，以及相信会有奇迹发生的人，至少都默默地接受神会和人类及宇宙互动的想法。他不仅会静静倾听、出面干涉，还会对由他所点选的幸运儿说话。

在大约 13 岁的时候，我曾得到过一次启示。那时我经常会以一种奇怪的方式从学校散步回家，因为我总是想象着，秋天的落叶就宛如反步兵地雷，我绝不能去触碰到它们。正当我以这种弯弯曲曲的方式在街上行进的同时，我的精神也一起进入了神游。那时的我相信，上帝可以听见所有人的想法。我经常会希望，这些想法可以不被上帝知道。

我甚至还发展出了一种方法，例如，在心中默念一首诗，与此同时，我又在诗的背后不受干扰地想着我真正所要想的事；这就仿佛电影里的特务那样，故意放大音乐的音量，好让自己不会被偷听。然而，我很快就明白，这所有的小动作全都只是枉然。如果上帝无所不能，那么他铁定也可以知觉到隐藏在背后的声音。不过，接着我突然又兴起了另一种想法：究竟为何我必须假设有谁在聆听我？我找不到这个问题的解答。于是，我成了无神论者。

或许，并非出身于一个宗教家庭也是我成为无神论者的一个原因,因为大多数的信徒都会相信他们父母所信的东西。当人们从不祈祷,或是当人们由于礼拜天不上教堂而引起邻居侧目,人们很容易就会被归为非信徒。当然,一个成熟的无神论者并非只是单单怀疑"上头"有没有什么在偷听那么简单。不过,"为何我应该作这样的假设?"这个问题,倒是勾勒出了无神论(atheism)的怀疑的基本动机之一。更复杂的问题是,"到底为什么竟会有如此多的人相信某种更高的存在或更高的力量?"光是父母的权威并无法解释这样的现象。不过,最重要的问题则是:"究竟谁是神?"

关于"神"这个角色

信仰单一神祇,也就是所谓的"一神论"(monotheism),至少出现在三种样态中。根据"有神论"(theism)的看法,神不仅创造了世界,还干预世界的运行。"自然神论"(deism)则认为,神虽然创造了世界,但并不干预世界的运行。而在"泛神论"(pantheism)看来,神或许创造了世界、或许没有,不过无论如何,他都存在于整个宇宙里。

大多数的信徒肯定是狭义的有神论者。凡认为自己的祷告有时会获得回应的人,以及相信会有奇迹发生的人,至少都默默地接受神会和人类及宇宙互动。他不仅会静静倾听、出面干涉,还会对由他所点选的幸运儿说话。有神论引发了一些难题,"为何神只是偶尔会介入?为何他会响应某些人的祈祷,可是对其他人的祈祷却不理不睬?"

不过,最重要的问题则是,"为何他不一次就将世界造得完美,而非得在事后不停地进行调整?"自然神论者会拿这个问题质疑有神论者。我们不妨借用一个钟表的模拟来说明一下这个问题。

早在上古时期,人们就已被世界运行的和谐所深深吸引,尤其是星座。古希腊文里的 κόσμος 这个词,代表着“秩序”“饰品”及“宇宙”之意。在人类发明计算机之前,钟表在很长一段时间里,都被视为最先进的科技奇迹。它们同时集秩序和饰品于一身。顺理成章地,宇宙便被看成一个超大型时钟。

当自然神论者莱布尼兹(Gottfried Wilhelm Leibniz)在攻击牛顿(Isaac Newton)的有神论立场时,的确使用了同样的修辞。在莱布尼兹看来,宇宙就像是某种瑞士的精密钟表,既不必上发条也不必重新调校。根据他的观点,他对牛顿的质疑是:为何无所不能的上帝只能得到一支电池驱动的石英表,而且这支表还不防水?

然而,就连自然神论其实也是问题重重。因为,如果扣掉对于祈祷的响应和奇迹的降临,神究竟还剩什么呢?对于许多信徒而言,诸如莱布尼兹、伏尔泰或莱辛(Gotthold Ephraim Lessing)等人所主张的自然神论,其实是不够的。因为,在神的缺席下,祈祷便会沦于只是个人的冥想罢了。自然神论可谓是某种“撙节版”的神学,它的观念与实践都与大多数的信徒格格不入,不论他们所信仰的是犹太教、基督教还是伊斯兰教。

由此看来,乍听之下泛神论似乎是个气度恢弘的选项。因为,在它看来,神是一切或在一切之中。然而,如果仔细地审视,我们便会对于这种论调的立场究竟是什么兴起一个大问号。当我们论及“一切”时,我们会说“万物”“世界”或“宇宙”。如果有人说,神和宇宙是等同的,我们便不禁得问他,他是否准备来一场语言革命?他是不是想用“神”这个词来取代“宇宙”一词?我承认,自己具有神性这样的想法相当温暖人心。然而,由于人类是世界的一部分,如此一来,便会造成信徒自己对着自己祈祷的怪异结论。泛神论者有时会这样闪避:神是秩序的原则或宇宙的原始力。然而,这与信神更无关了。有宗教信仰的人,并不是向重力法则或元素的周期表祈祷。泛神论可说是对于宇宙的无限广阔的某种仰慕或崇拜,但并非真正的信仰。

人们也可以主张,所有宗教崇拜的其实是同一个神,不同的只是崇拜的方式。然而,这种说法充其量不过只是尘世的营火故事。梵并非沃坦(Wotan),宙斯并非安拉,耶和华也并非玛尼图(Manitu),即使是在同源的亚伯拉罕诸教(abrahamic religions)里,他们各自崇拜的神也并非完全重叠。

基督徒相信,上帝派他的儿子来到人间,以他的死来救赎我们的罪孽。然而,对于伊斯兰教徒而言,耶稣不过只是众多的先知之一;对于犹太教徒来说,耶稣则既非上帝之子、也非先知。上帝无法拥有一个儿子,却同时又完全没有儿子。因此,上述这几种立场必然至少有一个是错的。然而,这也不会理所当然地推导出,其他的就是对的。两个矛盾的立场虽然无法同时为真,不过倒是可以同时为假。

一神论者所描绘的神有两种类型:一是超人(Ubermensch),一是抽象且难以想象的存在。像人一样会愤怒、倾听与宥恕的神,被根据人类的模型提升至无限。他具备无限多的感官、无限的知识以及无限的力量。

问题是,如果他自己不是这个世界的一部分,他要如何将自己的意志强加于这个世界呢?我们人类的行为与知觉是以这个世界里的因果过程为基础的。当我们看到了某些东西,是因为光线照射到我们的视网膜上。然而,神处于这个世界之外。他是具有超大的视网膜,还是他根本就不需要这种东西?在这里,第一种想象往往会在不知不觉的情况下转入第二种想象;换言之,将神视为抽象的存在、视为力量、视为无止无境的灵。只不过,诸如几何形状等抽象的存在,根本无法在物理世界中引起什么,因为它们并不在空间与时间中展延。也就是说,神如何能够既是抽象的,却同时又可以在具体世界里做些什么事情呢?

即便我们忽略《旧约》里的上帝具有多么人性化的仇恨心与虚荣心,这个问题还是十分重要。在许多现代的基督徒看来,《新约》里的上帝是全知、全能、全善的。然而,这三种特质仍然导致了“神义论”(theodicy,即根据世界上的恶,来证明上帝的存在)的问题。

也就是说,如果上帝在毫无拘束的情况下意欲行善,并知晓行善的后果,那么这个世界就不该有痛苦存在。也许人类是被创造成自由的,因此他们的不幸得归咎于自己。可是这种说法却难以套用到自然灾害或无辜婴儿的死亡等方面。况且,即便对于某些神学而言,人类是自由的,为何上帝不同时赋予他们足够的理性,好让他们不仅可以预见所有的灾难,还能自发地做到虔诚与正直?很有可能,上帝根本就不是全能的。

提出这种神义论问题的解答的神学家出奇地少,尽管中古世纪的哲学早就怀疑全能这种概念是矛盾的。上帝可以创造出一颗重到连他自己都举不起来的石头吗?无论对于这个问题的答案是肯定还是否定,上帝的全能都会被答案所撼动。

对于许多一神论的宗教而言,神集合了多种面向于一身。他是世界的创造者、道德的权威、无止境且不可捉摸的灵、生命意义的赋与者,是某种愿意在众人皆不理睬的情况下,静听某人倾诉的贤明父亲。我们需要一种这样的存在才能具有宗教性吗?在我们将神拿到放大镜底下仔细观察之前,我们必须先问,“到底什么叫作具有宗教性?”

宗教与灵性的关联

当一种“世界观”(Weltanschauung)汇集了下列要素，它便是一种宗教：信仰诸如神明、幽灵或恶魔等超自然力量或更高等的存在、心灵的感应、神话与故事、神圣的建筑与物品、道德准则、精神领袖、仪式化的生活方式。从这些要素来看，犹太教、基督教与伊斯兰教，都可算是原型宗教，因为它们都具备了上述的所有要素。

不过，在大多数人看来，即使是那些不太具有这样的相关特性的体系，也可能被视为宗教。佛教里并没有更高的存在，而是在某些宗派里只尊奉一位神圣且德高望重的领袖。日本的神道教并没有精神领袖，有的只是在参拜神社时的心灵时刻；尽管不存在造物主，不过神性还是可以用无限多的方式显现出来，例如以动物或人类的形式。英国的“贵格派”(quakers)在很大程度上，并不熟悉神圣的事物、礼仪或宗教仪式。他们从不特别认真地看待《圣经》。对于他们而言，心灵的经验才是重要的。

在大部分的宗教理论中，信仰神祇是每种宗教的核心特征，因此，有些人便怀疑，例如佛教是否算是宗教？然而，这种看法显然完全是以西方的观点出发的。我们生长在一种视信仰某种全能的存在为宗教的文化里，然而，为何这就是标准呢？在进化人类学家中，诸如美国的史考特·艾特伦(Scott Atran)或法国的巴斯噶·波耶(Pascal Boyer)都曾指出，世界上大多数的宗教都没有抽象的造物主，它们所信仰的其实是与当地有关联的灵、巫或逝世的先人，信徒们会与这些对象沟通，并且将某些具体事迹归因于他们。

此外，当某种信仰体系与我们的文化相差越远，我们就会越倾向于以“迷信”或“神话”取代“宗教”来称呼它们。事实上，《圣经》

里所描述的具有六个翅膀的炽天使,其神话色彩并不亚于一些由人、兽混合而成的神兽,例如狮身人面像或印度的象头神。因此,有些人便会以术语的方式来解决争议,例如将宗教区分成“有神的宗教”与“无神的宗教”。

然而,对于理解宗教而言,重要的其实是另一项区别,那就是“心灵的基本情感”(spirituellen Grundgefuhl)与“解释世界”(Welterklarung)两者之间的区别。“灵性”或某种“心灵的”或“神秘的”情感所指的,并不是“存在着某种更高的力量或原则”这样的信念,而是指某种无法言喻的知觉,许多人在事后才能以类似这样的话语来领会,“那里还存在着什么。万事万物都有意义。存在着某种更高的秩序。我感觉自己消失了”。就连其他的经验,我们也可以将它们解释成心灵体验。诚如康德所述,许多人在仰望星空时,会不自觉地兴起深深的崇敬。另有一些人则会感受到“大海情怀”(Ozeanische Gefuhle),仿佛自己的身体与外界不再有任何隔阂,仿佛一切都融合为一个整体。

社会学家马克斯·韦伯(Max Weber)曾在一封信里写道,“我……在宗教方面活像个‘音痴’,既没有需求、也没有能力在我自己身上盖一座带有宗教色彩的心灵‘建筑’。”这个句子似乎关系到了某个宗教的整体解释模型。人们可以将心灵的感受性,即对于心灵情感的偏好,模拟成宗教的音乐性。较具灵性的人,往往较倾向于接受符合其情感的宗教的解释世界模型。那些在较不具灵性的人听来,在逻辑上很刺耳的东西,在较具灵性的人耳里,反而是优雅的旋律。

灵性是每种宗教的核心要素,解释世界的模型与道德体系首先以此为前提。心灵的情感会与个别的信仰体系合而为一。因此,较不具灵性的人处在一种宗教的文化里,会与较具灵性的人处在现代自然科学的社会里,感到同样地不适。他们一边是对宗教模型的解释力感到怀疑;另一边则是希望能够在自然科学的宇宙观里找到漏洞,好让自己的特殊情感有个容身之地。

脑中的灵性

为了寻找心灵的或神秘的经验基础,数个世纪以来,科学家们不断深入我们的脑回(gyri)。美国神经科学家麦克·波辛格(Michael Persinger),曾说过某位有过奇特遭遇的女病人的事例。

这位事业成功的女学者,一再于深夜里感觉有东西在刺激她的子宫。有时她甚至会同时以为自己知觉到有个婴儿的轮廓出现在她的左肩上方。这位女病人很肯定自己并非什么"神选者"。她曾遍访许多精神科医师,可惜没人能帮得了她。后来波辛格和他的同事们发现,这根本就不关幽灵或神明的事,问题不过是出在一个简单的床头闹钟上罢了!这个闹钟会形成一个微弱的磁场,妨碍这位女病人脑中褪黑激素(melatonin)的分泌,并且导致癫痫发作。癫痫发作便是她怪异的身体幻觉的基础。

癫痫发作由大量神经元毫无阻碍地展开同步放电而造成,并非每位癫痫患者都会产生幻觉。不过,那些放电的病灶是在颞叶(lobus temporalis)的患者,往往特别容易发生心灵的或神秘的经验。

即便是健康的人,如果具备过度敏感的颞叶,也有可能会在磁场改变的情况下,产生某些恐怖的体验。波辛格还曾讲述过一对年轻夫妇的故事。每到夜里,这对夫妇便会在他们共同的卧室里听到奇怪的呼吸声,而且还会看到有个影像在床上移动。

后来波辛格的同事发现,那间房子的电路在接地部分做得不好,以致产生了复杂的磁场。在做好接地部分的改善后,那些"灵异现象”便烟消云散；正如观众在观赏恐怖片时所企盼的那样，主角最终获得了圆满的结局。

近几十年来，磁场与癫痫之间的关系已为人所知。地球的磁场每天都处于不稳定的状态。睡卧在某个中等区域，癫痫发作便会明显增加。因此，波辛格便有了在实验室里以人工的方式制造磁场的构想。为此，他打造了一顶“神盔”（god helmet）。那是一顶黄色的安全帽，在其中有一个通过电压形成的微弱磁场。波辛格曾在实验室里，以这样的方式将上百名受试者送上心灵的小径。有些人“感受”到了恶魔现身，有些人感受到他们祖先的亡灵或某些外星生物，更有许多人感受到了上帝本尊。

科学哲学家麦克·薛莫（Michael Shermer）曾经表示，他是如何辛苦地将那些萌发的神秘情感压抑下去。然而，在英国进化生物学家，狂热的无神论者理查德·道金斯（Richard Dawkins）身上，则什么也没有发生。在波辛格看来，这与道金斯的颞叶较不敏感有关。

印度的神经科学家维拉亚努尔·拉玛钱德朗（Vilayanur S. Ramachandran）曾指出，颞叶较敏感的人，明显会对宗教或与性有关的刺激词语或象征有较强烈的反应。在由颞叶较不敏感的受试者所组成的对照组里，情况则完全相反。当人们对正在冥想的“加尔默罗会”的修女进行测试时，同样发现在她们的颞叶这个区域里，也出现了活动旺盛的现象。

然而，这并不意味着神明酣睡在颞叶里，确切地说，应该是那里或许是灵性的多种形式之一的所在地。受试者认为自己感受到了某种外来的存在，便将它视为神明；换言之，完全自动地将这样的体验安插进自己对宇宙的认识里。

在这个过程中，文化因素会影响到这些安插的进行。有别于较具灵性的南意大利人在祈祷中或许会将他们的经验看成是圣母玛利亚现身,也门的苏菲行者(sufi)在其内在化的过程中所感受到的,则会被他们描述成安拉降临。至于在恶魔或外星生物方面,肯定多多少少受到了好莱坞风格的影响。美国脑神经科学家波辛格的神盔可谓是某种灵性增强器。不过,他的研究成果迄今依然争议不断。例如,瑞典的某个研究团队便曾尝试重现他的实验,可惜功败垂成。因此,人们便怀疑这或许与"安慰剂效应"(placebo effect)有关。然而,即便是安慰剂效应,也是某种效应。

无论如何,在实验的过程中,许多受试者都感受到了如临地狱般的恐惧。甚至,由于有些受试者所面对的恶魔影像过于鲜活,以致他们在实验过程中居然落荒而逃。安慰剂效应的拥护者与神盔的批评者必然会宣称,这些体验纯粹是由想象力所促成的。无论如何,不管是由思想还是磁场所引起的,这种效应都是十分奇特的。

或许人们终归会倾向于接受以截然不同的体验来支持自己的宗教的解释世界模型。波辛格只描述了心灵经验的某个面向,也就是经常会被视为威胁的更高存在的"现身"。然而,许多神秘主义者或佛教的僧侣所感受到的,多半是某种愉悦地与更高的存在"合而为一",或某种自己身体藩篱的"消除"。因此,美国神经科学家安德鲁·纽伯格(Andrew Newberg)主张另一种说法。

借成像科技之助,纽伯格指出,在佛教僧侣进行冥想时,他们大脑里的另一个区域也发生了活动状态的改变,这个区域便是所谓的"顶叶"(lobus parietalis)。学者们推测,此处应该是我们身体的界限感所在之处。在祈祷与冥想时,此区的活动会骤降,以致产生某种身体幻觉。正在冥想的人会无法感觉到自己的身体终于何处、外界又始于何处。于是他们便会有自己仿佛与一切合而为一的印象。

药物也可以制造出心灵的情感。放眼望去,麻醉品可说是宗教礼仪的要件之一。在距今一百多年前,美国心理学家威廉·詹姆斯及其同行便曾描述过,诸如笑气(nitrous oxide,即一氧化二氮)、乙醚(ethoxyethane)等,都能引发神秘的体验。此外,美国印地安人会饮用某种含有二甲基色胺(dimethyltryptamine,简称 DMT。这种物质能发挥类似麦角二乙酰胺[LSD]的效果,不过人体也能制造)的致幻茶。

早在 18 世纪末,亚历山大·冯·洪堡便已在他的南美之行中带回了含有二甲基色胺的植物。美国精神科医师瑞克·史特拉斯曼(Rick Strassmann),曾以浓缩的剂量,将这种物质注入自愿受试者的体内,引发了这些受试者强烈的幻觉体验。这些受试者感觉自己仿佛置身于外星生物、精灵或巨型昆虫所居住的另一个"世界"里。这些生物有的相当友善且可爱,有的则会暴力攻击或肢解他们的"访客"。

在二甲基色胺的作用下,不少受试者都感受到了某种"不受时间限制""幸福"或"对立消失"的感觉。因此,史特拉斯曼将二甲基色胺视为"精神分子"(spirit molecule)。

这些心灵的体验是否就是理解宗教的钥匙,这仍然值得怀疑。因为,这世上有许多人,即便没有这些极端的经验,也依然是归属于宗教的;他们毋宁将自己的灵性描述成某种模糊的想法或某种对更高力量的信赖。

此外,灵性并不等同于宗教信仰,即便有许多学者作过这样的暗示。那些戴上神盔的人所获得的体验,截然不同于那些上教堂的人所获得的体验。而舔食海蟾蜍(*bufo marinus*)那含有二甲基色胺的皮肤腺体分泌物所制造出的体验,也截然不同于由祈祷所引发的体验。

在许多宗教里,甚至还会在心灵的情感中添加其他的因素,这些因素就是:与世界的形成及秩序有关的具体假设、对某种权威的承认、对拥有更高知觉的乞求。这些因素并非出自那些缥缈的、神秘的感受,而是出自复杂的思路。对于许多有神论者而言,只是对神有个模糊的知觉是不够的,他们还想去证明神的存在。然而,这一点我们办得到吗?

上帝存在的证明

神是否存在,这是个形而上学(metaphysics)的问题。"形而上学"并非指"超自然"或"非科学",它指的是哲学的一个领域,这个领域所探讨的是世界最普遍的性质,例如空间与时间,或是与自然法则有关的事物。跟存在或宇宙起源有关的问题,可以说是经典的形而上学问题。它们不属于"经验的"科学,因为自然科学的方法无法提供这些问题的解答。事实上,许多形而上学的"范畴"(category)反而才是各种观察或实验的前提。人们无法观察空间与时间,只能观察在空间与时间中展开的事物或事件。

与神的存在有关的论证,传统上称之为"上帝存在证明"(existence of God),它源自那个尚且认为人们可以证明形而上学论点或经验论点的时代。时至今日,人们的看法已有所改变。证明只存在于数学与逻辑里,换言之,只存在于形式的科学里。在诸如物理学、生物学或社会学等经验科学里,人们只是试着借助于某些迹象来作为立论的根据或理由。我们不会去问,"你如何能证明紫外线会致癌?"而会问,"什么事物支持这样的说法?什么是指向这种说法的迹象?"或"你是否晓得这样的因果过程会导致细胞增生?"

在这当中,作为立论根据的迹象必须既完善又充足。因为,即使表面上看起来不太可能,我们事实上还是有可能搞错。在形而上学方面的情况也差不多。我们会问,有哪些论据或理由支持某种假设。形而上学的论点既不可以违背经验的数据（即实验与日常生活的观察），也不可以违背方法上的基本原则，例如"无矛盾性""可反驳性"，以及最重要的"简易性"。

与上帝的存在有关的论证往往都十分薄弱，因此，它们经常会被拿来在哲学入门课程里充当逻辑或推论错误的范例。虽然大多数的信徒不会力求严格逻辑意义下的证明；不过，一直以来，各式各样的"论证"却始终层出不穷，因为它们似乎还是会以某种方式与心灵所感受到的事物相契合。

"本体论论证"（ontological argument）由中世纪学者坎特伯雷的安瑟伦（Anselm of Canterbury）所提出。这项证明大致如下："我们拥有与某种全知、全能、全善的完美存在有关的概念或想法。这种存在的实存要比非实存来得更加完美。由此可知，从与完美存在有关的概念，就能推导出其实际存在。"这真是一种"奇妙的"思路！凭借着同样的"热情"，我们也如法炮制，"我们拥有与完美的飞马（Pegasus）有关的概念，那是一匹生有蓬乱马鬃与巨大翅膀的白马。飞马的实存要比非实存来得更加完美。由此可知，完美的飞马必然确实存在！"通过指出"存在并非属性"，康德揭露了这种证明的误谬；换言之，为何从某个概念，就应该导出某种事物的实存呢？

对于许多人而言，"宇宙论论证"（cosmological argument）最具说服力。这种证明出自中世纪哲学家圣托马斯·阿奎那（St. Thomas Aquinas）。其证明大抵如下，"一切皆有其缘由。宇宙不可能凭空出现，它必然是被创造出来。唯一能够办到这件事的无非是上帝。"然而，这样的说法却又引发了两个问题：首先，这样的说法真的是个关于宇宙形成的好立论吗？其次，这样的说法是否真的证明了上帝的存在呢？

论理链会有尽头。当子女们成长到"为什么"的阶段，身为父母的人最能体会到这一点。例如,子女们问,“为何我们不会从地球脱落?”父母回答,“因为有重力将我们维持在地球上”。子女们再问,“为何有重力?”到了这里,不仅是父母,就连物理学家或哲学家,恐怕都难以给出解答。

因为对于一个如此基本的问题,人们再也无法提出什么理性的说明。对此,维特根斯坦提出了以下的观念:我们可以不断更深入地挖掘,可是我们的铲子终究会在某个时刻挖到坚硬的岩石。当我们在寻找根据的过程中,遇上了这种硬碰硬的情况,我们只拥有少许且未能尽如人意的可能。我们可以例如像汉萨商人一般,说声“就这样”便“教条地”中止追根究底。这么做是否可以安抚子女,那是另一个问题。

例如,“在上帝创造这个世界之前,他都做了些什么?”对于这个问题,教父奥古斯丁(Aurelius Augustinus Hipponensis)这么回答,“他创造了地狱,好囚禁那些问这种问题的人”。这个妙答以机智的方式,教条地中止了追问。

借中止之助,我们便能避免其他两种未尽如人意的论理链,那就是“循环”与“无限回归”。因为,如果一切定有其缘由,那么这项原则同样也必须适用于上帝。如此一来,创造上帝的又是谁呢?接下去则以此类推。这是宇宙论论证会遇到的麻烦。如果更仔细地观察,我们便会发现,宇宙论论证不仅没有论证宇宙的形成、更没有证明上帝的存在。这种证明充其量只能取信于那些搞不清楚所提出的理由究竟说明了什么的人。

在这里,科学最重要的原则之一登场了,它便是所谓的“奥卡姆剃刀”(Occam's razor)。中世纪哲学家奥卡姆的威廉(William of Ockham)曾说,“若无必要,勿增实体”。或者,更简单地说,“最简单的解释就是最好的解释”。当一项解释所需要的假设越少,相对地也就越简单。

人们往往会借助于货币交换的用语来表述这项原则。论理应该要“精简”,因为提出假设的人“亏欠”了对方论据。例如,如果有人主张,闪电是宙斯所投掷的,那么他便有责任去证明这位奥林匹斯神的存在。又例如,如果有人主张,闪电是放电的现象,那么他便有责任去证明电子的存在。

关于这一点,德国著名的新闻杂志《明镜周刊》(*Der Spiegel*)曾于2007年5月的一篇访问中问道,“关于上帝的存在或不存在,这个问题的举证责任究竟该由谁负责?”当时梵蒂冈的御用史学家华特·布兰德穆勒(Walter Brandmuller)这么回答:“事实上,现在这个问题的举证责任是在无神论者身上。你觉得惊讶吗?我倒认为本来就是这样!因为,如果我否定了这样一个以其思想与意志造就了一切的‘无止境的灵’的存在,我就必须要有能力好好地解释,究竟为何存在着世界与人类……尤其是,你必须说明,为何人类的理性与宏观宇宙及微观宇宙,宛如锁与钥匙那般如此相互契合。换言之,为何航天员可以在准确的时间,精准地降落在月球的某个特定地点上。”

这个回答同时又暴露了更多的问题。第一个部分涉及莱布尼兹所提的一个问题:“为何聊胜于无呢?”一个“无止境的灵”的存在,不仅没有回答这个问题,反倒让这个问题更加说不清楚、讲不明白。当我们想要说明些什么,我们无非就是想利用某些事物取代那些不清楚的、复杂的或难解的事物,或是想通过更清楚、更简单,或更容易理解的方式描述那些事物。

然而,神灵的假设却是将这样的关系颠倒过来。这项论证是基于某种谬论;在哲学里,这种谬论一直以来则被称为“以晦涩的语言解释难懂的问题”(obscurum per obscurius),没人知道宇宙究竟是如何形成的。即使我们召唤一个以其思想与意志造就了一切实在的“无止境的灵”,对于解决这个谜团也毫无帮助。因为,我们若非被迫接受“一切都是被创造的”这样的说法(如此一来,这项原则将同样被套用到造物主自己身上),企图借助于某个“不动的推动者”(unmoved mover)来教条地中止这整个解释链。然而,我们其实可以更早这么做。在这种精简的样态中,我们有的是关于宇宙及其形成有关的难题。

在另一种样态里,我们有的则是有关宇宙、上帝和上帝的出现的谜,以及“上帝是宇宙的创造者”这项恣意的断言。此外,较精简的样态也相对较为诚实。相较于恣意地宣称存在着某种更高的存在,还不如老实地承认,无法针对这样的谜团提出解释。在2003年上映的由昆丁·塔伦提诺(Quentin Tarantino)所执导的电影《追杀比尔》(*Kill Bill*)中,铸剑师曾对主角碧翠丝·基多(Beatrix Kiddo)说,她的武士刀锋利到恐怕连上帝也招架不住!奥卡姆的剃刀显然更加锋利,它直接把上帝整个从电影里切除了。

至于布兰德穆勒的回答的第二部分,简直就跟原本的题目完全牛头不对马嘴。对于如何得以登月一事,我们可说知之甚详。将诸如重力、动量守恒、电磁波,以及其他自然现象有关的知识进行科技方面的应用,这种种的条件促成了登月。那种“有了神灵,人类才得以利用其思考能力”的说法,听起来就像是“目的论证明”(teleological argument)。目的论证明认为,“一切皆有更高的意义或目的。上帝必然存在,因为唯有他才能赋予宇宙意义”。这种主张显然是一种“拟人论”(anthropomorphism)——将人类的目标或目的转移到自然或宇宙上。

人类制造钟表有其目的,可是植物或动物却并非是根据某种蓝图设计出来的,它们通过进化或其他因果过程而形成。虽然我们偏好通过赋予万事万物计划、意图与目的将它们拟人化,可是我们却不能从中推得任何实质的命题。计算机并非真的在“胡思乱想”,而如果有时引擎不“想”转动,它也不会因而具有任何理智。

这种拟人论的观点会在“智能设计论”(intelligent design)里以更巧妙的方式重现;它与布兰德穆勒的论点雷同。这种论调的支持者认为,若非本于上帝的蓝图发展,宇宙的形成恐怕一点也不可能。

如果在大爆炸后的最初百分之几秒内,只有极微小的变量,或者从前地球的生物圈完全处于另一种截然不同的状态,那么很可能在宇宙当中从不会出现具有灵魂的生物。这种主张的问题在于:或然率只能用于宇宙的部分过程,而不能用在全部。当我们丢掷一颗骰子时,丢出一个 3 的概率是 1/6。

假设你与上帝在玩掷骰子的游戏,而骰子的六个面当中,有五个面代表不适合生存,只有一个面代表适合生存。这时你获得适合生存的几率同样也是 1/6。然而,我们并没有其他的宇宙,而且众所周知,上帝也不掷骰子。我们所拥有的只是幻想,在其中,我们改变了我们的宇宙。我们可以设想出上百万种更不适合居住的黑暗世界,可是却并不能由此导出,生活在一个适合居住的世界的机率为百万分之一。况且,为何我们复杂的宇宙应该支持上帝,而不支持一个较不复杂的宇宙呢?

来自我们耳中的神谕

除了上述的论证以外,信徒们还会考虑其他的因素。例如,许多人会被宗教文献的年代、文风或内容所说服。毕竟,在《托拉》(*Torah*)、《圣经》与《古兰经》里,所涉及的无非是耶和华、上帝与安拉的话。就连在《奥德赛》那充满传奇色彩的世界里,诗人荷马也请求缪斯告诉他一个故事;这比福音书早了大约八百年,比《古兰经》早了大约1400年。

即便这些经典曾是由神明所口授,到底今日的什么版本才是正确的呢?依据传话游戏的原理,这些经典的内容在传抄过程中,总难免不断地改变。更麻烦的是,这里面甚至还会衍生出各种矛盾与历史错误。《新约》便是最好的例子之一。罗马的人口普查及大希律王所下令的大屠杀便是捏造的。在《马太福音》里,耶稣与其祖先大卫王相隔了28代,可是在《路加福音》里却说是41代。

此外,关于耶稣祖父的名讳,这两部经典更是各执一词。问题是,到底哪个才正确地将神的旨意转化为了人类的诗文呢?事实上,在那之前的数世纪里,处女怀孕与施洗者的题材早已流传于地中海的神话中。为何总是强调独特性的上帝在这里却没有排他?凡是认为自己终究通过《圣经》译本听到了上帝旨意的人,都应该问问自己,是否从小开始就被制约,对于《圣经》的语调会兴起某种崇敬的感觉。

如果有人想要相信奇迹,那么,不是只有在《圣经》里,就连在现代,也都能发现一堆的奇迹。不过,当然啰,唯有在"超Lucky"这种解读方式下,才有所谓的"奇迹"。如果有人认为,在2004年12月26日于亚洲所发生的大海啸里,某个宝宝的获救是上天的安排,那么他也应该解释一下,为何上天要通过二十多万人的罹难来传达"奇迹"这个信号?到底为什么需要拐个弯经由"奇迹"呢?难道上天不能直接告诉所有人吗?如此一来,不是就能一劳永逸地把该说的事情全都讲个明白。

总之,我们不能认真地看待《圣经》的奇迹。我们只知道有件事是确定的,那件事无非就是:没有人能够免于一死;正如丛林不会说话,无论它们是否正在燃烧。同样的道理也适用于圣母马利亚在圣灵降临到她身上后处女生子的故事。

并非每个人都相信奇迹，可是许多人往往会吃“诉诸权威”（argumentum ad verecundiam）这一套，也就是说，史上最聪明的思想家都是虔诚的信徒。达尔文花了许多力气去揭穿这样的迷思。即便爱因斯坦在一些例子里使用了“上帝”这个词，他也并非信徒。相反地，他甚至强烈地抗拒被戴上这样的帽子。事实上，只有少数几位诺贝尔奖得主是信徒。就算爱因斯坦相信某个类似于人类的神，他也会和例如江湖郎中所宣称的磁石疗效一样（聪明的叔本华也曾深信磁石的疗效），同样都是不真实的。在诉诸权威的情况里，八成都会涉及错误的结论。

所剩下的，就只有直接与上帝沟通一途了。上帝难道不会一直向神选者说话吗？或许有人会好奇，为何那些谈话总是在安静的小房间里，而不在大庭广众下进行？然而，上帝的沟通管道就和他的社交网络一样深不可测。有位前美国总统曾表示，上帝亲自建议他，对伊拉克发动一场违反国际条约的战争（据推估，有超过十万个平民百姓死于这场战争里）。我们当然不能凭着这样的陈述要上帝出来负责，不过这个例子倒是说明了这种知识来源的任意性。

俗话说得好，“如果你对上帝说话，这就叫祈祷。如果上帝对你说话，这就叫精神分裂”。

在《新约》里，有段话是这么说的：“有人把你们解送去受审的时候，不要事先担心说什么；到那时候，赐给你们什么话，你们就说什么；因为说话的不是你们，而是圣灵。”对于英国精神病学教授赛门·穆林斯（Simon Mullins）与萧恩·史宾塞（Shaun Spence）而言，这是对精神分裂的思想感召所作的一种精确的描述。精神分裂患者并非如民间所传说的那样饱受“人格分裂”之苦。

事实上，他们除了具有一些疯狂的念头以外，还会感受到某些强烈的幻觉,而这些幻觉往往是属于言语的。他们之中有许多人都会以为,他们的想法并非源自他们自己,而是不知被谁以某种方式送入了他们的脑袋里;上帝则在这些灌输者之列。

某些科学家推测,这些精神分裂的患者会在自己不留神的情况下自言自语,接着便将自己所说的当成是外来的话语。就如同在神盔实验里所发生的情况那样,精神分裂的患者会把自己的幻觉重新诠释成是外来的。依据文化背景的差异,这些当事人会选择不同的声音来源,从神明、外星生物一直到诸如广播、电视、计算机等主流的电子媒体都有可能。

诺亚、亚伯拉罕与摩西也曾听到某些声音。上帝是否亲自和他们说过话?如今,要是有人宣称,上帝命令他杀掉他自己的儿子,我们多半会将他送去治疗,而不太可能将他誉为圣人或先知。根据基督教的说法,《新约》由圣灵所口授。想必这里的实情也和所宣称的大相径庭吧!马可、马太、路加与约翰,并没有经受什么言语的幻觉,他们其实就是一群影子写手。那些故事是他们自己所创作的,即便所有的荣耀都被他者所掠夺。

凡是怀有心灵情感或听闻神明话语的人,都应该不断地问自己是否打算将整套和宇宙有关的知识,建筑在这样的基础上。由朗·霍华德(Ron Howard)所执导的《美丽心灵》(*A Beautiful Mind*,于2001年上映)一片讲述了诺贝尔经济学奖得主约翰·纳什(John Nash)如何克服自己精神分裂症的故事。虽然他会见到一些人,可是他心知肚明,这些人实际上并不存在,因为经过了多年之后,他们依然未曾老去。虽说电影的表现或许会有点夸大,不过无论如何,这个故事还是指出了有时理性还是会比非理性占上风。

然而,某些信徒一点也不打算接受理性的论证,他们宁可在两个退守的立场中选择一个。其中之一是这么说的:"我的确不'知道'上帝是否存在，因此我'相信'他，并且'寄望'于天国。"然而，这是一种语言的自我欺骗。"相信"意味着"认为是真的"。当我相信地球绕着太阳转，那么我也认为此一情况为真。而当我相信上帝，我便认为他的存在为真。当有人希望能在死后复生，他至少会认为这种情况是可能的。这不禁让人想问，为何我们要将自己的一生寄托在复活的希望上，而不是寄托在涅槃的希望上？

第二种退守的立场则是遵循着"攻击是最好的防御"这项原则。某些神学家会说，"你算老几？渺小的人类，你以为光凭你那可笑、平庸的有限性，你就能够了解上帝？"马丁·路德曾在这样的脉络里将理性比喻为恶魔的"妓女"。隐藏在这套吓唬人的把戏背后的是理智的破产。采取这种手段的人会先宣称，确实存在着某种更高的存在。一旦被人发现这种更高存在的特质其实是矛盾的或不可能实现的，他们便会改口主张，这种存在超出人类的想象力之外。

灵魂、天堂与重生

我们诞生在这个世界上，在经历了一段充满痛苦的岁月后，最终走向死亡。在这样的脉络里，我们理所当然地会去梦想，有个地方既没有痛苦，也没有死亡。罗马诗人奥维德(Ovid)曾描绘过一个溪流里流淌着牛奶与蜂蜜的黄金时代。

在伊甸园里，永远弥漫着幸福与祥和。穆斯林的圣战士被许诺会去到一个绿洲般的天堂。根据不同的文献，那里会有 23 ~ 48 名处女在等待着他们。如此这般的幻想对许多人来说是很有吸引力的。只不过，这当中往往没有说得很清楚，究竟我们是以完整的人，抑或仅是以灵魂的形式居住在这些天堂里？

"不灭的灵魂"这种想法，并非源自犹太人传统的宗教经典，而是源自古希腊哲学家柏拉图。柏拉图认为，身体只是灵魂暂时的"坟墓"，在死亡之后，灵魂便会从身体离去。灵魂本身是不可分裂、不可摧毁的，而且还是永恒的。所以，基督教的灵魂观其实是对真正的《圣经》形而上学，作了某种新柏拉图主义式的重新解读。因为，基督教所谓的死而复生，原本其实是指有血有肉的完整的人。上帝的国度实际上是在人间而非云端的政权。

然而，即便我们接受"我们拥有不灭的灵魂"这样一种狂放且毫无根据的断言为真，我们总是还能接着问，我们是否与我们的灵魂有任何的关系？人生是由我们的整体人格所形塑，其中包括：我们的各种感受、思想、期望、记忆、渴求、计划与行为等。所有的这一切都与身体有关。如果没有大脑与身体，我们将完全无法感觉、思考或行为。一旦死去，所有的一切便成为过往。虽说面对此情此景总不免令人悲从中来，可是灵魂的存在却也不能改变些什么。当我已经死亡，而我的灵魂继续存在，这对我有什么用呢？必然有人会宣称，我们的灵魂不仅和我们一样可以感觉、思考与行为，还能独立于身体而存在。这种说法会让我们吞下二元论（dualism）的苦果。根据前述的说法，虽然灵魂既不属于物质与空间，也不依存于大脑，可是它却依然与物质世界相互作用。这是一种矛盾的见解，因为没有任何东西可以同时是物质的，却又是非物质的。

转世的故事总是极为类似。假设我真的是由一条蠕虫所转世。在18世纪时，有位徒步旅行者要从维斯托伊特罗德（Wustheuterode）走到维岑豪森（Witzenhausen）。在他的旅途中，我将在劫难逃地被他踩死。由于我现在不仅完全无法记起任何与我以蠕虫的形式存在有关的事情，而且也没有其他出自蠕虫生命的事情影响到我现在的人生，因此，这跟我的灵魂从前到底是以何处为家，可说是完全无关紧要。

耐人寻味的是,所有所谓的转世者,他们的前世若非公主就是海盗之类,鲜少有人说自己从前是单纯的农妇、矿工或按日计酬的雇工。物种的进化可以说是对投胎转世学说最显著的反驳。在距今约40亿年前的太古宙(archean)里,在我们这个星球上只有极少数的单细胞生物和细菌。假设他们全都具有灵魂,直至今日,我们这个星球上便存在着难以数计的众多生物。试问,所有的新灵魂是从哪来的?

无神论与飞面神教

由于有地牢与处决的威胁,一直要到18世纪末叶,才有第一位无神论者现身。直到启蒙时期,人们才敢出版直言不讳的无神论著作;只不过,这些著作的作者往往若不是以化名,就是在过世之后才让自己的作品公诸于世。当代最著名的无神论者有二,一位是理查德·道金斯,另一位则是记者与独角喜剧演员比尔·马厄(Bill Maher)。道金斯在其畅销全球的《上帝错觉》(*The God Delusion*)一书里,十分犀利地反驳了宗教体系的所有面向,人们简直无法再对他的论述补充些什么。道金斯曾于2008年制作了《宗教的荒谬》(*Religulous*)这部纪录片,以辛辣却不失幽默的方式揭穿了一些大型世界宗教的代言人的假面具。

道金斯曾暗示性地写道,其实每个人都是无神论者。即使是最忠实的天主教徒,他们也不相信巴力(Baal)、阿波罗(Apollo)、欧西里斯(Osiris)或奥丁(Odin)。根据道金斯的说法,他自己不过就只是在这一长串神祇的名单里,多添上一个"上帝"罢了!此外,有许多具有代表性的研究也显示,一个人的教育程度与才智越高,就越不会成为信徒,尽管"犹太教学者"一词标志了某种与此相反的关系。

乍看之下，受到科学所激励的无神论，俨然就是另一种与基督教平起平坐的信仰体系，毕竟这两股思潮的代表们都慷慨激昂地捍卫自己信以为真的信念。在某些社会学家或文化学家看来，科学夺走了宗教的“真理特权”；在上述无神论被拿来与信仰体系等量齐观这一点上，这些人多多少少得负上一点责任。

宗教与科学充其量只是在表面上有些共同性。在科学里，人们会根据某些证据提出假设，并且会借助于有条理的实验与独立的研究来对这些假设进行检验。对于那些被证明是错误的理论，人们则不予采纳。在学术界中，如果有人伪造研究成果或违反诚实原则，必然会遭到众人的谴责。

然而，宗教的情况却正好相反。它们不仅可以在没有任何证据的情况下提出断言，而且也不承认反例，更无法被证明是错误的理论。至少在天主教方面，例如汉斯·昆(Hans Kung)——通过“世界伦理基金会”(Stiftung Weltethos)不断地在全球各地推动与宗教议题有关的对话——这类对天主教学说提出质疑的天主教学者便被扫地出门。不过，我得说，扫地出门还算是从轻发落；毕竟，在古时候，稍有不慎便会招来囚禁、断肢或处决之类的横祸。时至今日，足以告慰地球上其他角落的那些宗教批评者的是，如今的宗教界领袖多半只会要求他们闭嘴而已。

对于替代解释模型的不宽容往往会带来十分严重的后果，尤其当所涉及的是生物课时。凭着澎湃的热情，那些坚信《圣经》中的创世史字字句句皆为真的创世论者，吸引了越来越多的关注。美国民意调查机构盖洛普(Gallup)所做的一项民调显示，约有半数的美国民众相信创世论为真，只有1/5的美国民众相信进化论为真。

此外，《新闻周刊》(*Newsweek*)于2007年的一份调查报告也指出，全美约有16%的生物老师认为，相较于进化论，创世论其实才是对的。就连在欧洲，这类“误入歧途”的事也时有所闻。例如，在2004年时，塞尔维亚的教育部长便以进化论过于“教条”为由，将它从教科书里删除。到了2006年，换成了波兰的教育部长公然炮轰进化论。就连德国黑森邦（Hessen）的文化部长也认为，以创世史来取代进化论亦无不可。在德国，具有这种想法的人其实为数众多。根据德国生物学会的统计，全德约有130多万名创世论者。

然而，这些创世论者显然对于其他的“选项”兴趣缺乏。在未来，人们不妨以炼金术的智能之石学说当作化学课的授课内容，或是干脆直接在课纲上以赫西俄德（Hesiod）《神谱》（*Theogony*）取代物理学！在赫西俄德看来，日、夜与苍穹皆是出于众神之祖卡俄斯（Chaos）。卡俄斯的女儿——地母盖娅（Gaia）——在贞洁受孕的情况下，产下了他的儿子乌拉诺斯（Uranus），后来盖娅又与乌拉诺斯生下了克洛诺斯（Kronos），而克洛诺斯日后则以一把镰刀阉割了既是他父亲、又是他兄长的乌拉诺斯。这个故事听起来简直就像自由落体法则那样引人入胜。

马厄一方面恳切地呼吁他的观众，必须对宗教保持怀疑的态度，一方面也鼓励无神论者，应该勇敢地站出来。道金斯的论证有时会让人觉得，仿佛在有神论的情况里所涉及的，只是某种我们单纯地以自然科学便可反驳的见解。

然而，怀疑的概念仍过于薄弱，至于经验也只能摧毁部分有神论的思想建筑。唯一理性的态度便是，在形而上学的断言获得可靠的论据支持之前，悍然地视它们为独断并予以否认。英国哲学家与诺贝尔文学奖得主伯特兰·罗素曾被问及，身为无神论者的他，万一在死后被带到上帝面前，在与上帝面对面的情况下，他将会说些什么？他答道：“或许应该先多给我点提示！”

许多人认为,由于我们无法反驳上帝的存在,所以必须接受上帝的存在。果真如此,那么我们也应该像“飞面神教”(pastafarianism,此为无神论者的一种讽刺的“反串”运动)那样,接受“飞面大神”(flying spaghetti monster)的存在。不仅如此,我们还必须接受带有圣蹄的隐形粉红独角兽的存在;只不过,由于它是隐形的,我们无法证明它的存在就是了!

不靠神明的美德

教会的高层与保守的政客总喜欢在谈话性节目上表示,我们的“西方价值”源自基督教,因此,没有上帝信仰的社会,便会落入介于索多玛(Sodom)、蛾摩拉(Gomorra)、罗马狂欢与末世电影之间的某种既无情又自私的无政府状态里。卡尔·克劳斯(Karl Kraus)曾将这样的断言形容成:它们简直错到就连它们的反面也是错的!

首先,并没有人可以在讨论中确切地说出,价值是什么。一提到这个问题,也许有人就会联想到普鲁士的次级美德(Sekundartugend),如“整洁”“准时”等。有人则会联想到某些普遍的规范,如禁止杀人、维护人性尊严等。或者,我们也可以将“价值”理解成我们所赞同的所有道德原则。然而,在这当中,诸如民主、言论自由或男女平等观念,都不是源自《圣经》;它们其实来自于人文主义(humanism)、启蒙运动,以及之后的各种争取自由的运动。

当然,我们必须要保护《圣经》免受教会史的影响。然而,即便是在超越宗教权力政治的情况下对《圣经》进行确切的研究,同样也无法推导出普遍的人权。在十诫里,全然没有免于受虐癖或恋童癖之侵害的规定。至于名列重大恶行之一的通奸,例如在德国已于

1969年时除罪化。

耶稣不仅宣扬宽恕，还同情弱者。在全球各地的许多福利团体、育儿院或慈善组织当中，无数舍己为人的信徒迄今仍遵循着他的典范，这种博爱的方式不禁令人佩服。然而，即使没有神明，人类也能同情与博爱。遗憾的是，在基督教教会史的道德平衡方面，迄今为止，恐吓仍是胜过怜悯。毕竟，《新约》的博爱并没有普遍化。某些犯罪者（几乎清一色全是男性）干下了一些极为残忍的罪行，于是他们顺理成章地就被处以终身监禁。然而，在这种情况里，并非只是由于要保护这个社会而禁止宽恕。包括违反规范本身与受害者及其家属的权益等因素，也都要求必须为这样的罪行赎罪。

最能反驳"没有上帝就没有道德"这种说法的，莫过于许多无神论者都过着奉公守法的良好生活这项事实。在这方面，他们与信徒全无二致。况且，如今我们在欧洲是依据人类历史上最高的道德与民主标准在生活，与此同时，无神论者的人数则达到前所未有的众多。德国人显然既没有在这样的情况下变得粗野，也没有陷入某种所谓的道德"迷航"，他们反倒还越来越和平。在过去的50年里，德国的犯罪率不断地下降；顺便一提，在新受洗者与教会成员方面，同样也有着日益下滑的趋势。在这两种发展趋势之间建构起因果关系，此举或许过于大胆，不过更大胆的是，宣称它们之间具有反向关系。

在2000年时，德国哲学家赫伯·施德巴哈（Herbert Schnadelbach）在《时代》（*Die Zeit*）周报上发表了一篇以《基督教的诅咒》（*Der Fluch des Christentums*）为题的文章，引发了一场完全不以上帝为主题的激烈论战。虽然对手的怒涛来势汹汹，可是所提出的反驳却相当薄弱。施德巴哈直言不讳地指出，基督教的原罪伦理学简直是种苛求。为何一个人只由于自己的诞生就该沦为罪人呢？

至于地狱或末日等观念暴力，则丝毫不逊于这种苛求。在施德巴哈看来，数十个世代都活在这种恐慌幻象的阴影里。

同样，也唯有从权力与传统的角度才能解释，为何总是有那么多欠缺道德哲学训练或其他技术专长的教会人士，受邀参与伦理委员会或相关座谈。教会往往会通过庞大的成员人数来强调自己的代表性。然而，有别于其他的团体，例如政党或全德汽车俱乐部(简称 ADAC)，教会的成员并非主动加入，而是从出生起便自动纳入。由于教会的存在是如此的司空见惯，以致我们几乎都把这样的状态视为理所当然，即使这样的状态与除此以外的整个大环境格格不入。这就好像在不久前的过去，人们还把妇女不配拥有选举权或使人为奴隶视为理所当然。要治疗这样的日常盲目，我们有时就需要像道金斯所举的例子中的这类令人眼界大开的事物。在他看来，这世上并没有犹太教的、基督教的或伊斯兰教的小孩，充其量只有犹太教徒、基督教徒或伊斯兰教徒的小孩。因为这世上确实也没有自由派的、左派的或保守派的小孩。

因此，未来如果在进行讨论时，有人以教条取代论据，或是有长者引经据典地搬出某些过时的道德戒律，非信徒应该更明白地表示，对方的举动伤害了自己作为无神论者的情感。“全能的造物主”其实是一种自我矛盾的概念。灵魂对我们根本无关紧要，宇宙本身已是如此迷人，我们何必再为它“画蛇添足”。我们的道德应该由自己来负责。民主的知识社会则是趋向于和平的无神论。谢天谢地，很显然，这样的信念正在迅速蔓延！

第四章

梦，对未来的预示还是过去的反照？

许多人会说，自己梦到了一些“荒诞”“无稽”的事，这种说法就仿佛存在着某些现实的、富有意义的替代性梦境。如果仔细地观察一下不难发现，许多梦的内容都超乎逻辑与日常生活经验。

我藏身在某个建筑物幽暗的混凝土粗坯里。这栋建筑坐落于某个荒废的工业区。就在此时，詹姆士·邦德（James Bond）带着武器朝着我的藏身处缓缓靠近。在他的T恤外有一件防弹背心。我很确定，他看不见我。然而，说时迟那时快，突然两声枪响，我的胸口与右臂分别中了弹。我往下瞧了自己一眼发现，原来我也穿了件防弹背心。虽然我完全感受不到子弹的存在，可是我的手臂瞬间却麻木了，它就这么动弹不得地悬在身体上……就在此时，我惊醒了。原来刚刚全都只是一场梦！

这场梦代表着什么呢？我们可以把它诠释成心愿。哪个男人不曾梦想过活在詹姆士·邦德的世界里呢？不过，这场梦或许透露了更多与我的内心世界有关的事。梦里类似的服装显示了与英国特务有关的事物，而这关系到了我的“另我”（alter ego）；换言之，我正在与自己进行一场战斗。就连同性恋的主题，在梦境里也是昭然若揭。这里有瘫软的手臂，那里有枪口的火焰。我是否并非只想如比喻般的类似于丹尼尔·克雷格(Daniel Craig),而其实是想和他一样既粗犷、又强壮呢?

我们总会有股将梦视为穿越无意识之旅的冲动。这是精神分析学的文化遗产。在提到梦的科学时,我们总不禁立即想起弗洛伊德的理论;无论如何,梦总是与被压抑在潜意识里的欲望有关;无论如何,它总是牵涉到性。

然而,对于大部分现代的梦的研究而言,这套说法根本是在胡扯!在它们看来,弗洛伊德的研究其实并没有比上古时期的"鸟占"或"占星"科学到哪里去。事实上,梦很少和被隐藏的欲望有关。在我们的心灵里,并没有近似"潜意识"之类的权威。相反地,我们"感受"梦,这意味着,它们存在于意识里。只不过,在这方面,我们的主控权严重受限。如同在清醒状态下的各种情感或感官印象那样,我们在梦里也沦于极为被动的情况。

基于各种原因,造就了弗洛伊德的神话。原因之一就是,许多人都有一种会在所有事物里寻找更深层或象征意义的倾向。早在高中时期,德国的高中生便在课堂上接受各种从字里行间发掘隐藏信息的训练;此举所根据的原则就是:没有什么事物只是表面上那么单纯,一切其实都含有弦外之音!

弗洛伊德成功的另一个原因就是,"潜意识"或"潜意识的"这些词语的模糊应用。许多人都会被"我们并非总是对自己的行为或思想具有掌控权,它们其实是被某种不知名的力量所驱使"这样的想法所吸引。寻找心灵当中那些被隐藏的事物,有点类似于文学方面的符号解释,这样的过程同样也十分诱人。然而,"潜意识的"可以代表很多的意思,例如沉睡于记忆中而无从进入,在不被注意的情况下进行处理,主动地排挤,由于"受到压抑"从而只能通过变形的方式来呈现等。弗洛伊德主要是从被动地受压抑出发。然而,在他的著作里，“潜意识”的所有意义，最终被他堆集成一个五光十色的完整画面。这一点同样适用于各种精神分析学派以及对弗洛伊德的通俗理解。

相较于弗洛伊德那个年代，如今人们在与睡眠以及梦的生物学基础有关的知识方面，已有了长足的进步。这些相关知识说明为何现代的研究将他的理论远远抛诸脑后。关于梦的研究的三大问题是：梦的内容看起来究竟是如何的？怎样才能最妥善地研究梦？梦具有哪些生物学上的功能？后面两个问题必须合起来看；因为，如果要回答它们，我们就需要一套梦的理论。而不同的理论便可能会得出不同的研究方法。不过在那之前，我们必须先弄清楚，每天夜里在我们的身体中，到底都发生了些什么事。

睡眠的生物学

睡眠时，我们会做梦。睡眠在生物学上似乎具有某种明确的功用。也许，通过睡眠，我们可以对梦有更清楚的认识；并非只有人类，几乎所有其他的动物也都会睡眠。由于许多动物必须保护它们的下一代免受掠食者袭击，因此会耗费许多精力设法保障与隐藏自己睡觉的地方。有别于乌龟随身携带着自己的装甲休息室，其他的动物往往不是筑巢，便是挖地洞。

以幼鼠为例，它们会隐藏在洞穴里睡觉，彼此交相堆集、紧紧依偎。没有天敌的动物则不需要防护。大象会站着睡觉，它们那庞大的身躯在大老远就看得到。狮子在睡觉时，则会直接躺个四脚朝天。肉食动物的睡眠时间总是特别长。动物界的铁律之一便是：敌人越少，睡眠时间越长。鱼类或爬虫类是否有“睡眠”可言，这个问题依然众说纷纭；不过，在这些脊椎动物身上，显然也是会有静止期,它的功用则在于节省体力与促进再生。

现在的问题是,睡眠和梦到底有什么关系呢?“快眼动睡眠”(REM)的发现,对于睡眠与梦的研究具有划时代的意义。REM 是 rapid eye movement 的缩写。

人们可以观察到,在睡眠者的眼皮底下,眼球会迅速地运动着。早在亚里士多德时,他就已经在狗的身上注意到了这种眼球抽动的现象。不过,一直要到 1953 年,当时芝加哥大学的年轻学者尤金·阿瑟林斯基(Eugene Aserinsky)才发现,快速眼球运动是做梦的一种迹象。在这当中,巧合也帮了他一把。正当他想摇醒某位显然正历经一场恶梦的受试者时,无意间注意到受试者的眼球忙碌地动个不停。借测量仪器之助,他得以在事后证实受试者在这段睡眠期里的身体变化。在全程大约 90 分钟里,呼吸与心跳的频率都呈现升高,眼球抽动的现象也开始出现,至于身体其他部位的肌张力则几乎完全减弱。

由于快眼动睡眠期会伴随着生殖器官的良好供血,对于精神分析学家而言,这个可见的现象足以证明,弗洛伊德所主张的梦与性彼此相属这种说法所言非虚。然而,对照那些我们在生物学上的亲属,早在当时便令人不得不对这样的论调产生怀疑。大多数的哺乳动物都会经历快眼动睡眠期。这些动物恐怕不太可能像精神分析学对人类所假设的那样,会在它们的梦里处理受到压抑的欲望。

如果快速眼球运动、睡眠以及梦之间的关系,在整个动物界一体适用,那么梦的生物学解释便离我们不远了。遗憾的是,光是在一个中型规模的动物园里,情况便已陷入了令人绝望的混乱。

虽说,从距今大约 1.5 亿年前开始,哺乳动物与鸟类便分别发展出快眼动睡眠期的现象,然而,我们却只在刚孵出的鸟类身上观察到这种现象。此外,并非所有哺乳动物都会经历这一过程。海豚与海狗便完全没有这种现象。兔子虽然会有快眼动睡眠期，不过奇怪的是，我们却只在雄兔身上发现过这种现象。

另一方面，我们其实也很难判断，那些没有出现快速眼球运动的动物到底有没有在做梦，因为我们根本无法询问它们究竟有何经历。同样，在出现快速眼球运动的动物这边，我们也无法完全确定它们确实是在做梦，充其量只能说它们身上与人类发生了同样的现象。

即使只是在人类中，实际情况也未能尽如人意地明确。大约有95%的人表示，他们在做梦。在这当中，我们几乎都只能记起苏醒前不久的梦境，尤其当这些梦境与负面情感有关。因此，下一个问题便是：当我们在睡眠时，在那些被封锁起来的门后面，究竟发生了什么事？

沉睡理性下的无稽

你曾经全身瘫痪过吗？或者，你是否曾蒙受过精神病幻觉之苦呢？光是想到这些情况，恐怕就会让不少人害怕地对这些问题噤若寒蝉。这种事情每晚都会发生，而且还会发生好几次。

在睡眠时，我们会在节奏性的循环过程里，经历一些不同的阶段。这些阶段可以大致分成三组。在入睡阶段里，我们会重温日间的活动流程，尤其当我们做了些什么特别的事情时。许多曾经去滑雪或是刚玩了某款新电玩的人，都会对这样的体验心有戚戚焉。在打盹的期间，正当我们逐渐对身体失去控制之际，刹那间，我们仿佛在厚厚的雪层上快速推进，或是仿佛变成了不断旋转着的几何方块，直到它们适于填进某些空位里。

过了这个阶段之后，睡眠的主要部分便接着展开。这个主要部分又可分成激昂的快眼动睡眠期与平静的非快眼动期；更确切地说，在非快眼动期里，不会出现眼球迅速活动或强烈脉动等现象。起初人们以为，我们的心灵只活跃于快眼动睡眠期。不过近年来，人们了解到我们的心灵其实没有一刻处于完全平静。在别的阶段，我们同样也会做梦，只不过鲜少会有栩栩如生的画面。在这里，情感与思想居于支配地位。虽然思维过程多半采取直线式地进行，不过它们也可以很做作。

特别是在快眼动睡眠期里，我们经历到了典型的梦。这些梦占了整个睡眠阶段的20%。在这些过程里，几乎所有的肌肉都会陷于瘫痪。这说明了为何我们在睡眠时，双脚不会动个不停，即使我们梦见自己在踢足球。不过，在某些有罕见的快速眼球运动障碍的人身上，则见不到这种肌肉瘫痪的现象。一旦他们梦见自己在散步，他们的身体也会跟着动起来。在比较无害的情况里，他们顶多是从床上跌下。不过，万一他们梦到的是自己在进行一场格斗，而他们的伴侣又正好睡在他们身旁，事情可能就会比较严重！

做梦的特征并非只有全身瘫痪。哈佛大学的心理学家艾伦·霍布森（Allan Hobson，全球首屈一指的研究梦的学者）曾把梦的体验和精神病的幻觉作比较。换言之，和“感知”那些不存在的事物之体验作比较。有别于在精神分裂症方面所出现的幻觉多半是属于声音的，在梦的方面则是以影像的体验为主。

在这当中，由于药物或发烧所引起的谵妄（delirium）与梦的状况最为相似。不仅会明显少了听觉、味觉与嗅觉，而且身体的知觉会整个地被扭曲。有时人们会觉得自己在空中翱翔，有时却又会觉得自己紧贴在地板上。此外，梦还会伴随着某些强烈的情感，例如恐惧、愉悦、欢乐与敌对等。

康德曾在他的《试论大脑的疾病》（*Versuch über die Krankheiten*

des Kopfes）一文里写道：“疯子是清醒的做梦者。”如果依照霍布森的看法，我们便会得出相反的结论：“正常人是梦里的疯子”。因为我们所感受到的梦境，并非只是逐项的幻觉，而是以奇特的方式所展开的故事。

许多人会说，自己梦到了一些荒诞、无稽的事，这种说法就仿佛存在着某些现实的、富有意义的替代梦境。如果我们仔细地观察一下，不难发现，许多梦的内容都超乎逻辑与日常生活经验。起初，我们可能是气喘吁吁地走在一条难行的山路上，可是突然间，我们可能变成站在某间教室的桌子上。尽管如此，我们却鲜少会觉得奇怪。就算原本跟我们打招呼的老太太的面孔突然变成了罗密·施耐德（Romy Schneider，一位已故德国演员），我们也不会吃惊。

实验室与日记里的梦

梦是以第一人称观点所构成的主观体验。因此，我们只能通过请做梦的人将自己的梦境写下来进行研究。因此，做梦者的日记或实验室的相关调查报告，便成了最重要的参考资料。

实验室的调查报告提供了较为可靠的梦境资料，因为受试者是在随机的情况下被唤醒的。然而，即便如此，却还是不无被扭曲的可能。凡是在一间无菌的实验室里醒来，并且第一眼就见到身着白袍、表情严肃的科学家的人，或许都会语带保留，而不会原汁原味地将他们的体验和盘托出。

就这一点来说，做梦的人亲手写下的日记肯定较为坦诚。只不过，在这种情况里，梦境同样可能会遭到扭曲；因为这时做梦的人，大半是从负面的梦境里醒来，他们往往会船过水无痕地将正面的梦境忘得一干二净。

虽然迄今仍有许多面向尚待研究，不过我们倒是可以从大量的梦境报告中，获得一些初步的认识。基本上，男性与女性的梦并没有根本的区别。典型的主题无非就是那些打从人类出现以来，对人类而言是重要的事情，例如饮食、逃亡、战斗与交媾等。

在19世纪90年代，许多梦境实验室在经历长期的研究工作后纷纷关闭。这当中主要受到波及的，是那些以描述与诠释的方式来进行研究的实验室。原因之一就是，作为竞争对手的神经科学越来越成功；他们采取成像的方式进行研究，对具体的梦境内容则完全不感兴趣。

另一个原因则是，研究的成果不够丰硕。毕竟，经营梦境实验室的确所费不赀。然而，将梦的研究全盘交给神经科学未免过于短视。因为，若要理解梦，光是具备与大脑过程有关的知识是不够的。我们还必须理解，为何我们会把梦体验成视觉的故事。现代的研究充其量只是发现体验和大脑活动这两种因素之间有所关联。

凡是将梦境写成日记的人很快就会发现，自己能够记起越来越多的细节。同样引人注意的是，有些梦既狂野、又怪异，可是有些梦却既现实、又正常。还有一点也是显而易见，那就是：文学里、画作里或电影里的梦，不太与现实的梦有关。在我们说明理论之前，不妨让我们再拐个小弯来谈点艺术。

艺术与文学里的梦

爱丽丝跟着白兔走，接着她从一个地洞落往深处，在经历了一段漫长的自由落体运动之后，完好无损地落在地面上。她喝下了一瓶上面标着“喝我！”的饮料，接着便缩小成一个小矮人，后来她被海啸卷走，可是之后又重返一个奇幻的王国。在那个国度里，不仅有会说话的动物,还有个疯狂的制帽匠,所有的生物都在一位女暴君的淫威下战战兢兢地过日子。

这部文学经典的标准解读之一是,爱丽丝由于失足而陷入梦的奇境里。支持这种解读方式的理由就是,在这个故事里,出现了许多经常会被称为“古怪”的典型梦元素,诸如身体幻觉、改变的重力、突如其来的场景更迭等。事实上,刘易斯·卡罗尔的原始手稿也接近于这样的诠释。当初的书名原为《爱丽丝地下奇遇记》(*Alice's Adventures under Ground*)。这个书名听起来就仿佛早在弗洛伊德的《梦的解析》问世的30年前,卡罗尔就已经提出了潜意识的见解。

尽管存在着这样的平行关系,不过这个故事倒也并非写实的梦境描述,况且也不应该是如此。落入深渊可以说是恶梦中最常见的题材之一,不过会说话的动物,则多半是童书或寓言的典型题材。爱丽丝的思考虽然有时会有点跳跃,可是对梦的思考来说,却又太过于明晰。这个奇境比较像是某个拥有虚拟朋友的儿童所做的生动幻想。

令人意外的是,绘画方面对梦所作的解释,同样也与梦的本质相去甚远。举例来说,萨尔瓦多·达利的画作,被认为如梦一般,画中的风景形成了面孔,时钟则整个地融化。然而,这其实是诸如麦司卡林(mescaline)或迷幻蘑菇等致幻物质所带来的典型幻觉。如同其他的超现实主义者,达利的画作也符合弗洛伊德的理论。此举当然不致于减损其画作的说服力;只不过,如果要作为梦境的真实写照,恐怕就有点不太适合了。

同样的情况也发生在电影方面。好莱坞享有“梦工厂”的美誉,遗憾的是,它在真实梦境的描绘方面,却往往错得离谱。由于在电影里做梦的情节,必须与一般的场景区分开来,因此它们往往不是模糊、曝光不足,就根本是黑白的。

近年来,人们已经确定,人类所做的梦是彩色的。尽管如此,还是有一段与此有关的轶事是这么说的:据说在黑白片时期,诸如葛丽泰·嘉宝(Greta Garbo)与亨弗莱·鲍嘉(Humphrey Bogart)等巨星,总是以单色的面貌在人们的梦中登场!

如果我们想要了解梦境的真实面貌究竟如何,就不能指望艺术,而必须要去挖掘我们自己的记忆。此外,如果要说明梦的印象,那么我们还需要一套理论。现在就让我们仔细检视一下各种相关的理论。

上古时期的梦理论

早在数千年前,这些“夜间的面孔”便为人类带来了许多谜团。在上古时期,逐渐形成了两种传统。其中一种把梦看成是加密的信息,是神明、恶魔或往生的祖先所捎来的警告或预言。如果自己无法解开自己的梦,就得求助于先知。与此相反,古代的医生希波克拉底与盖伦,则代表了另一种医学的观点:梦可能是疾病的症状,因此必须要诊疗。

实用的希腊医学则将上述这两种观点合二为一。病患会被安置到阿斯克勒庇恩(Asclepeion),这是古代的一种疗养院,附设有康复诊所,它的名字则取自希腊医神阿斯克勒庇厄斯(Asklepios)。在那里,医学专业人员不仅会帮患者解梦,而且还会在收费的情况下,向患者提供相应的健康指导。拒绝神明的感召,可以说是迈向科学的梦的研究的第一步。

我们同样也可将这两种传统,分别归于柏拉图与亚里士多德这两位伟大的哲学对手。至少在早期的对话录里,柏拉图仍将梦描述成来自更高存在的信息。一直要到他晚期的作品，柏拉图才变得倾向于采取生理学的角度，并且把梦看成是感官错觉的表现。他的学生亚里士多德则从头到尾都采取一种自然科学的观点。在他看来，梦只是知觉的余波，只是由于血液状态的改变所造成的颤动。

弗洛伊德的心理

柏拉图还曾以另一种方式影响了梦的解析史，即通过他所提出的“灵魂马车”的比喻。在他看来，我们的灵魂就犹如一辆马车，这辆马车由两匹马一起拉动，一匹狂野且凭直觉；另一匹则高贵且勇敢。由于这两匹马意欲奔往不同的方向，因此熟练的驭手必须妥善地驾驭它们。这个比喻很贴切，因而流传至今，如今德语里依然保有诸如：jemanden anspornen（用马刺催促，引申为“激励”）或 sich im Zaum halten（套住辔头，引申为“自我节制”）等惯用语。

弗洛伊德更为深入的“心理”（Psyche）模型，也源自于灵魂马车同样的系列。取代双马力引擎，于是“自我”（Ich）变成是受本能的“本我”（Es）与规范的“超我”（Uber-Ich）所驱动。

在梦里，自我放任本我自由行动。那些秘密的欲望再也不必隐藏在潜意识里，它们会渗透到表面。就像某位在日间什么都要管的检查员，将这些原始的力量转变成符号，如此一来，才不会去惊扰到睡眠者。唯有精神分析学家才能破译隐藏在这些符号背后的意义，因为，在做梦者苏醒后，对于这些做梦者来说，这些意义依然是隐藏着的。

弗洛伊德从柏拉图那里所继承的不仅是建筑蓝图，他还继承了一项构造错误。因为，如果马匹是勇气与直觉，那么谁是马车夫呢？马车夫所指的不能是身为人的我，因为我的灵魂是这辆包含了马匹与驾驭的灵魂马车。同样的情况也发生在弗洛伊德的模型里。我不能是我的自我,因为身为人的我是由自我、本我与超我所决定的。如果我不是我的自我,那么谁才是我的自我呢?而谁又是那位检查员呢?难道是自动驾驶吗?

事实上,柏拉图与弗洛伊德都陷入了所谓的"小人谬误"(homunculus fallacy,"homunculus"是拉丁文"小人"的意思)。"小人谬误"所指的是,构成整个人的一些特质,却担当起了这个人内部的某个虚拟人物。问题是,只有整个人才能去完成那些人们指望他们去执行的部分,即操控、审查、压抑与转化。

如果我们不过度地从字面看待这个模型,其实是可以避免"小人谬误"的。然而,弗洛伊德却希望完全按照字面来理解他的主张,将他的主张理解成可通过实验来检验的因果性的理论。他自己也肯定,心理的所有因素都需要生物化学的基础,尽管在他那个年代,这项基础尚未为人所研究。弗洛伊德先是假定梦是愿望的实现,可是后来他却认为梦的功能在于担任睡眠的守卫。一般来说,检查员会管制那些狂野的愿望或至少去掩饰它们。唯有在恶梦里,它们才会失控地奔逃出来。

现代的梦的研究对弗洛伊德毫不留情。美国知名的梦境学者罗伯·史蒂格德(Robert Stickgold)曾表示,弗洛伊德所说的一半正确,一半错误。特别是他的同行艾伦·霍布森,更是一位"修理弗洛伊德"(Freud-bashing,即以言语抨击这位维也纳心理学家)方面的好手。

在霍布森看来,弗洛伊德以解析某种晦涩的梦的大祭司自居,以致长久以来阻碍了人们对梦进行严格的、科学的研究。虽然这样的批评在事实方面的确没错,可是在语气方面却异乎寻常。也许,在美国到处充斥着精神分析的状况,可以解释霍布森的措辞。

在美国,几乎可以说精神分析的观点完全渗透到了人们的潜意识里,特别是他们的生活方式更是受到了巨大的影响,以致许多人甚至认为,如果有人没有每个礼拜都去精神分析师那里的沙发躺一躺,那个人应该有什么问题。

话说回来,弗洛伊德到底做错了什么?首先,是他在方法上的马虎。在发表于1900年的《梦的解析》这部主要的作品里,他只是描述了大约40个自己的梦,却没有花力气去组织具有广大代表性的受试小组。虽然弗洛伊德偶尔会引用他的同行们的话,然而令人意外的是,他却很少去重视他们的论点。

心理学家威廉·冯特(Wilhelm Wundt)比弗洛伊德更早看出,梦包含了联想,即随机的记忆结合。他的同行、物理学家暨心理学家赫曼·冯·亥姆霍兹(Hermann von Helmholtz)当时便已认为,运动错觉是梦的典型现象之一。就连弗洛伊德的朋友与对手卡尔·古斯塔夫·荣格,也都看到了梦与精神病之间的平行关系。

此外,在关于弗洛伊德的个人研究里,他是个酷爱可卡因的人,在《论可卡因》(*Uber Coca*)这篇论文里,弗洛伊德曾以"突如其来的快感"与"缓解的感觉"等措辞,赞扬这种白色粉末的效力。然而,这些药物所改变的不仅是清醒状态,它们也改变了梦。某些科学家推测,弗洛伊德的知觉印象,或许比完全清醒的人来得更加鲜活且多姿多采。

弗洛伊德的观点还有个更困难的问题,就是符号的诠释。在弗洛伊德看来,梦境里的事件与题材都具有某种更深层的意义。持这种看法的,其实并非只有他一人。无数与梦的符号有关的书籍,都试图揭露我们的梦所隐藏的信息。一匹软弱无力的马代表死亡,狼群是危险的预兆,波涛汹涌的大海代表热情,平静无波的湖泊则代表满足。

乍看之下，这些所谓的“诠释”，似乎还蛮合情合理。毕竟，我们偶尔也会使用一些比喻或这类惯用语。我们的情绪起伏可能宛如“波涛汹涌”，我们得时时注意那些“披着羊皮的狼”。

除此之外，我们也会从各种故事中认识一些符号。在小说里，大自然往往是主角的心灵写照。在好莱坞的电影里，这些自然符号往往昭然若揭；例如，葬礼基本上都是在秋季的阴天里举行，接着天空便会突然飘起雨来。难道梦里的一场暴雨，不能同样预示某种不幸的降临？

然而，就算这些符号在文学或电影里再怎么具有说服力，也并不代表它们同样存在于梦里。虽然弗洛伊德并不认为存在着普遍有效的题材或预兆，例如前述的狼或马，不过他还是相信，在那些对象背后隐藏着某些被压抑的信息。因此，在精神分析学里，每条床单的折痕或每个洞穴可以是阴道，每根铅笔或每座高塔都可以是阴茎。因此，在我的詹姆士·邦德之梦里，如同我麻木的上臂，枪枝也是代表男性生殖器不错的候选者之一。

然而，弗洛伊德却没有说明，为何应该要这样。举例来说，爬楼梯在精神分析学看来明确指向性交。这时腿部活动的节奏，象征着性交时的节奏。这种说法显然似是而非。呼吸与进食同样也和节奏有关。为何爬楼梯不能代表这些行为呢？

再者，弗洛伊德的理论是无法被证伪的。科学哲学家卡尔·波普尔曾就这一点批评精神分析学。首先，我们可以说，对于一套理论而言，没有什么会比“永远是对的”更好的事了。不过坦白讲，不能证明它是错的，其实也不是什么好事，因为那些永远不会错的陈述，根本是空洞、无意义的。

弗洛伊德并没有提出任何可依循的标准，比如判定什么时候一双系着鞋带的靴子只是单纯的系着带子的靴子，而什么时候系着带子的靴子则成了男性生殖器的象征。我们完全不知道，如何才能“独立”于诠释之外去检验这套理论是否正确。

美籍德国哲学家阿道夫·格林鲍姆（Adolf Grunbaum）曾指出，这只是诠释被当成有意义的故事被陈述了出来，但并不代表梦也是有意义的。我们甚至还能说得更尖锐一点：只因与梦有关的文章是由语言符号所构成的，但并不因此就代表梦本身也由符号所组成。

举例来说，弗洛伊德认为，在梦里，飞翔的题材是性交的转化。如今人们了解，这当中其实涉及了一种未加工的、身体的错觉，它是由于在快眼动睡眠期里的肌肉瘫痪所导致的。我们可以用以下的方式来说明这一点：大脑里的运动中枢往肌肉的方向发送运动的命令，可是这些命令无法顺利送达目的地，由于这时没有肌张力或感知反抗的刺激，因此某种协调各种矛盾信号的机制便开始启动，于是就形成了轻盈与失重的错觉；而在别的情况里，则会形成瘫痪与麻醉的错觉。

“被压抑的性欲”这个角色被弗洛伊德严重高估。在婴儿身上，快眼动睡眠期在他们一天长达16小时的睡眠时间里，就占有8小时。人们或许可以争论，婴儿是否已具有欲望；不过，无论如何，这些欲望都不会是被压抑的、更不会是性的。也许弗洛伊德被自己的梦的焦点所误导了。

在苏醒前不久，人体里的性荷尔蒙含量会特别高；相对地，在人们鲜少会睡到一半醒过来的夜里，人体里的性荷尔蒙含量就没那么高，而人们也多半记不起这段时间所做的梦。如果弗洛伊德可以在无方法上瑕疵的研究里于夜间唤醒受试者，他肯定会注意到这个问题。

还要谈到的就是心灵特殊的压抑机制。也许，在弗洛伊德所处的时空环境里，即1900年左右拘谨的奥地利社会里，所谓的上流人士会“主动地”隐藏起自己的原始欲望。可是由此并不能得出，无论在任何时空背景下，所有人都具有弗洛伊德所认为的“被动的”压抑倾向。虽然现今有不少心理学家会去谈论潜意识的信息处理。不过这只是指心灵的过程会在我们的关注之外默默地进行。无数个别完成的实验都支持这样的说法。尽管如此，“潜意识”的假设在实验上其实站不住脚；在我们的心灵里，并没有什么独立自主的区域，容纳某位对思想或欲望进行改写和加密的检查员。

弗洛伊德的压抑说与符号说，不仅在表明理由方面很不完整，还与事实有所抵触。在梦里，各种欲望、恐惧与情色幻想可以说是格外栩栩如生。为何我们必须同时去处理被体验的与被压抑的欲望呢？换个方式来问，为何身为梦的导演的我们，除了导演版以外，还要在同一间戏院再播放另一个在自愿自我检查的情况下修改过的审查版呢？

现代的梦理论

现代的梦理论，明显地与精神分析学的诠释观点保持距离。在19世纪70年代末期，霍布森与他的同行发展出了迄今仍居主流地位的标准见解。不同于弗洛伊德，艾伦·霍布森并非循着内容，而是循着大脑的活动来探索梦。在多方改良之下，如今梦的面貌已成为：在快眼动睡眠期里，在脑干这个位于低处的古老脑结构中，神经传导物质乙酰胆碱（acetylcholine）的浓度会升高，从而产生随机的刺激模式。这样的“激活”（activation）会影响到负责视觉、运动与情感的中枢。接着，在较高的大脑皮层里，便会启动某种诠释机制，即所谓的“整合”（synthesis）。

我们心灵里的那些混乱的印象，会通过援引我们的记忆，以某种方式形成一个有意义的图像。虽然这样的过程，听起来像是分成了两个阶段，不过，身为做梦者的我们所得到的，却只有被呈现出的最终成品。霍布森根据整个过程的两个阶段，将他的理论称为“激活整合理论”（activation-synthesis hypothesis）。

这样的说法颇为贴近我的詹姆士·邦德之梦。因为，就在我做这个梦的当天，我才刚看了一部新的007系列电影，电影里的画面当时我还记忆犹新。无论如何，这一切我已经经历过了。

对于其他的梦的特质，霍布森也准备了一套说法：活动与重力的错觉是由于运动细胞受抑制所引起的。神经传导物质乙酰胆碱也会去刺激杏仁核（amygdaloid，在多种情感的形成过程里，杏仁核皆参与其中）。与此同时，其他的物质则会降低我们的注意力、记忆力与逻辑思考能力，这会让我们的“内部语言”变得既富联想性、又充满诗意，这是创造梦境图像的必要条件之一。

霍布森并不特别对做梦在演化方面的功能感兴趣，他所关注的重点在于，梦是如何形成的？大脑又有哪些区域活跃于做梦的过程中？不过，我们还是要问，究竟是谁叙述了我们在梦里所经历的那些故事？直觉上我们可能会认为是大脑。不过，这样的看法可能又会让我们犯下与柏拉图及弗洛伊德同样的谬误。大脑并非行动的个人。“这当中涉及了某种语言的叙述”，这样的假设同样不可信，因为我们的梦电影在播放时既没有字幕、也没有旁白。我们的梦境具有“情节”结构，可是它们并非是以言语的方式陈述的。最后还有一个问题：重复的梦境否定了“这些故事是基于某种随机的刺激模式”这样的说法。如果这样的说法正确，那么梦的内容必然也会是随机的。

前不久，于伦敦执教的精神科医师马克·索姆斯（Mark Solms，他同时也是一位获奖的南非酿酒师），对霍布森的激活整合理论提出了质疑。索姆斯发现了几个奇特的病例,在这些病例中,患者由于脑瘤的影响而不再有快眼动睡眠期,尽管如此,他们却还是会做梦。

在密集地分析了相关文献后,索姆斯指出,不仅上述的情况,就连反过来的情况也能成立;某些患者停止了做梦,尽管如此,他们却还是会有快眼动睡眠期。人们称这种情况为"双重分离"(double dissociation):当两种因素,例如快眼动睡眠期与做梦,可以分别单独出现,那么它们彼此便是各自独立的。在索姆斯看来,这意味着霍布森的理论不可能是对的。而霍布森则反过来指责索姆斯,说他并没有正确诠释相关患者的报告。

然而,索姆斯所发现的还不只这些。脑干的损伤只会影响到梦的内容,却不会影响到做梦本身。对于边缘系统(形成情感、欲望与乐趣之所在)的奖励,中枢与快乐中枢所扮演的角色,索姆斯的看法与霍布森大相径庭。索姆斯认为,梦境的真正泉源正是此处。不过,它们并不会波及我们在判断与思考方面所不可或缺的额叶区域。我们也可以将这项发现解读为:梦主要是和愿望实现有关,它们会通过阻止苏醒来保护睡眠。如此看来,我的詹姆士·邦德之梦是否代表着,在我的身体里有个想要从事特务的愿望在沉睡着呢?所以说,弗洛伊德的主张还是对的?

无论如何,索姆斯赋予了人这样的想象;只不过,此举掩饰了他的理论其实只是表面上倾向于弗洛伊德。因此,我们必须将索姆斯的弗洛伊德标签理解成营销策略的一部分。为了要凸显出自己与居主流地位的反弗洛伊德的艾伦·霍布森学派有所不同,索姆斯将自己的理论以极端的反概念形式呈现出来,有时他甚至还会过度诠释自己的见解并且曲解对手的见解。事实上,他们双方只有些微差异。在霍布森这边,随机与整合较为重要;在索姆斯这边,则是愿望与题材较为重要。此外,索姆斯将快乐物质多巴胺视为梦最重要的“信使”(messenger)。不过,就现有的资料来说,目前还无法判断他们两者谁才是对的;或者到头来,是否会有第三种说法将这两种理论的要素整合起来也未可知。迄今为止,“梦工厂”的许多产品都还鲜为人知。相关的研究所要面对的将是扣人心弦的未来。

梦有意义吗?

保罗明天要做个相当重要的报告,他梦见自己必须走过一条没有尽头的长廊,在途中他感到自己一筹莫展。葆拉最近刚另结新欢,可是她却总是梦到自己的前男友。上述这两个人都在自己的梦里经验到某些与自己有关的事。如果他们认真地看待这些梦的内容,他们甚至可能会因此改变自己的人生。葆拉或许会打电话给她的前男友,保罗则或许会把自己的报告重新再演练一遍。我们所做的事情总是会一再出现在梦里。因此,我们可能会认为,这正是梦的功能;换言之,它们让我们再次看到,什么对我们才是真正重要的。美国哲学家欧文·弗拉纳根(Owen Flanagan)对于这样的看法不以为然。在他看来,梦根本没有任何功用。他将自己的极端见解称为“梦的三角壁理论”(spandrel theory of dreams)。

在建筑学里,所谓的“三角壁”“拱肩”“拱侧”,指的是介于一个穹拱及与其相连的矩形之间的面积。在古典的豪华建筑里,例如摩尔人的清真寺、印度的泰姬玛哈陵、欧洲文艺复兴时期的建筑等,这些拱角往往会被装饰或彩绘。然而,这些装饰其实就只是装饰,并没有其他的作用。桥梁与桥拱、神殿与大门,它们都没有在空隙处布置装饰。弗拉纳根认为,梦就宛如睡眠的三角壁,它们只是意识的装饰,不带有其他任何功能。

弗拉纳根的三角壁理论采纳了美国演化生物学家史蒂芬·杰伊·古尔德(Stephen Jay Gould)与另一位同事的想法。他们都反对所谓的"泛适应论"(panadaptionism),这种论调认为,现有的每种生物特质,必然都具有某种演化上的功能。在文学中,持这种论调最著名的代表人物,莫过于伏尔泰的小说《赣第德》(*Candide ou l´optimisme*)里的潘罗斯博士(Pangloss)。潘罗斯博士想要愚弄他的同伴赣第德,于是他告诉赣第德,上帝之所以赋予我们人类鼻子,为的是让我们可以戴眼镜。

古尔德与他的同事则主张,在演化的历史过程中,其实也存在着偶然或副产品之类的情况。雄性的霸王龙或许曾以它们短小的前肢拥抱雌性的霸王龙,可是这样的拥抱行为并无法解释,为何这种恐龙的前肢会如此短小。此外,我们的心跳声也不具任何功能。正如所有的水泵,我们的心脏也会产生声响,可是这些声响本身,并没有任何进化上的作用。

弗拉纳根认为,同样的道理也适用于梦。相对于睡眠,它们对于生存并没有帮助。许多大胆的自我尝试都指出,剥夺睡眠会带来严重的后果,例如疲劳、精神错乱或发狂等。在"致死性家族失眠症"(fatal familial insomnia)这种罕见的遗传性失眠症状里,患者往往会在症状爆发后的短短几个月内死亡。

因此,睡眠确实具有明确的正面功能。然而,在弗拉纳根看来,梦既没有保护睡眠,也没有让我们变得更健康,更无助于心理卫生。压抑快眼动睡眠期并不会对受试者的生活造成任何影响,这项事实支持了弗拉纳根的看法。

然而,许多精神病药物虽然会有缩短快眼动睡眠期的副作用,却十分有疗效。此外,我们同样经常会梦到一些与我们在自己的生活中所做的事情一点关系也没有的事物。相反,那些在心脏或肾脏里所发生的事情，我们却从来也不会梦到。在这当中，那些可以记起自己梦境的人，与那些记不起自己梦境的人同样健康。如果梦真的对我们的精神生活有什么功能，为何它们会如此地难解？为何它们会如此地恣意？为何它们只在我们的记忆里留下如此少许的痕迹？

虽然弗拉纳根否认梦具有功能，不过他还是认为，我们可以通过梦对自己有所了解。乍听之下，这似乎有点矛盾。然而，如果对照一下心跳的例子，我们就会发现，这两种见解不是必然矛盾的。虽然心脏制造的声响并不具有功能，可是心跳还是可以让戴着听诊器的医生了解某些与患者的健康状况有关的信息。所以，尽管梦只是些装饰性的假象，在弗拉纳根看来，它们对我们还是有意义的，甚至构成了我们的“自我认同”的一部分。

这点是否适用于所有人，其实不无疑问；因为，那些记不起自己梦境的人，他们的自我认同并不会受梦所影响。就这点来说，我的詹姆士·邦德之梦也不失为良好的反例。

对我而言，有许多事情比跟特务决斗来得重要。当然，“战斗”这个主题可能构成了我的性格与我的“自我认同”；然而，暴力的画面本就经常在人类的梦境里出现。梦的内容是否与我们的生活有关，这纯粹是巧合。

有时我们会梦到一些令我们感动的事，有时则不会。我们的确会比较常想到那些对我们来说是重要的内容。可是这当中并不存在什么系统的关联。因此，从另一个方向来看待弗拉纳根的想法会比较有意义；换言之，梦告诉了我们与我们的记忆建筑及意识的动力有关的一些事情。

意识的路标

在梦里，人物和地点是可以变换的。不仅同一个人可以突然改头换面，我们也会在许多情况里，用其他人来取代一些我们认识的人，只要名字相同就足以做到这一点。因此，如果邻居施耐德太太突然看起来像女星罗密·施耐德，这可能暗示着一旦“施耐德”这个名字被存入记忆里，接着它便会和其他的信息搭上线。这个论点和心理学当中与前述的心智辞典有关的知识相符。

在我们的长期记忆里，词语截然不同于辞典里的某个条目。例如 Ball 这个单字只要被以词形的方式储存起来，“舞会”与“圆形的玩具”这些意义便总会与它相连。

另一个例子是：如果某个人突然改头换面，这种情况在梦里并不会让我们感到惊讶。这可能透露出某些与我们的重新认识能力有关的事。认识人与物是一回事，在这当中具有信任感则是另一回事。一般说来，我们会同时体验到这两者。我们会把亲朋好友视为自己所信任的人。然而，在某些神经方面的障碍里，这两者却会相互分离。同样的情况也会发生在梦里。

如前所述，记忆会在梦里改善自己。我们甚至可以利用梦主动地进行记忆训练。“清明梦”(lucid dream)是一个十分有意思的研究领域。在那些梦境里，人们不但知道自己在做梦，而且还能控制梦的内容。某些人天生便具备这样的禀赋，我们之中绝大多数人则鲜少有这样的情况发生。

不过，清明梦其实是可以训练的。举例来说，在入睡之前，我们可以按照“当我在飞翔，那么我就是在做梦”这样的模式，去想象某些对于做梦而言是典型的事。幸运的话，接下来在梦里，自我反思便会开始启动。霍布森宣称，借助于正确的练习，人们可以在梦里做任何的事情，甚至可以与自己的梦伴侣发生“亲密关系”。乍听之下，我们或许会认为，“是啊，继续做你的春秋大梦吧！”不过，这确实是有效的。

英国心理学家史蒂芬·赖博格（Stephen LaBerge）与他的一些同行，通过请求受试者在做梦时，明显将眼睛向左或向右移动，从而得以由外表上证明清明梦的存在。另有一些学者则指出，当人们在梦里训练运动能力，他们的运动能力便能获得改善。在一项将钱币掷入杯中的简易竞技中，通过清明梦于夜间进行练习的实验组成绩要比对照组更好。

然而，即便是那些未经控制的普通的梦，也能帮助我们对心灵有更好的理解。美籍哥伦比亚神经科学家鲁道夫·里纳斯（Rodolfo Llinas）与他的几位同事认为，梦的神经科学可以在比记忆更神秘的方面带给我们启发。更确切地说，在关于意识的神经基础方面，梦与清醒状态有个共同之处，那就是我们在自己的意识里感受到它们。印象、思想与情感经常更迭，可是我们个人的内部视角（它将前述这一切结合成我们的印象与思想）却始终保持存在。

因此，如果我们比较一下在做梦与清醒期间的大脑活动状态，里纳斯与他的同事认为，我们将会发现一个共同点，那就是（在两种情况里皆活跃的）意识的神经基础。一旦我们将两者间所有的差异全部抽离，剩下的正是这个核心。意识不太可能位于大脑的某个特定区域里，因为，有别于个别的大脑中枢只活跃于部分时间里，意识则是持续保持开机的。因此，学者们认为，周期性地每 12 毫秒舞动于整个大脑皮层、大约 40 赫兹的放电，是最有可能的候选者。这种“电子编舞”是梦的意识与清醒意识所共有的。

里纳斯与他的同事通过将清醒状态称为“在线做梦”，言简意赅地扭转了一般人所采纳的等级观。唯一的差异就在于知觉输入。有别于当我们在做梦时,全然不顾外界的刺激,径自在自己的世界里胡思乱想;在清醒的状态下,我们会持续通过感官获得各种输入。我们的人生就是一场梦。如果连续的感官刺激没有全然接通到我们身上,这将更加疯狂。

梦与清醒的比较,促成了一个精巧且富创造性的研究构想。尽管如此,里纳斯的研究团队似乎忽略了梦与清醒状态之间的两个重要差异,那就是:行为控制与思考。在清醒的生活里,我们可以自己决定想要考虑或想象些什么。

此外,我们还具有对自己保持距离的能力,例如通过反思自己的印象与情感。毋庸讳言,我们总是被动地接受我们所看到、听到与感受到的事物。虽然我们无法自行决定将红的看成黄的,或是将刹车声听成雷声,不过我们可以转移自己的注意力,可以将双眼闭上,可以让自己陷入沉思。我们的清醒生活取决于以上行为,它们之中有些是属于身体的,其他的则是在我们的心灵里实行。虽然有时在梦里,我们也会有行为的感觉,然而,除了清明梦以外,这样的行为却几乎未曾有过考虑、计划与控制,更遑论是某种深思熟虑的结果。

因此,将里纳斯的研究团队所主张的理论颠倒了来看,会是相当有意思的事。取代只是寻找梦与清醒两者间的共同点,我们还可以把注意力放到它们的差异点,因为我们的主动控制意识(即自由支配我们的体验内容与思考内容的能力)就存在那里。

如电影般的梦境

与梦有关的最后一个大谜题就是:为何我们所体验到的梦,宛如具有故事、具有情节与对话且我们还亲自担纲演出的短片呢？这里又得提到从我个人的梦日记里所撷取的那个例子：我藏身在某个建筑物幽暗的混凝土粗胚里。这栋建筑坐落于某个荒废的工业区。就在此时，詹姆士·邦德带着武器朝着我的藏身处缓缓靠近。在他的T恤外有一件防弹背心。我很确定，他看不见我。然而，说时迟那时快，突然两声枪响，我的胸口与右臂分别中了弹。我往下瞧了自己一眼，我发现原来自己也穿了件防弹背心。虽然我完全感受不到子弹的存在，可是我的手臂刹那间却麻木了，它就这么动弹不得地悬在身体上。

没错，我们的确可以主张，这是某些受到压抑的愿望的作用。可是，就算这样的说法是对的，它也无法解释，我梦境里的画面与题材到底是怎么来的。事实上，它们并非来自恶名昭彰的“潜意识”，而是来自许多截然不同的身体部位。当我苏醒时，我感觉到手臂发麻。接着我又听到了两声枪响，只不过，它们比梦里的要来得微弱。它们是由于大型铁桶与街上的垃圾车相互碰撞所产生的。这时我再度想起，我在前一晚才刚看了一部007系列的电影。我不禁想到好莱坞的陈规俗套，英雄是从不穿防弹背心的，他们从不会在与一队全身上下包得密不透风的特种部队冲进某个建筑物里时，穿着防弹背心。可是，为何我是出现在某个工业区，而不是出现在皇家赌场的牌桌上呢？

接着，我马上意识到，我是从哪里见到了这样的场景。多年前，我曾经去某位住在伦敦的友人那里玩过迷彩漆弹战斗游戏。当时我们在市郊的两栋废弃的水泥建筑里进行这项游戏。

在迷彩漆弹战斗游戏里，我们会以彩色的漆弹射击对手。最后我们这一队惨败给身着黑衣的对手。在此之前，我从未有过如此热血沸腾的体验。在我摸黑朝向敌方阵营匍匐前进之际，我担心中埋伏的恐惧真实到连我的心跳声都传进自己的耳朵里。我从当时的照片上发现,其中一个对手让我想起007电影里的一个人物。如此一来,最后一块拼图也找到了。原来,枪声源自垃圾桶,受伤的手臂来自我自己的身体知觉,恐怖的敌人来自电影,场景则来自我的记忆。

我的梦并不是完全典型的,因为大多数的梦都是在"完全脱机"的状态下进行的;换言之,没有任何与外界刺激(例如街上的噪音或麻木的手臂)的联系。我们当然可以援引艾伦·霍布森的观点来假设,一些巧合的细节(例如一条麻木的手臂)在记忆的协助下,形成了一个有意义的整体。只是,问题依然存在:为何我会把记忆转换成一个具有关联性的电影序列呢?

梦境确实可以由记忆影像的忠实重现所构成。在19世纪50年代,美国神经科学家怀尔德·潘菲德(Wilder Penfield),曾通过以微弱的电流去刺激颅骨被打开的患者大脑做到了这一点。梦境同样可以用截然不同的面貌呈现,例如我们日常思绪里的联想链。

当我们在沉思时,思绪有时会东拉西扯,一下子从地点跳到人物,从经验跳到幻想,接着又再度跳回去。梦境同样也可以是由偶然的灵光乍现、由一个接一个突然蹦出的毫不相关的画面所构成。然而,有别于清醒状态,这些跳跃的联想往往会转化成一个故事。所以,问题便是:为何梦境是以电影序列的方式构成,而不是以一套未附说明的幻灯片的方式构成?为何梦需要如此费工,它们并非只是将个别的项目衔接起来,而是将许多主题编织成一条虽然纠结但却连贯的叙事绳索?

弗洛伊德曾经强调过梦的符号元素。然而,在关于梦的研究远离弗洛伊德并走向大脑活动的情况下,人们便因此忽略了梦的这项情节特质。近年来,叙事在哲学与心理学里又再度流行起来。在这当中,某些理论家甚至宣称,我们的人格由我们对别人及对自己所讲述的故事所组成。把这当作对于我们个性的解释,听起来似乎不太合情理;不过,在梦的方面,这样的看法倒是不容否认。

我们不能把梦的情节性或故事性,理解成某种以言语撰写的故事;正如霍布森有时会给人的印象那样。梦不如说是一种视觉的故事,一种电影,只不过它们不同于在电影院里所上映的巨片,更像是只由少数场景所构成的短片。虽然梦境有它们自己的内在逻辑,不过它们并不像剧情片那样,将一场又一场的戏串联成一个完整的故事。也许内在的关联性只是奠基于某个谬论:由于身为做梦者的我们,总是以第一人称的观点在感受一切,换言之,从头到尾都坐在我们自己的电影院里。因此,有可能在我们一回想起毛片的内容时,"我们"便将它们当成一部完成的电影看待。也许在这当中,我们是出于好意,就好比参与了一部低成本的独立电影,在其中我们跟导演很熟。这一点可以从以下的事实中获得支持:许多平日里的回忆会如复述般运作,在这些复述里,我们每唤回一次,便会在不经意当中改变或补充内容。

那么,我们究竟能从梦里(例如我的詹姆士·邦德之梦)学到些什么呢(除了我看了太多电影以外)?梦并非加密的信息,它们不会透露任何与受压抑的愿望有关的事,如果真有什么要透露的,透露的也是与完全具体的愿望有关的事。我们在自己的意识中,将梦感受成电影的连续镜头,即便在这过程中,我们也鲜少掌控行为过程。有时梦会涉及我们的担忧与困扰,有时则不会。虽然它们并没有明确的生物功能,不过我们倒是可以通过它们,对我们自己心灵的运作方式有更进一步的认识。

或许梦的电影式叙事结构甚至暗示着我们是以场景的方式来体验这个世界的,在我们的记忆里,我们会自动地将体验分解成序幕、展开与结局。这或许代表着在我们所有人的体内,都有一个编剧或说书人在打盹,当我们沉睡时,他们便会苏醒。或是如莎士比亚在《仲夏夜之梦》里所说的:“您不过在这儿打了个瞌睡,令这些幻象如实显现。”

第五章

行动，出于意志的自由还是行为本身？

当我们提到“任意的动作”时，所指的其实就是有意志的、刻意的行为，换言之，就是我们自己所控制与实行的那些行为——相对于那些“非任意的”，也就是自动的动作。

有6罐红牛就放在我的冰箱里，但我并不喜欢这种饮料，它们喝起来就像溶解的QQ熊。到底是哪个家伙把它们放在我的冰箱里？让我想想！咦，不就是我自己吗！我昨天把它们买回了家。从超市的货架上把它们取下来，放进了购物车里，又拿到柜台结账，把它们搬回家。之后打开冰箱的门，将它们好好地排列在上层的格子上。

为何会发生这样的事呢？很显然，在我身处于超市时，曾有一时半刻愣神。可能的解释之一就是：我在途中不断经过一张张红牛的宣传海报，虽然我没有仔细观看，可是眼角多多少少会瞥见，非常有可能就是那张海报让我糊里糊涂作了决定。现在有两种可能：如果不是那张海报唤起了我的购买欲（倘若我更仔细地观看那张海报，我根本不会想购买），就是它对我造成了如遥控般的影响，致使我在超市中拿了这些银、蓝相间的罐子。

在哲学里，上述的第一个问题被称为“意志自由”，第二个问题则被称为“行为自由”。当人们可以借思考与质疑自己想要的事物，从而在很大的程度上，不受限制地形成自己的意志，便是拥有了意志自由。沉迷于海洛因的瘾君子，对于继续吸食海洛因没有自由的意志，因为这样的欲望太过强烈，无论他如何权衡，都没有其他的愿望可以抵挡得了那股想要吸食的冲动。

意志自由有别于行为自由。行为自由指的是人们可以不受阻碍地将自己的愿望、兴趣与爱好落实在行为里。吸毒者可能会同时在意志自由与行为自由这两方面受限，例如当他们遭到拘留而无法取得毒品时。即使是健康的人，只要他们因受缚而无法拥有行为自由，换言之，无法实现自己的意志，光具有意志自由，依然什么也做不成。

简言之，"行为自由"意味着人们可以做自己想做的事；至于"意志自由"则意味着人们可以在自己的愿望之间作选择。这两者的差异可以说是显而易见。不过，倒是有许多人认为，意志自由其实是行为自由的一种特殊样态；因为形成自己的意志，换言之，在内心对喜好与愿望作衡量，也算是一种行为，即所谓的"心智行为"，它是在我们的精神中无须动用任何肌肉所实现的一种行为。在行为上拥有自由的人，不仅可以去做自己想做的事，而且还总是有可能去做别的事。对此，亚里士多德曾表示，"我们有权去做的事，同样有权放弃去做"。

当现代哲学谈到"行为自由"时，所涉及的往往不只是购物或药物滥用之类的事。在针对自由所作的讨论里，人们经常会通过质疑我们的一举一动（例如每次呼吸、每个思虑、每趟散步或每场对话等）是否可能是不自由的，而将个别的限制极端化。然而，在我们可以判断"人类是否能够自由地行为"之前，我们必须先弄清楚，到底什么是行为？

调情与其他行为的来由

请想象一下，你现在正身处一场派对之中，环视了一下现场，发现吧台旁有个人很吸引你。你毫不犹豫地穿越了重重宾客往吧台靠近。在靠近的过程中，你不小心撞到了派对的主人，他手里的酒差点全都洒出来。不久之后，你已站到了那位令你心仪的人身旁。由于太过激动，你打了一个嗝。尽管对话的开始令人有点尴尬，可是你们两个很快就聊开了。快乐的时光总是过得特别快。如果你是位女性，在调情的过程中，或许会不由自主地搔首弄姿。如果你是位男性，或许会双手叉腰，将自己的胸膛挺出来。

在短短的时间里，你已然做了不少事情：环顾全场、往吧台方向开路、碰撞某人、打嗝、交谈、利用自己的身体发出求偶信号。你所做的这一切，并非全都属于"行为"。往吧台方向移动无疑地是典型的行为，因为你不但自己作了这样的决定，而且接下来还在意识完全清楚的状态下，自行穿越了派对的场地。碰撞不算是行为；因为它并非你想要的，你也无意去做这样的事，它只是出于不小心。

无论如何，这件事只是你在穿越舞池朝目标前进的过程中所发生的某个你并不想要的结果。你的打嗝同样也不属于行为。这种有节奏的肌肉收缩虽然发生在你的身体里，可是打嗝并非你想要的，尤其是在这样的时刻。

此外，你也不会感觉到自己收缩了横膈膜，就仿佛某位演员在舞台上扮演某个会打嗝的角色。这些打嗝的现象不过只是发生在你身上；换言之，你并非有意或刻意要打嗝，不过只是被动地让它们自然而然地发生。

发出求偶信号的举动（如上述的搔首弄姿与双手叉腰等），情况则比较复杂。你并非刻意或事先计划好以这样的方式调情。可是这些举动却也不像打嗝那样是被动地发生在你身上的。无论如何,你的这些举动的确是出于你自身。如果有人和你谈及这件事,你或许就会发现,这当中有部分确实是你自己做的,即便是处于心不在焉的情况下。你不会感觉到,自己的手以奇怪的方式自行做出了一些动作。

你的求偶举动便是所谓的直觉行为。由于直觉行为与习惯性动作几乎都是以自发性的方式在运作,因此许多心理学家都被误导,误把它们归类为无意识的或自动的,并将它们与诸如打嗝等真正的无意识行为相互混淆。这其实很容易理解,因为它们两者都是发生在关注的边缘。只不过,我们并非被动地让调情发生在我们身上,只要一将注意力转移到这里,我们立刻便会察觉到,这其实是我们自己做出的,与打嗝的情况完全相反。

我们可以将“行为”与“无意识行为”之间的差异作以下的说明:当我们有意做些什么,换言之,当我们自己实行了肢体动作或思考,我们就是在“行为”。“有意做些什么”的另一种说法就是“故意做些什么”。

儿童其实很早就学会了这一点,他们会说:“你是故意的!”父母往往也会提出类似的质疑:“你是不是故意的?”在这些句子里,隐藏了行为的准确定义,因为“有意”或“故意”描绘了我们是“如何”做些什么的方式。相对地,“意图”或“计划”是我们在做些什么之前所掌握的。即便“有意”与“意图”出自同一个字根,它们所指的也不是同一件事。

有时,在我们决定做些什么之前,我们会先彻底地考虑一番。这通常会变成有计划的或深思熟虑的行为,我们不仅“有意”,而且还带有某种“意图”要实行它们。如果有人说,“我想念你”,他并非只是单纯地表示自己做了些什么，而是有意要传达某种信息。然而，日常生活中的许多行为，其实都只是例行公事。即便漫不经心或是没有任何意图或计划，我们还是可以实行它们。例如，我们会抓抓头，开车时换挡，走路时移动双脚或是在洗澡时忘情地歌唱。当然，我们同样可以有计划或聚精会神地做这些行为。

相反地，打嗝的情况则完全不同，正如我们的消化、心跳与细胞分裂，它们都只是单纯地在我们身上发生，全都属于无意识行为而并非行为，因为我们完全无法刻意地去实行它们。我们诚然可以通过跑步间接地加快心跳，却无法直接改变或控制自己的心跳。即便是那些让自己心律放缓的禅宗僧侣，也并非直接做到这一点，他们其实是通过打坐的方式（无论实际的面貌如何），间接做到这一点的。

我们的呼吸则介于这两者之间，因为它们多半是自动进行的；若非如此，我们或许无法在任何熟睡的状态下生存。然而，另一方面，我们同样也可以直接影响自己的呼吸，比如刻意地憋住气。换言之，在我们的意图与胸部及横膈膜里的呼吸肌肉之间，必然存在着某种神经连结，否则我们不可能直接控制呼吸。

耳朵的摆动便是这种关联的一个例子。某些人可以任意地摆动耳朵，这可能是进化过程中的残留；当时我们的祖先必须竖起耳朵聆听来自各方的不明声响，如今只有少部分人还保有这项原始的技能。不过，这招其实每个人都能学会。为此，我们必须先把自己的脸扭曲成鬼脸，接着再一步一步地训练肌肉，直到只剩耳朵的肌肉为止。这有别于受运动神经所控制的脸部肌肉。然而，与受某个封闭的大脑区块所控制的心脏相反，在大脑的计划中枢与耳肌的神经系统之间，存在着某种神经连结。一旦我们学会如何摆动耳朵，就能刻意地做出这样的行为。

通过行为,我们改变了世界,即便只是摆动一下耳朵。我们的许多行为都具有很好的理由,这无非代表着从我们的愿望、兴趣、意图与信念等角度看来,我们的行为是理性的。在我们的愿望、意图、计划与行为之间,必须存在着某种因果关系,否则,愿望可能就会像空中楼阁一样,到头来只是幻梦一场。

当我们有所行为时,会有自己做了些什么的感觉,可以感受到我们的行为出自自己。此外,我们也可以确定,自己是有选择的。在这种时候,我们甚至可以故意不去执行一些事务。即便我们每次在淋浴时总是习惯唱歌,可是当时间还太早、大家都还在睡梦中时,我们便不会这么做;我们显然也可以安安静静地洗个澡。换言之,我们这些例行性与思虑性行为的自由,就存在于“其他的可能”之中。虽然我们做了其中之一,不过总还是有别的什么行为可以做。正如亚里士多德所说,就连“放弃”也是我们的权利。

然而,感觉难道不会误导我们吗?难道我们不可能从根本就不具有的选项出发?这些问题触及了“传统的自由问题”的核心。诚如前已提及的,这当中所涉及的,并非个别行为所遭受的限制,而是什么会阻碍我们整体的行为自由。在哲学当中,自由最强悍的敌人莫过于“决定论”(determinism)。我们也可以将这个传统的自由问题改写成:究竟我们是自由的,抑或一切其实早已注定?

决定论的影响

决定论是一种认为“世界的运行自始至终都是注定”的论调。它所说的并非只是会怎么样就会怎么样。决定论所说的是,一切“必然”会如同它们该如何发生的那样发生。关键的是“必然”这个词。如此一来,决定论所说的不仅只是一切其来有自,而是说“完全不会有其他的可能”。然而，这样的必然性从何而来？对此，在过往的历史中，人们曾提出三种不同的答案：神、命运和自然法则。

决定论的争议早已远离了对神和命运的信仰。如今，如果有人相信世界的运行必然是注定的，那么他所想的多半是宇宙的自然法则。当代的决定论者便以此为基础来说明，为何在世界所发生的事件里不可能有分歧，换言之，整个世界的运行早在宇宙大爆炸之际便已注定好了。一切都是命运的这种旧观念，从伽利略那时起，现代的自然科学便改以数学公式来表述了。

这对我们有何意义呢？如果世界的运行早已毫无选择地确定了，我们今天就可以断定，2021 年 5 月 17 日美国总统在早餐时会喝多少毫升的咖啡；还可以断定，当你明年夏天去度假时，你左脚的鞋子会带着多少海沙回家。换言之，如果我们可以让整个宇宙从头再运行一次，一切都会如同我们曾经历过的那样重新上演。

在 18 世纪时，法国的哲学家和数学家皮耶尔-西蒙・拉普拉斯曾根据这样的想法，设计了一套著名的实验，由此说明决定论。拉普拉斯把自己想象成一个高等的、如神一般的存在，后来人们把他这样的想象称为“拉普拉斯恶魔”（demon de Laplace）。拉普拉斯恶魔知晓所有的自然法则，并且会在特定的时刻将所有基本粒子分布到全宇宙。

在一个决定论的宇宙里，他可以计算出每个时刻的粒子分布状况，无论是在遥远的过去，抑或遥远的未来。拉普拉斯的可预见性不仅凸显出决定论的基本思想——“凡事都已确定”，还进一步强调，原则上我们甚至是可以得知的。这个世界当然可能是决定的，即便从来未曾有人能够发现这一点。

举凡对决定论进行思索的人，很快便会落入一个思想旋涡。如果世界是固定的，而且我也认为它是固定的，那么我必然会这么想，而且我也必然会想,我会认为这是必然的,以此类推。古希腊的哲学家芝诺对于落入这样的思想旋涡乐此不疲。有人曾写道,他曾经殴打一个偷他东西的奴隶。那位奴隶为自己辩解:“是命运要我偷窃的!”芝诺则附和道:“同样也是命运要我打你的!”

决定论的毫无选择,让自由没有任何回旋余地。如果世界不被允许存在任何分歧,那么我们也无法拥有其他的可能性。即使我曾经想过,我或许不该买红牛而该买可乐,我也无法不去买红牛。如此一来,自由将会是一场庞大且有系统的幻象,我们只在不自由时才拥有自由!

一切都是固定的吗?

爱好自由的人士都相信我们是自由的。人们有时也称这种人为“自由主义者”(libertarian 这个词由拉丁文 liber[自由]而来)。由于他们认为决定论是反对自由的,因此他们必须证明世界的运行并非固定的。这并不是件容易的事,因为决定论其实是某种形而上学的论点,它并无法被直接地证明或反驳。

“形而上学”指的并非是超自然或非科学的事物,而是哲学当中某个以世界的最普遍特质(例如空间与时间)为主题的一个领域。形而上学的论点无法用经验的方法(换言之,通过观察与实验)来证实。因此,我们无法知晓一切是否真是固定的。不过,我们还是可以追问,到底有哪些自然法则支持这样的假设?

对此,我们必须先弄清楚,到底什么是自然法则。“法则”一语暗示了,它与某种规则有关。牛顿本人曾主张将法则拟人化的观点:正如人类制定了规范他人如何行为的法律,上帝也制定了规范自然该如何运行的法则。

然而，自然法则其实全然不同于司法的法律。自然法则是我们对于世界的各种力量及其运行所作的描述和总结。它们透露了自然是如何运行的，却未曾指出自然该如何运行。

自然法则并未完完全全断定了世界规律的运行。世界的运行正如世界的运行，我们只是试图借助于普遍化的方式去理解它。因此，我们也不可能违反自然法则。然而，无论如何，在表述这些法则时，我们倒是有可能会犯错。

美国哲学家南西·卡特莱特（Nancy Cartwright）是对这种自然法则的决定论解释批判得最有力的代表人物之一。她的论据是：原则上唯有当我们，在每种情况里都能找出准确说出于每个时间与每个地点，在宇宙中真正发生的事的自然法则，换言之，当日后完美的物理学可以找到那些非常接近"拉普拉斯恶魔"的法则时，我们才能接受这样的决定论。然而，卡特莱特继续说道，已知的物理法则没有一个可以满足所有这些条件。当这些物理法则都无法支持决定论时，就没有什么会支持决定论，因为并没有更详细的法则。这种决定论的假设其实只是部分自然科学家与哲学家的幻想。

为何会这样？"拉普拉斯恶魔"需要那些真实的、不允许例外的，以及描述世界实际运行的法则。卡特莱特指出，迄今为止，并无任何已知的物理法则能同时满足上述这三项条件。大部分的法则只是描述了宇宙等级的关系，例如"力等于质量乘以加速度""电流强度等于电压除以电阻"或是"$E=MC^2$"，即"能量等于质量乘以光速的平方"。可是它们并没有涉及世界实际的运行。换言之，它们并未处理在特定的时间与地点发生了什么。

或者我们也可以说，这些法则所描述的，其实是一些理想的状态，例如完全不存在摩擦的情况。它们都不涉及实际的世界运行。它们的效力其实只存在于某种思考模式里。当它们真的涉及世界的规律运行时，例如“所有的东西都会掉到地上”，很明显，我们可以去影响它。每个曾经把球接住的人都会知道这一点。可是，如此一来，这些法则便是不精确的，换言之，它们并非毫无例外的。它们只在没有任何东西介入，或只在某种概率下才有效。然而，决定论所要求的是绝对的精确，并不允许这类限制存在。

卡特莱特由此得出结论，这些自然法则并非同时既为真又毫无例外，而且还对我们的世界作了某些描述。然而，为了假设一切的发生都是出于必然，决定论需要这样的法则。如果无法找到这些法则，我们就得到了一个很好的提示：世界的运行并非无可避免地是固定的。

爱好自由人士的敌人认为决定论是对的，因此人类是不自由的。乍看之下，自由的假设似乎是较大胆的论点。然而，卡特莱特相当重要的反驳却将整个关系翻转过来。她的美国同行帕特里克·苏普斯（Patrick Suppes）曾经表示：行为自由是一项事实，相反，决定论的假设只是某种狂野的猜测。对决定论的批判并不必然代表否定因果原则（这项原则认为，每个事件都有某种原因）。人们所质疑的只是这种断言较强烈的形式，也就是说，每个事件都不得不被它的原因所限定。

由于像苏普斯这类爱好自由的人士认为决定论是错误的，因此他们也相信，没有什么挡在我们的自由前面。然而，到底什么才是决定论的替代选项呢？

出于偶然的自由？

在漫画《蝙蝠侠》（*Batman*）里，检察官哈维·丹特（Harvey Dent）在一场酸液攻击中受害，导致半边脸部受损。这场攻击不仅让他毁容,他的人格也因而失常。后来哈维·丹特变成了“双面人”这类人物,在他身上同时存在着杰奇医生(Dr. Jekyll)与海德先生(Mr. Hyde)这两种人格。在每次作决定时,他都会抛掷一枚硬币。当磨光的人头面朝上时,他就会听从自己善良的那一半;当有刮痕的人头面朝上时,他便会听从邪恶的那一半。

很显然,双面人的行为并不自由,因为那些像他一样依靠偶然作决定的人,并不是由自己主导行为,而仿佛是交由世界来为自己作决定。

偶然并不会创造自由。这一点正是决定论者对那些爱好自由的人士所作的批评。凡是否定决定论的人,必然会召唤偶然来拯救自由。然而,我们的处境并不会因为这么做而变得更好一点。如果我们一切的所作所为都只是抛掷硬币的结果,那么我们将无法把任何一个行为归给某人。在一个由偶然所主宰的世界里,人们与处在一个凡事都出于必然的世界是同样的不自由。

部分爱好自由的人士确实同意这项反驳。英国数学家与物理学家罗杰·潘罗斯(Roger Penrose)便援引了量子物理学来拯救自由。他直接将批评翻转过来:偶然拯救了自由。他的论点大致如下:我们所有人都是根据“乐高原则”(LEGO principle)由基本粒子所组成的,根据量子物理学,这些基本粒子并没有固定的处所,而是只在某种概率下,会正好出现在某个地方。潘罗斯接着表示,“如果在微小的部分没有什么是全然固定的,那么在巨大的部分,同样也没有什么是全然固定的”。因此,自由获得了拯救。

这样的想法其实并不新颖。早在古希腊,哲学家伊壁鸠鲁便曾相信,原子轨道会有极小的偏移。潘罗斯只是提出了这个解释模型的科学版。尽管这听起来言之凿凿,可惜它却奠基于一个谬论之上。早在数十年前,诺贝尔奖得主艾尔温·薛定谔便已对潘罗斯的说法提出批评。

他曾问道,人类的精神究竟是如何让它的效力置于这些小漏洞里的?在微观层面上的偶然、不准确、失焦,并不会突然赋予一个人选择的可能。换言之,每个在微小部分里的量子的不确定性,就宛如双面人所抛掷的硬币,这并不会与实际有所行为的整个个人有何关联。这样的抛掷硬币并无法帮助一个人获得自由。诚如前述,只受含糊不清或偶然所左右的人,根本不具有真正的存在感,而比较像是一粒随风飘荡的花粉,或一只随波逐流的乒乓球。

那些强调偶然的人,违背了我们的责任与负责的道德观。双面人这个角色,也并非如同漫画里有时所暗示的亦正亦邪,他其实是个恶人,因为凡不根据自己的理由,而是依靠抛掷硬币来作决定的人,根本不在乎别人的死活。我们或许会严厉指责每个采取这种态度的人。不仅如此,如果每个人都根据偶然来作决定,那么我们根本就无法再作任何计划,因为我们再也无法放心地依靠任何人。一个充满双面人的世界,将会是一个充满混乱与无政府状态的世界。

很显然,问题在于:决定论的反面虽是“非决定论”(indeterminism),可是非决定论并非因此就等于纯粹的偶然。所以,爱好自由的人士并不需要去防御“在一个非决定论的世界里充满着混乱”这样的指责。而且,我们也完全无法利用偶然去防卫自由,因为它并不会让事情变得更好。根据我们所知道的一切,我们的世界既不是决定论的,也不是混乱的,它其实相当有秩序。不过,它也绝非是毫无选择的固定状态。世界的运行是允许有分歧的,可是这些过程是如此的类似,以至于地球上可以有生命产生,而我们也可以向着遥远的未来做计划。秩序介于绝对的必然与纯粹的偶然之间的中间位置。

存在主义者的任意性

在安德烈·纪德（André Gide）的小说《梵蒂冈的地窖》（*Les Caves du Vatican*）里，拉弗卡迪奥（Lafcadio）将同行者福乐里斯瓦尔（Fleurissoure）从行进中的火车，推入黑暗的深渊。很显然，这种无动机谋杀的想法十分吸引他。他让自己恐怖的举动交由偶然来安排，如果他数到12，还不能在夜景中发现一丝亮光，福乐里斯瓦尔就得救了。不幸的是，他只数到10，条件便成立了。

法国哲学家萨特、加缪与其他存在主义（existentialism）的门徒，也都深受这种行为中的偶然因素所吸引。唯有当人们不仅免于所有的压迫，而且还脱离自己的理由，人们才能达到完全的自由。纯粹的任意行为，即所谓的"无端行为"（actegratuit），才是最高的个人自由。

如同双面人借抛掷两面都是人头的硬币来作决定，拉弗卡迪奥的决定依靠的也是偶然。在存在主义者们看来，拉弗卡迪奥是真正的自由，因为他的行为完全没有任何理由，换言之，他脱离了任何形式的"导致"。然而这种自由观建立在错误之上。首先，所谓"拉弗卡迪奥的行为是没有任何理由的"这种说法，其实并不正确。

无论如何，他总是很好奇，干掉一个陌生人究竟会变成怎样？虽然我们在日常生活中会说，"我刚刚无来由地唱了歌"。可是我们所指的其实是，"我之所以唱歌，除了想唱歌以外，没有其他的理由"。因此，拉弗卡迪奥至少有这样一个理由：去体验当凶手这种扭曲的好奇方式——即便这并不是理性或妥善的理由。

其次，我们可以通过"任意"一语，来说明存在主义的第二个错误。在日常生活中，"任意"相当于"恣意""无理由""没有原则"。

然而在心理学里,这个用语还有更古老的第二种含义。当我们提到“任意的动作”时,所指的其实就是有意志的、刻意的行为,换言之,就是我们自己所控制与实行的那些行为——相对于那些“非任意的”,也就是自动的动作。这两种含义(一是作为“偶然”;二是作为“行为的控制”)有某些共同之处:它们都表达了与“强迫”或“必然”的相反之意。但是我们不能将这两种含义相混淆,因为偶然的无理由并未赋予行为者任何控制,更遑论自由。大约在存在主义出现前250多年,英国哲学家约翰·洛克便曾解释道:“为何自由不能存在于脱离理性之中?因为,如此一来,‘疯狂和愚蠢将是唯一的自由’。”在洛克看来,理由让我们“倾向于”做些什么,可是它们并不会让我们毫无选择。

事实上,自由与偶然的关系完全不是存在主义者所假设的那样:只要有理由,我们就会根据它们来行为。只有在缺乏理由的情况下,我们才必须抛掷硬币;例如,为了公平起见,裁判会以这样的方式决定队伍的攻守方向。或者,你也可以想象一下,你手里有张很长的购物清单,你必须在超市的每个货架上至少取一样商品。假设你和每个货架的距离都是一样远。在这种情况下,你可以随便从哪里开始。如果这时你也要寻找一个好的理由才继续下去,就可能永远也完成不了购物。在这种情况下,你就真的必须要抛掷硬币,不过这是比喻式的抛掷钱币,即在精神里。如此一来,你就在任意的双重含义里决定顺序,因为我们无论如何必须从某个地方开始。附带一提,请你自问,你是否真的想买那么多功能性饮料?

正如决定论那样,纯粹的偶然也使我们不自由。为了自由,我们需要一种没有压迫的相同性。然而,就算是在这样的情况里,也并非每个人都是自由的。那么,究竟什么才叫作自由的行为呢?

爱好自由的人士

爱好自由的人士主张，由于人类有足够的选择，因此我们是自由的，而且这个世界也不该是预定的。如果一切可以重新来过，它的过程可能会是完全不一样的。唯有当世界的运行可以出现不同的分歧，我们这些身处其中的人类，也才能够拥有选择的可能。然而，我们并无法证明自由。事实上，我们每天都可以感受到自由。因此，举证的责任总是在那些自由的敌人身上，因为他们凭借着决定论主张了某种更强的形而上学的假设。

哲学家叔本华相信，人类可以做自己想做的事，可是却无法决定自己想要做什么。换言之，他承认我们人类拥有行为自由，可是却不拥有意志自由。迄今我们还是会听到这种取向的论证：唯有当我们连自己的愿望都可以自行选择，才有自由可言。可惜的是，这些愿望都是出于社会、环境、教育、时尚、基因、电视连续剧，或诸如此类的因素，无论如何，都不是出自我们自己。

虽说这样的观察在许多情况里的确如此，可是得出的结论却是无效的。确实，我们的愿望较少由我们自己所选择。然而，这并不代表，我们就是完全无助地任人宰割。相反，例如我们学会了压抑基本欲望，不会一一去碰触所有我们自己想要碰触的东西，不会将所有自己想要放进嘴里的东西一一放进嘴里，不会一一去吃所有想要吃的东西。成长是由“自己的愿望往往无法实现”这样的苦涩经验所构成的。不仅如此，我们总是可以锻炼自己。若非如此，戒瘾治疗根本毫无意义，顶多只是诸如“请你振作一点！”之类的口号式劝诫。

事实上，我们可以轻而易举地对自己的愿望发挥影响。例如，我们可以通过思考自己的愿望,并将它们视为愚蠢或不适当进而加以拒斥。是的,我们难免会有某些根深蒂固的怪癖,往往得费上好一番功夫,才能除去这些盘根错节的缺点。然而,这样的状况并非完全不可能。

我们的自由不仅受限于自身的需求、愿望与个性,甚至也受限于重力。可是,在这些界限内,我们才拥有选择的可能。古希腊斯多葛派的门徒认为,人们无法违抗自己的命运。著名的"斯多葛式冷静"(stoic calm),便是在一切生活处境中采取合宜的行为。

万一遭受命运的沉重打击,斯多葛主义者也会泰然处之,而由这样的传统,衍生出以下的比喻:人类就像被拴在小车上的狗,必须配合车子行进的速度而不断地跑动。如果它不跑,便会被拖着走。如果它跑得太前面,又可能会被车轮碾过。换言之,我们不可避免地会被命运拖往某个方向。

然而,我们也可以将这个比喻反过来作不一样的诠释:在绳长的范围里,狗其实是拥有自由的,它可以自行决定往左或往右。诚然,人类就好比可怜的狗。我们不知道,究竟是谁将我们和车子绑在一起,为何他要用一条短绳拴住我们?然而,在这样一个简单的框架里,我们是自由的。至少,它不断向前。

宇宙里的所有生物都有其界限,就连那些我们可以想象得出的最强大的外星人也一样。在这些界限内,我们拥有选择的可能。不过这倒不是所有的生物都适用的。诸如花、水母、蚂蚁与鸡等生物,显然就不自由,因为它们根本就不是行为的存在。尽管它们活着并显现出某些举动,可是却未曾做出任何行为,因为它们未曾有意做些什么,而且也不具有任何计划。至于人猿和海豚,情况则没有那么确定,因为它们的行为往往与我们十分相似,以致我们有时会把它们当成人类看待。

无论如何，症结在于我们完全无法在不以行为的问题为前提的条件下，提出自由的问题。唯有行为的存在，才可能是自由的，而唯有自由的存在，才可能有行为。在我们的理解里，选择可能性其实是行为这个概念的一部分；无法作选择的存在，同样也没有行为。

有一种被称为“异手症”（alien hand syndrome）的罕见神经病症，为上述的脉络提供了一个令人毛骨悚然的例子。这种怪异的病症仿佛是为了史坦利·库布利克（Stanley Kubrick）的讽刺电影《奇爱博士：我如何学着停止担忧并爱上核弹》（*Dr. Strangelove or：How I Learned to Stop Worrying and Love the Bomb*）所发明的。

片中的人物之一，德国科学家奇爱博士是美军的顾问。他是个十足的怪咖，右手总是一再自动地举起犹如向希特勒敬礼。他必须费上一番功夫，才能用另一只手阻止这样的举动。异手症的患者也会有类似的情形，只不过他们所经历的，是一连串仿佛由自己所发动的动作。这些患者的运动皮层，即他们大脑的运动中枢遭到了损伤。除此之外，他们的精神状态完全正常。根据他们的描述，他们罹患这种症状的手，仿佛拥有自己的意志。

异手症会做出的举动可以说是光怪陆离，有些患者的手会去偷邻座盘子里的食物，有些患者的手则会去修正棋盘游戏的棋子。有位患者，当他早上起床用一只手穿衣服时，必须眼睁睁地看着患有异手症的另一只手，从下面再把扣子解开。还有一个骇人听闻的病例则是，有只患有异手症的手，甚至会在夜里试图让它正在熟睡的女主人窒息。

事实上，这种病症并非只会表现在手上，所有的肢体都可能表现出这样的病症。就连其他的动物，也可能会罹患这样的疾病。有一只罹患这种疾病的狗，会一再地用它失常的后腿去搔自己的头。由于这只可怜的小动物并不晓得自己到底怎么了，因此它会将自己的腿视为“麻烦制造者”，并且一再地咬它。

在外人看来，这些由异手症的手所做出的动作，就宛如患者自己所做的行为。它们看起来不仅复杂、有目的，而且往往很合乎情境。然而，这些异手症的举动并非行为，因为患者不仅并未感到自己做了些什么，也无法选择抗拒这样的举动。尽管如此，他们还是有间接控制的可能。他们可以干脆坐在自己失常的手上，如此一来，就能阻止自己的手“恶作剧”。此外，有位病患甚至可通过对自己失常的手高声辱骂来阻止那只手捣蛋。

异手症的动作是如何造成的，相关细节迄今未明。不过，如今人们已经晓得，诸如盘子、棋盘游戏或出现在附近的其他刺激源等物体会引发这些举动。在体验上，它们就宛如打嗝或紧张的眼部抽搐。这些动作发自那些患者，并非由患者主动实行。

如果所有的身体动作连同我们的思想，都宛如这些异手症的举动，那么我们不单是不自由的，而是根本就不再是行为的人。

自由的敌人显然忽略了这样的关系。他们认为，在一个固定的世界里，我们或许还能行为，只不过，在那当中我们不自由就是了。然而事实上，在一个决定论的世界里，根本就没有任何行为的存在，充其量不过只是些类似异手症的机器人罢了。

薄弱的自由

我们甚至可以用别的方式来呼应决定论，譬如以这样的论点：决定论与自由或非自由一点关系也没有！兼容论（compatibilism），即主张自由与决定论兼容的论调，便采取这样的观点。在相容论者看来，自由的反面是强制。当我们遭受到催眠、毒瘾或坏人所施与的强制时，我们是不自由的。当这些强制不存在时，无论决定论是否正确,我们必然都会有自由可言。否则,“自由”这个概念对我们而言根本就是白搭。举例来说,启蒙时期的英国哲学家大卫·休谟便曾表示,如果一个人并无身受桎梏,他便是自由的。

此外,许多兼容论者也会援引英国哲学家彼得·弗雷德里克·斯特劳森(Peter Frederick Strawson)的论点。他曾指出,我们会以别的方式对待那些患有强迫性神经症、精神疾病,或在其他某些方面受限的人。我们不会去指责他们,对他们的言行举止耿耿于怀,而且这与我们认为这世界是决定论或非决定论完全无关。斯特劳森甚至语带讽刺地表示,自己完全不清楚决定论的内容究竟是什么。

然而,兼容论者自己也遇到了困难。首先,他们所针对的主要是“负向自由”,即“免于强制的自由”,换言之,不受内在或外在的影响。相对地,自由主义者所主张的则是“正向自由”,即“做些什么的自由”,换言之,可以作选择的能力。的确,正向自由受限于各种强制。可是这些强制却并未因此将自由完全抹杀。即使是在那些“要钱还是要命”的情况里,我们还是有要钱不要命的自由。虽然这么做太不理性,但毕竟是可能的。即便是那些如休谟所说身受桎梏的人,他们总还是可以思考自己想要思考的事情。思想是自由的,“闭锁症候群”这种病症正好可以说明这一点。尽管这类患者意识清楚,但他们就是无法移动自己的身体。某些患者除了眨眼睛以外,再无其他向他人表达自己的方法。乍看之下,人们可能会将这种病症与所谓的“植物人”(植物人并无意识)混淆。然而,闭锁症候群的患者其实可以思考、幻想,或耽溺于自己的回忆,他们依然享有这样的自由。如果正向自由可以在如此明显的强迫与限制下存在,那么兼容论者的看法显然有什么地方就是错的。

这也导致了第二个问题。这同样意味着决定论的对错之间,其实还是有所差别的。我们实在无法想象,在一个固定的世界里,我们如何还能有所选择?兼容论者所主张的是一种相当薄弱的自由概念,它薄弱到即便无人拥有选择的可能,依然可以适用。在德国哲学家与文学家盖尔特·凯尔(Geert Keil)看来,这样的策略似乎是为了确保,即使是在决定论是正确的情况下,依然有自由可言;重点在于:自由。这实在是令人诧异,因为根据凯尔的说法,“哲学的任务并非站在安全的那一边,而是要去找出实际的情况究竟如何”。

令人意外的是,在哲学界,持兼容论的人依然是多数。只不过情况似乎逐渐在反转;尤其是当神经科学家加入论战,并且宣称已有某些简单的实验显示,没有人拥有行为自由。尽管这样的论点曾经远远落后于哲学的研究现状,然而曾几何时,它的音量早已大到使哲学家不得不有所回应。

落在意志的后面?

请你让自己轻松地坐在某个地方,接着用手指轻轻敲击桌子或膝盖。你不必敲出某种节奏,只要注意自己的手指会在某个时刻举起。在这样的过程中,请留心那些你感受到自己意欲运动手指的瞬间。

美国生理学家班杰明·利贝特(Benjamin Libet),曾在一项日后相当著名的实验里要求受试者做出以上的动作。借助于某种特殊的定时器,受试者们可以看出,他们是在何时感受到意欲运动手指的冲动。利贝特发现,大约在这些肢体活动的半秒前,大脑会形成“准备电位”(Bereitschaftspotential)。然而,受试者所标出的有意识的意志冲动,却只在实际动作的1/5秒前,换言之,是在电位上升之后。如果将整个过程倒带:在零秒时手指运动,在动作前250毫秒出现意志冲动,在动作前550毫秒开始产生电位。

利贝特由此得出结论：意志总是来得较晚！早在我们能够感受到自己意志冲动的300毫秒前，大脑已经为我们作了运动手指的决定。乍看之下，意志自由似乎在这样的结论下被科学所驳斥了。在我们可以动动自己的手指之前，便已经确定我们会这么做了。尽管从表面上看来，我们似乎是自己行为的主宰，可是这一切其实只是幻象罢了！

这样的论调简直荒诞到近乎挑衅。我们可以假设，为了支持自己的主张（特别是这样的主张全然违背我们身为自由人的理智），利贝特让上百位受试者戴上测量脑波的脑电帽。然而，利贝特实际上只测试了六个人，这六个人还都是主修心理学的学生。

不仅如此，其中一位女性受试者的受试结果更被证明为无效。如此一来，其实只剩下五名受试者。我们不得不留意，利贝特仅凭五位与自己同行的学生，以及19世纪80年代的测量技术就想证明，从过去到未来，没有半个人拥有自由的意志。我无意对这项神经科学研究的辛苦工作成果不敬，可是我仍然不禁要问："如此的断言，确实是认真的吗？"

早在19世纪80年代，利贝特的实验便已被学界广为讨论与批评。在沉寂了一段时间之后，大约在几年前，它又重新登上德国的主流媒体，并且再度引发讨论。只不过，这一回只有少数的参与者认真地审视其实际的实验内容。无论如何，在过去，英国心理学家帕特里克·哈嘉德（Patrick Haggard）与他的一位同事，不仅改进了这项在技术方面有缺陷的实验，还从中得出了类似的结果。虽然哈嘉德所下的结论比利贝特来得更为谨慎，可是这项实验的基本缺陷却依然没有消除。

受试者的任务本身其实就已是一个悖论。受试者应该自发地行为，不该事先有所计划，并且应该避免典型的动作模式，例如不该每隔两秒敲击一次。然而,如果我们总是一直想着如何避免模式,那么我们便不再是自发的。再者,我们如何不要事先计划呢?

最不清楚的一点莫过于,当受试者坐在那里并且盯着时钟,他们到底该注意什么呢?利贝特说要注意“决定”“渴求”“愿望”或“意志”。然而,这其实是四种不同的精神现象。那些戒了烟的人可以决定不去点烟,即便他们察觉到渴求或愿望是如何在自己的身体里强而有力地浮现。决定是一种心智的行为,相反,渴求则是发生在一个人身上的某种现象。无论是前者还是后者,都不是意志冲动。这时就不得不对实验者提出的问题是:现在该怎么办呢?

然而,显然没有半个受试者敢这么做。另一个问题是:我们其实并没有办法特别准确地记住在我们的意识里所发生的事件。许多相关研究显示,我们可以在三秒钟以内混淆刺激,尤其是在某些东西的运动速度过快的情况下,例如实验中不停旋转的指针。

然而,这些实验最严重的错误其实还在另一个方面。关于我们如何展开行为,它的描绘可说是完全错误的。更确切地说,根本就不存在先于我们行为的意志冲动。请你再用手指轻敲自己的膝盖。你能在每次敲击前,都感受到一阵意志冲动吗?诚然,有时我们会告诉自己,“现在!”有时我们则会数到三,或是在内心给自己一个冲击。然而,这所有的一切,同样也是行为,它们是先于身体行为的行为,根据实验的假设,同样需要一个意志冲动。

在日常生活中,我们会开车、骑车、进食、讨论、书写、接吻,或慵懒地躺在沙发上。这些行为无一不是从可疑的意志冲动而来的。当然,我们多半会想要我们所做的那些事情,而且我们往往也会在自己的内心感受到,我们的愿望是既甜蜜又可爱的,或既优越又强硬的。然而,感受愿望有别于感受身体动作之前的一阵冲击。

因此,美国哲学家丹尼尔·丹尼特(Daniel Dennett)便认为,这种意志冲动根本就是一套错误的理论发明。这样的诊断的确不无道理。或许实情是：有位顶着学术光环的权威学者询问受试者，他们是否感受到意志冲动。这些受试者觉得自己有义务说点什么，毕竟自己收了充当“实验小白鼠”的十欧元费用，或者像在利贝特的例子里那样，学期末需要老师给的成绩。

这些受试者显然并不是在说谎，他们顶多只是试图找些合于“意志”或“决定”的东西。有些人可能在内心中说了“现在！”有些人则只是感觉到了自己的身体运动。所有的受试者便把这些不一样的事件，统统说成是意志冲动。而这些受试者也的确在介于动作之前三秒与之后半秒的某个时刻，标记了意志冲动的时刻，平均起来就得出了“迟来的”意志这样的结论。

和利贝特一样，德国大脑研究学者约翰-迪蓝·海涅斯（John-Dylan Haynes）也投身行为控制方面的研究。他可以根据大脑的活动状况，预测受试者将会运动左边还是右边的手指；只不过，他所能预测的范围，最多以受试者有意识地作出决定的前十秒为限。然而，他的预测准确率却只有60%；虽然明显高于50%的平均或然率，可以排除只是单纯的猜测，不过要得出“神经决定”（neuronal determination）这样的结论还相去甚远。

许多学者都对十秒的预测深度感到折服。然而，我却不禁想问为什么。举例来说，我们之中有许多人会在同样时刻起床、就寝、刷牙等。即便没有昂贵的测量仪器协助，每个细心的观察者，也都可以在数周里，做出百分百的准确预测。如果我们的行为不能经常以这种方式预测，人与人之间根本毫无合作的可能。我们也可以用神经科学来证明这一点；对此，恐怕没有人会感到意外。相反，如果我们无法证明这一点，那才真的会令人吃惊。

某些神经科学家提出了更为激进的论点：大脑不仅在个别的情

况中为我们作"判断",它其实"决定"了我们所做的一切。德国神经科学家沃尔夫·辛格(Wolf Singer)曾主张,"神经连结决定了我们"。这类论调奠基于至少两种混淆之上。一来,大脑什么也决定不了,能作决定的是拥有大脑的人,这好比双脚不能散步,能散步的是拥有双脚的人。二来,这里的"决定"或"确定"和决定论一点关系也没有,因为决定论所说的是关于整个世界的运行。如果宇宙里所发生的事,从一开始便已经确定,那么这样的情形同样适用于宇宙里的每个大脑。然而,反向推论则不适用。仅凭人类的大脑里有着规律的运行,还远远无法推论出整个宇宙连同我们的行为全都是毫无选择地被确定的。

神经科学家们的个别观察,对于自由的辩论毫无贡献。当然,每个人都能加入这场哲学讨论。可是如此一来,人们也能期待,参与者会带来最新的研究成果。这一点同样适用于哲学家,尤其当他们对心理学或神经科学的研究发表评论时。当然,所有的参与者都晓得,某些神经科学家的夸张口号,其实是熟练的公关操作;提出某些激进的论调,比较容易获得媒体的注意。也许这些科学家之所以倾向于夸大其词,其实是因为他们比别人更了解关注与察觉是如何运作的。

自由的罪与罚

虽然某些神经科学家对于自由的辩论不是很清楚,不过,如果他们不去推动刑法改革,并且主张:人们不应该被施以刑罚,毕竟没有人该为自己的行为负责,事情倒也没那么严重。然而,人们必须对行为加以规范,如此一来,每个人才能生活在和平里。这是常见的论调。我们可以提出许多好的理由去争辩刑罚的功能,不过,光是对于规范的需求，就已经是以某个想要用不同的方式去规范别人的自由为前提的。

如果人们非要改革道德与法律，那么情况更可能是反过来的。如果我们更仔细地去研究行为就不难发现，我们必须负责的情况，远比日常道德与法律规范的更多。许多人会以“我不能”为由替自己辩护，然而他们所指的，其实是“我不想”的行为。举例来说，请你想象，你用双手吊在一根单杠上，刚开始时，你可以牢牢抓住，可是到了某个时点，你便会痛苦到不想再继续吊在单杠上。在普通的情况下，这时你就会松开自己的双手。然而，请你再进一步想象一下，若此刻你的下方是个深渊。在这种情况下，你或许就会拼了命地咬牙苦撑。可是，无可避免的，到了某个时刻，你会确实再也撑不下去。

我们可以很简单地将这个例子，套用到那些主张自己无法阻止自己的攻击行为或恋童倾向的犯罪者身上。他们所指的往往是第一种情况，即自己不想再撑下去，而非第二种情况，即自己确实无法再撑下去。为此，康德设想了一个有些恐怖的绞刑架测试。

人们可以想象一下，每个人马上就要因为自己恶贯满盈的罪行接受绞刑。那些谋杀了某人的人，在接下来的几秒钟，便已经感觉到绞绳套在自己的脖子上。如果有人在这样的情况下，仍然无法放弃自己的罪行，那么他确实是毫无选择的，或许真有这样的情况。然而，在大多数的情况里，犯罪者其实是有所选择的，可是他们却不愿放弃，反倒心存侥幸，希望自己不要被捕，因为刑罚并非总是如影随形。

在对于儿童的暴力犯罪方面，过去数年的统计结果显示，在许多案件里，犯罪者有计划地实施他们的罪行，不仅会充分准备，小心犯案，还会试图彻底毁灭自己的罪证。这说明他们是理性的，完全能掌握自己的意志力。换言之,在他们犯罪过程的每一刻,他们其实都能放弃自己的罪行。尽管他们或许受到了某种强大的驱力所左右,然而,却并非完全受到遥控。即使是在日常生活中,我们必须为自己的行为负责的情况,往往比我们想要承认的多。我们不过只是习惯了,人人都可以为自己开脱。

我们的自由既是恩典,又是诅咒。我们可以做自己想做的事,可是同时也有责任去锻炼自己、考虑自己行为的种种后果,例如滥用咖啡因会对健康造成什么伤害。在这当中,我们除了为自己作判断,别无选择,因为就算我们坐下来什么也不做,我们同样也为自己作了决定。这是我们的自由带来的少数强迫之一。顺便一提,当美籍波兰诺贝尔文学奖得主艾萨克·辛格(Issac Bashevis Singer)被问到"你是否相信有意志自由?"他回答:"我必须,我别无选择。"

第六章

知识,从何而来又往哪儿去?

“知识”就如同“沙”或“水”,是一种巨量名词。它没有复数,如同“思想”是不可数的;充其量,它只能在我们拥有像“千克”或“升”这样的测量单位时才能测量。

简直是 bullshit(狗屎)! 近年来,这个用语也成了德语的一部分。当美国人用 bullshitter 一语形容某人时,他们多半并非只是指某人说错了什么,而是指他说了某些不经大脑的废话。那些满口 bullshit 的人,在言谈之间肆无忌惮地大放他的言语垃圾。

美国哲学家哈利·法兰克福(Harry Frankfurt)曾以“bullshit”为题写了一篇论文。长久以来,这篇论文只在学术界受到关注,直到某家出版社发现了这篇论文的潜质(有位普林斯顿的知名哲学家居然在高谈阔论这么一个相当“非哲学”的词语),情况才有所改变。

这本由这篇论文所构成的小书后来销售了上百万册。在这当中,哈利并非针对 bullshit 一词进行词典式的分析,而是论述一个与人性非常有关联的现象:我们经常会提出某些自己根本搞不清楚真假的断言。

bullshitter 与说谎者形成了对比。首先我们会想到,如果有人说谎,他便是故意陈述了非真实的内容。然而,实际的情况其实较为复杂,因为演员在扮演角色时,往往会陈述虚假的内容,可是他们却并非说谎者，因为他们只是在复述台词，并未作任何断言。再举一个例子：在愚人节我想捉弄一下别人，于是我告诉某位女性友人，她的车子被拖走了！假设她的车子的确被拖走了，可是我并不晓得这件事，如此一来，我虽然碰巧说了实话，不过我还是撒了谎。更准确地说，说谎显然意味着：在出于欺骗的目的下，陈述者说了些自认为非真实的内容。

那些满口 bullshit 的人，同样也是想蒙骗对方，只不过，他们想蒙骗的是另外两件事：自己的知识水平，以及信心满满地所表达出的论点的可靠性。在这当中，他们赞许地接受了虚假。和说谎者一样，他们所说的就仿佛是实话。然而，说谎者确信自己知道真相，并且故意颠倒是非。相反的，bullshitter 则并非故意使他人错误地相信某些虚假的事情。对于 bullshitter 而言，真相是什么完全无所谓。

令人惊讶的是，关于动机，法兰克福除了指出我们每个人都有说废话的倾向外，并未进一步着墨。我们也可以将这篇论文看成是对媒体进行的批判。正是在电视、平面媒体和博客上，每个人都有一种意见，若有必要，甚至还会有两种意见——诚如喜剧大师格鲁乔·马克斯（Groucho Marx）所言："这是我的原则。如果它们与你不合，我还有别的。"

我们总是只想着要发表意见，却因此牺牲掉缜密的思考与验证。只有少数人会修炼克制的艺术。与别人交谈的确能带来许多乐趣，于是我们搞不清楚自己在说些什么，真相对我们来说并不重要。

诚然，通常我们都会在意真实。没有人会满足于相信虚假或坚持无知。不过，何时某些事物为真，何时我们拥有知识呢？再者，这两者是如何相互关联呢？自从有哲学开始，它便一直在处理这些问题。对这些问题的论证比起哲学当中其他领域里的论证复杂许多。

然而，这样的辛苦是值得的；一旦我们理解了“真”与“知识”之间的差异，就连其他所有的主题，我们也将能够看得更清楚。

什么是“真”？

当耶稣说，他来到这世上是为了给真理作证，彼拉多（Pilatus）提出了这么一个修辞的问题：“何谓真理？”英国哲学家约翰·奥斯汀曾讽刺地批注道：“彼拉多的这种对于语言的轻蔑，远远超越了他自己所身处的时代。”因为如果有人提到“真理”，他便已经犯下了第一个哲学的错误。“真理理论”（theory of truth）所涉及的，是陈述何时为真或为假，而非涉及某个空泛且未知的事物——“真理”。

奥斯汀将自己归类为分析哲学的一个流派，即“日常语言哲学”（ordinary language philosophy）。这个流派的门徒认为，人们不必去解决许多哲学问题，而应该通过揭穿这些伪问题去消除它们。其中一项异议是这么说的：“就连那些伟大的思想家也会因为将诸如‘无’放大成‘虚无’，而误导了自己。”于是，有些人的确会问：“‘虚无’是否存在，或是否没有‘虚无’？”然而，如果把日常语言作这样的过度扩张，那么我们也会摧毁自己的思想。同样的道理也适用于其他“厉害”的哲学名词，例如“存在”“我”或“真”。

部分日常语言哲学家甚至主张，哲学无非就是一种日常语言的精确分析。虽然时至今日，几乎没有人再相信这样的论调，可是反对这些厉害名词和特殊用语的批判态度却依然如故。

因此，当代的真理理论主要涉及“真”与“假”这两个形容词。玫瑰可以是红的，数字可以为双数。然而，什么事物拥有“真”或“假”这样的特质呢？如果我们提出这样的问题，我们就是在找真值的“载体”。玫瑰与数字显然不在其中。即便我们有时会说“真爱”或“真友谊”，我们指的其实是“确实的爱”或“确实的友谊”。

在哲学里，真值的载体比较平淡无奇。例如陈述、断言、信念、思想、原则与理论等，都是真值的载体。对于上述这些，我们有时会说它们为真或为假。它们有一个共同的特点，那就是都表达了一个“命题”。“命题”这个用语有点笨重，不过它所指的只是使用一个句子所要表述的东西，或是一个陈述或一种信念。

陈述总是属于某种个别的自然语言。在仙境里，那位疯狂的制帽匠对爱丽丝说：“你该理发了。”（Your hair wants cutting.）在德语里，这个句子毫无意义，正如同“Du musst zum Friseur”（“你该理发了”）也不是一个英文的句子。尽管这两个句子具有相同的内容。

有许多迹象显示，并非具体的陈述，而是它们的内容，即命题，才应该被看成是真正的真值载体。有时，一个陈述可以同时表达出多个内容，例如在德语里，“Die Noten liegen auf der Bank”这句话可以是“Die Musiknoten liegen auf der Parkbank”（乐谱在公园的长凳上）的意思，也可以是“Die Geldscheine liegen im Schließfach”（钞票在银行的保险箱里）的意思。唯有当我们晓得这句话指的是什么，才能够思索所述内容是否为真。然而，我们不禁要问，“真”究竟存在哪里？

“真”的实在性

“艳阳高照”这句话何时为真？除非的确艳阳高照，否则这句话便为假。由于这样的回答是如此显而易见，以致我们或许会认为，这个答案该不会是认真的吧？而事实上，这个答案触及了哲学里第一个深具影响力的“真”定义。这个定义出自亚里士多德，简单说来大抵如下：说存在者存在为真，说不存在者存在为假。我们也可以将这个定义改写成：是否为真，取决于世界里的实情。

中世纪哲学家圣托马斯·阿奎那，继承并改写了亚里士多德的建议："真"是事物与"心智"（即理智或思想）相符合。后来，康德则表示，"真"就是"认识与其对象相符"；在这当中，"认识"这个古老用语所指的其实是"判断"或"确信"。

这类主张的基本想法其实很简单，正如照片是世界的缩影，我们的言语和思想同样也代表了世界的缩影。因此，"艳阳高照"这句话唯有当它是某种实际情况的写照时，方为真；换言之，就技术上来说，当有一个太阳存在，而且它的光线毫无阻碍地照射在地球上，这句话就是真的。由于这类主张强调"相符"，因此便被称为"符合论"（correspondence theory）。

主张符合论很快便会遇上矛盾。其中之一就是，符合的概念无法说明"真"的概念。因为，正如我们可以说，"若一项陈述与事实相符，则此陈述为真"。我们也可以说，"若一项陈述为真，则此陈述与事实相符"。换言之，"符合"这个概念并不比"真"这个概念更基本或更清楚。

关于这一点，现代逻辑的奠基者弗雷格早在19世纪末便已注意到。另一个矛盾则是"符合"也不适合用来测试"真"。我可以通过探出窗外以探查是否艳阳高照。然而，我如何才能每回"额外地"探查出，我所获得的这项"确信"与世界其他各地的相符？事实上，我根本无法站在世界其他地方的"实际"和我所在的"确信"旁边，将这两者作比较。

符合论认为，命题的真或假不受人类的影响。这种看法属于"实在论的真理理论"。如前所述，符合论其实无法解释"真"存在于何处。大部分的批评者并不去琢磨这个瑕疵，而是去攻击实在论，即主张"真"是客观的观点。

“真”的主观性

认知理论反对符合论的说法,这种理论主张:陈述是否为真,取决于我们的知识状态。德国哲学家弗兰茨·布伦塔诺(Franz Brentano)是这种理论的先驱者之一,他建议,“唯有当我们拥有直接而合理的证据能够证明某项断言为真时,该断言始为真”。

举例来说,“艳阳高照”之所以为真,那是因为我清楚、明白地看到了这样的景象。因此,这个理论被称为“真理的证据理论”(evidence-theory of truth)。问题是,即便我并没有直接的证据可以证明艳阳高照,例如我正待在地下室里,“艳阳高照”这个陈述依然可以为真。证据理论为“真”所设的标竿显然太高了。

哲学家与心理学家威廉·詹姆斯提出了另一种真理理论。他认为,一种信念是否为真,取决于它是否持久对我们有益。以“艳阳高照”为例,这个信念对人类长期来说是有益的,因此我们在日间工作、建造日晷或戴遮阳帽。由于詹姆斯的理论奠基于实用,因此他的理论便被称为“真理的实用论”(pragmatic theory of truth)。

然而,诚如美国哲学家西尼·摩根贝瑟所指出:实用主义(pragmatism)作为理论听起来很不错,可是却无法实际运作。换言之,“真”与“实益”其实可以各行其道。某位特技师可以因为误以为自己很安全,而大胆地在高空钢缆上跳舞。他的同事却可能因为受到“自己的行为会有致命的危险”这项真实的确信所影响,导致过度紧张而摔了下来。即便这听起来就像是:可以被证明为真的,并不一定要是真的;反之亦然。

美国哲学家查尔斯·皮尔士也提出了一项类似的建议:最好的科学家们,在很长一段时间里有共识的事物便为真。这套理论和实用论差不多，只不过它在标准方面有所加强。由于它主张“真”取决于专家的共识，因此这套理论也被称为“真理的共识论”(consensus theory of truth)。

可是，共识只能很接近“真”，但并不保证它就是“真”。所有的物理学家在光速(从太阳所射出的光)是个常数上具有共识。因此，我们可以认为这是真的；毕竟，有谁能比这些专家对这个问题更清楚呢？然而，所有的科学家一起犯错其实是不无可能的。此外，他们并不会就这样在某些信念上取得共识，而是必须具有好的理由。共识不如说是寻找“真”的一种副产品，而并非“真”的关键性特征。

上述的所有理论总是一再遇到同一个问题，那就是“为真”与“我们认为是真的”，这两者其实互不相干。虽然任何事物都能支持某种信念的真实性，可尽管如此，它也未必为真。诚然，为了确定真相，我们总是会去寻找证据。例如，父母在柜子后面发现了一瓶榛果酱的空罐，接着他们察觉到子女的袖子上有榛果酱的痕迹，于是一切真相大白(刑事警察也是本于同样的科学方法在办案)。然而，“人们可以找出‘真’”的这种想法却已经假设了，“真”独立于我们的评估。这也代表着，当我们在寻找“真”时，可能会犯错。我们可以定义“真”吗？

除了上述的理论以外，还有一个完全不同的选项。这个选项主张：隐藏在“为真”或“为假”之后的，或许会比我们所假定的少得多。如果有人说“艳阳高照是真的”，他其实也可以只说“艳阳高照”，因为言说者在他的断言里已经暗示了，他所陈述的内容是真的。在这样的句子里，“是真的”显然只是在修辞上加重语气，就内容而言，其实是多余的。英国哲学家法兰克·拉姆西(Frank Ramsey)曾在他的一篇著名的论文中指出这一点。因此，他的理论被称为"真理的冗余论"(redundancy theory of truth)。

当前的相关讨论,主要是围绕在这类理论的各种变形上。然而,冗余论关注的重点较偏向于"'真'的谓词"(即"是真的"这个陈述句)而非"'真'的概念"(即当我们认为某些事情是真的,隐藏在那背后的东西)。即便我只是简短地说"艳阳高照",可是,何时我有充分的理由做这样的断言?何时我的陈述是错的?这些问题依然悬而未决;换言之,这时这句话的真实性究竟存在于何处?

亚里士多德显然还有个重要的直觉,一个句子的真假与否取决于这个世界。如果我们不把这种情况说成"写照"或"符合",或许我们就能省去许多烦恼。认知理论的问题往往在于,相信我们可以"定义"真。根据传统的看法,这意味着去"分析"一个概念,换言之,将这个概念分解成必要的构成要件,而这些构成要件合起来可以明确定义此一概念。

然而,许多哲学的概念既普通又基本到根本无法分析。苏格拉底只讽刺地举了一个何谓成功的概念分析的例子:"泥巴"是"水和土的混合物"。诸如"物质""时间"或"真"都是我们所熟悉的最普通的哲学概念,它们可说是我们的概念建筑无法分解的基本建材。

也就是说,当"真"的概念无法被更进一步分解成构成要件,则它是无法被定义的。尽管如此,诚如美国哲学家唐纳德·戴维森所指出,我们还是可以对此作些阐述。因此,我们应该以刻画"真"来取代定义"真"。戴维森的主张继承了波兰逻辑学家阿尔弗雷德·塔斯基。塔斯基曾指出,"真"和"与世界的关系"彼此紧密地靠在一起。我们用自己的言语和思想与世界产生关联,它们是真是假取决于这些思想或语句的个别部分与什么有关。

所以,耶稣所说的"真理"并不存在,存在的只有真的陈述与信念。它们并不取决于我们的个人意见,而取决于世界是如何构成的。我们将永远无法掌握无数的"真"，举例来说，"拿破仑在1812年1月4日接近午夜时分打了一个喷嚏"，即使永远没有人可以查出真相为何，这个句子依然非真即假。

"真"也并非科学所追求的"临界值"或"终点"，诚如皮尔士所言。迄今，在许多措辞中，依然会出现"迈向真理"这样的比喻，例如有人说，科学家向真理"靠近"了一步。然而，这样的意象只适用于更准确或更不准确的科学测量，却不能适用于"真"。无论如何，"靠近"一语只能用在已经知道"真"存在于何处的情况里。比方唯有当我们知道罗马的方向在哪里，才能宣称自己往罗马"靠近"。如果根本搞不清楚目标或地理位置，那么我们不过只是在移动。事实上，并非真如俗语所说的那样，条条大路通罗马，更遑论通真理。

主张"真"可以扩张或缩减的概念，类似于上述这种"靠近"的想法。上述的情况也可以套用在这种概念上，如果有人说某个陈述"只说对了一半"，或比另一个陈述"更真"，那么他百分百地搞错了，因为无所谓更假。

"真"是相对的吗？

尼采也曾问："何谓'真'？"对于这个问题，他的答案是："'真'是一支隐喻的机动部队……'真'是幻象，但人们总是忘了这些幻象其实是幻象。"尼采进一步修饰了自己的论点，他主张一种"真"的相对主义（relativism）；迄今仍有部分哲学家会援引这样的看法。人类自以为是宇宙的中心，这就好比那些同样带着"这种激情遨游在空中"的蚊子。

事实上，尼采并非持这种主张的第一人。史上最早的知名相对主义者是希腊哲学家普罗泰格拉，他与苏格拉底是同时代的人。普罗泰格拉曾说:“人是万物的尺度。”另有人认为,“真”取决于文化、时代、社会阶层、性别,或是如尼采所主张的物种。

相对主义者宣称,“根本不存在‘真’”。这种说法非常吸引那些对于“真”的思索不够彻底的人。然而,光是将这样的主张套用在它自己的身上便会产生矛盾。因为如果这句话为真,就无法存在任何“真”,即便如此,却还有一个“真”存在,那便是这个句子。就连尼采也遭遇了同样的问题。所有的“真”确实都是幻象吗?还是说,这样的说法是否其实也是一个幻象?尤其是要如何才能知道,什么是“幻象”;换言之,我要如何在不知道何谓“真意见”的情况下辨别出“假意见”呢?

尼采或许看到了这一点,刻意用悖论的方式来表达。迄今仍有许多相对主义者继承这样的策略,他们多半是因为故意将寻找真理与某种他们想要对抗的教条相互混淆了。

相对主义所涉及的是一种学术现象。美国哲学家理查德·罗蒂(Richard Rorty)是其中雄辩的代表之一。他主张,“真”总是取决于我们的兴趣。这样的说法会让人们把焦点集中在自己身上。我们可以根据这种主张生活吗?在与世隔绝的课堂里,当一名相对主义者并不难。然而,当我们到了机场,飞机是否真是飞往纽约或北京,对我们来说其实是很重要的。再者,如果有医生告诉你,“这个药也许可以帮助你,但也有可能会要了你的命,没有人说得准,因为这世上并没有‘真’。”你可能不会变成相对主义者,而是会去看别的医生。

虽然“真”这个概念无法定义,不过“真”是客观的,换言之,它并不取决于我们或其他的事物,而是取决于这个世界如何构成。大多数的相对主义者并不区别“真”与知识。“真”的确是知识的必要条件,可是知识却取决于个人。以知识为主题的学科,传统上称之为“知识论”(epistemology),它所探讨的主要问题就是:什么是知识?以及,我们可以知道什么?

什么是知识?

苏格拉底可以说是提出哲学上的“什么问题”的第一人。“什么问题”所要问的是那些重要概念的本质或定义;例如,什么是美德?什么是正义?什么是知识?苏格拉底本人未曾留下任何著作,因为他相信,哲学总是必须采取一种对话的形式。柏拉图为后世将苏格拉底的对话记录了下来,至少柏拉图是这么宣称的。然而,在这些文本里,究竟有多少出自柏拉图,又有多少出自他的老师苏格拉底,实在难以考证。迄今为止,仍有许多争议。不过,我们倒是可以合理怀疑,柏拉图的记录并非一字不差。

苏格拉底在对话里运用了他著名的“助产术”(maieutic),采取这样的方法,他便能巧妙地让交谈对象从自己的内心找出解答。苏格拉底与柏拉图认为,每个人对于许多问题早已心存定见,只需少许专业协助,便能促使这些答案浮现。这样的过程十分费时,往往就像是“难产”。几乎所有的对话都会终结于“疑难”(aporia),这是一种无助与绝望的状态,没有人知道该如何继续,也没有人知道答案在哪里。

苏格拉底的对话按照主要的交谈对象命名。在或许是最著名的《泰阿泰德篇》(*Theaetetus*)里,苏格拉底问泰阿泰德这位年轻的对话者,“什么是知识?”刚开始,泰阿泰德只举出了一些例子,可是苏格拉底要问的却是一般性的定义。在经历一番起始的困难后,泰阿泰德终于宣称:知识是真切的判断。我们也可以说,知识是真切的信念。不过，苏格拉底并不以此为满足，因为这当中似乎还缺少了什么。

举例来说，有人问我，“现在几点？”于是我开玩笑地回答：“11点15分。”实际上，此时的确是11点15分。虽然我猜得没错，但是我并未拥有知识，所欠缺的是对于我的陈述的“证明”。光是相信某些事物并不够，还要具备能够证明我们的真切信念的好理由。在上述的例子里，我拥有一只正常运转的手表，这便可以是一个好理由。因此，修正后的定义可以是：知识是真切的、经验证的信念。苏格拉底最后带给他的对话者这样的结论。

泰阿泰德的定义保持了超过两千年的有效性，一直到美国哲学家埃德蒙·盖提尔（Edmund Gettier）出现之后，情况才有所改变。如同苏格拉底，盖提尔也认为，哲学产生于鲜活的对话里，而非依靠一份冗长的出版物清单。只不过，为了保有自己在大学里的职位，他也发表了一篇著作。20世纪最著名的（而且也是最短的）哲学论文之一，便出于盖提尔之手。在短短三页的论文里，他重拾苏格拉底的问题：知识是否为真切的、经验证的信念？苏格拉底本人便曾指出，这项定义或许还有漏洞。盖提尔用了两个简短的案例来反驳这项定义，之后其他的哲学家也跟随他的脚步，因此所谓的“盖提尔案例”清单便越来越长。

其中一个简单的例子就是，有人问我现在几点。这一回，我看看手表，并且读出上面所显示的时间：“11点15分。”实际上，这时的确也是11点15分。然而，我所不知道的是，我的表早在12个小时之前就已经停摆了。这时，知识定义的三个条件全都满足了：我不但有个真切的信念，而且它也获得了验证，因为我已经读取了手表所显示的时间。尽管如此，我们并不会说，我“知道”这时是11点15分。这种例子乍听之下会让人觉得是在吹毛求疵，不过却是一针见血，因为它们凸显了这项定义欠缺了某些东西——并非所有真切的、经验证的信念就是知识。

盖提尔的发现其实很简单，即便一项描述非常精确，原则上，总有可能虽然它满足了知识的定义，但却不是以正确的方式（换言之，以我们所假设的方式）满足的。光是针对盖提尔案例提出解答建议，便养活了知识论的一整个分支。目前，扩张后的知识概念分析变成了"真切的、经验证的信念加 X"。只不过，这个 X 因素到底是什么，始终还有争议。迄今为止，仍无人能提出一套滴水不漏的分析。

更多或更少的知识？

有些人反驳盖提尔，如果存在错误的可能，我们便没有"知识"可言。然而，这样的要求太过头了。他们将"知识"与"无误性"（infallibility）混为一谈。如果我们必须完全排除可能的错误，就等于不能说某人知道些什么。

人类是会犯错的生物，我们的心智能力是有限的。举例来说，我们大家都曾误以为菠菜富含铁质。我们的每个信念也都有可能是错的。然而，这并不会得出一切会同时错误的结论。举例来说，为了说明"哥伦布发现了澳大利亚"这个信念是错的，哥伦布是一位航海家，而澳大利亚是个大陆，这两者必须为真。如果我们相信，哥伦布是一匹带有翅膀的马，而澳大利亚则是一个由棉花糖所组成的遥远星系，那么我们将再也不清楚"哥伦布发现了澳大利亚"这句话到底错在哪里。唯有在具有多数真确信念的背景下，才能显示出少数的错误。重要的是"对比"。

我们也可以将"知识"一语，链接到一个过于广泛的概念上。在文化学与传播理论里,这种情况经常可见。我们经常会读到知识的“半衰期”,知识会在一定的期间内“翻倍”,或是会发生“知识的革命”。然而,几乎没有人能确切地说出,这到底是什么意思。

问题在于,“知识”就如同“沙”或“水”,是一种巨量名词。它没有复数,因此如同“思想”一样是不可数的;充其量,它只能在我们拥有像“千克”或“升”这样的测量单位时才能测量。有些人认为,可以用书本作为这样的单位。诚然,可贩卖的书本的数量急速增加,然而这真是一种好的尺度吗?这样的想法其实不无问题。

因为,首先在小说或故事里只含有相当少的真确陈述。其次,书本是由语句而非信念组成的。我们可以通过阅读获得信念,在这种情况下,书本里的“知识”只有派生可言。就连那些谈论“文化的知识”的人,他们也常常搞不清楚,自己所指的究竟是这个文化里个人的真切知识,抑或与此相反,是指诸如电视、网络、图书馆等那些可让人们获得知识的发明。

然而,我们所知道的难道不比石器时代的人类还要多吗?即便要一一细数各种信念也十分困难,因为我们从不晓得,是否只有真正获得的那些才算信念(例如“2+2=4”或“埃菲尔铁塔位于巴黎”),或是连那些即兴创作也算作信念(例如“ 75+73=148”或“鱼不会下棋”)。如果连后者都算是信念,那么几乎每个人都有无限多的真切的、经验证的信念,换言之,有无限多的知识。

当那些知识增长论的捍卫者提到“知识”时,所指的其实多半是“信息”,即便没有人能准确说出,信息究竟是什么。此外,更有许多人用各种解释褪去知识的色彩。他们认为,我们从物理学、化学与生物学中所得到的基础知识,将允许我们更清楚地“理解”这个世界,用少数简单的原理去“解释”这个世界,并由此更准确地去“预测”未来。然而,用更少去解释更多,这与拥有更多是不一样的。

基础或网络的影响?

知识论的第一个问题是:什么是知识?第二个问题则是:我们能够知道什么?由于证明对于知识具有关键的重要性,因此我们也可以将这个问题改写成:证明究竟在哪里?

长期以来,哲学家一直在找知识的“基础”,在这样的基础上,我们可以证明所有的信念。知觉是受欢迎的建议之一。我们所知的与这个世界有关的一切,或至少近乎一切,都是曾几何时经由知觉所获得的。不过,我们都曾经在黑暗中误将灌木丛看成动物,或曾经将两个不同的人相互混淆。因此,知觉似乎并非总是可靠。

于是,另外一些人便把知识的基础寄望于直接的洞察,或不容怀疑的思想。在许多宗教里,迄今仍存在着某种特殊的“直观”,即所谓的“第六感”;少部分人可借此获取更高的知识,不过其他人则永远被摒除在外。然而,如此还是会出现可验证性的问题。我们如何能够确定每次运用“第六感”都是可靠的呢?我们并不想将知识的大厦建筑在一个不稳固的基础上。

相对于知识的“基础”,真理融贯论(coherentism)的支持者建议以知识的“网络”来取代。由于它比知识的基础更灵活,因此也更为稳固。举例来说,如果我们想知道,柏林是德国的首都,那么我们也必须知道,柏林由许多住宅所组成,德国是个主权国家,国家设有首都。唐纳德·戴维森与奎因都曾明白地指出,一项信念唯有通过其他信念彼此间的相互支持,才能被证明。此外,还有另一项条件就是:通往信念网络的途径必须是可靠的。

因此,知觉还是扮演了一个关键性的角色——唯有因为在埃菲尔铁塔与我之间,存在着因果联结,我才能确信自己站在埃菲尔铁塔前。若非如此,我们根本毫无“知觉”可言。有时这样的联结较短,例如,埃菲尔铁塔所反射出的光线,直接映照在我的视网膜上。不过,这样的联结往往很长,因为我们所知道的很多事物,并非出于直接的体验,而是通过其他的事物间接得知的,例如通过书本或新闻。即便知觉容易出错,它还是可以帮助我们扩展信念网络。

世界之外还有另一个世界吗?

你和许多人一起坐在一个黑暗的大房间里,你们全都被捆绑住,动弹不得地盯着眼前屏幕上的画面。这些画面只是真实的虚拟,它们由你们身后的一部投影机所制造出来,尽管你听得到杜比环绕音效,闻得到爆米花的味道,不过这却是柏拉图的“洞穴寓言”;这是他在早于卢米埃尔兄弟(Auguste & Louis Lumière)两千多年时发明的“电影院”。

只不过,柏拉图用这个寓言所要探讨的,是一件完全不同的事。他想借此说明他的“理念论”。我们人类就宛如被囚禁在一个洞穴里,只能看到真实事物的阴影,而这些事物在我们身后受到了光源的照射。阴影之于事物,就如同事物之于观念(即事物的抽象原型)。部分哲学家虽然可以挣脱枷锁、望向太阳,然而一旦他们回过头向其他囚犯解释自己的经历,便会遭到其他囚犯的嘲笑。哲学家的任务便是在其他人盲目度日时,仔细去观察观念。

柏拉图为我们提出了一种“模拟”:阴影之于事物,正如事物之于观念。正如其他许多的比喻,这个比喻同样也是不恰当的。其中一个问题便是,为何我们不能任意地继续发展此项模拟呢?也许这些观念不过只是超级观念的写照,而且说不定在超级观念之上,甚至还有巨无霸观念。

尤其是为何我们应该假设在可以认识的世界之外，还有第二个实际层面，这个问题同样也悬而未决。这种广泛的论点必须附带良好的理由，但我们却未曾见到理由何在。此外，如何检验则是另一个难点。我们如何能够确定一位哲学家确实观察到了理念呢？哲学家自己又如何能够确定呢？

为了说明自己的知识理论，柏拉图运用了一种视觉的比喻。这样的做法其实不难理解，因为视觉是知识的主要来源。德语的Wissen（知识）一词，源自拉丁文的"videre"（意即"看"；video 一词也是由此而来）；至于 Idee（观念）一词，则源自古希腊文的"ἰδεῖν"（意即"看见"）。时至今日，仍有许多人喜欢以视觉比喻知识。不少大学以"火炬"为校徽，或以"光"为校训。

在柏拉图之后，仍有许多哲学家将知识可视化，只不过在这当中，他们并没有区分知觉印象，以及通过这些印象所获得的信念。然而，唯有信念可以为真或为假，印象则否。举例来说，在亨特·汤普森（Hunter S. Thompson）的《赌城风情画》（*Fear and Loathing in Las Vegas*）这本小说里，普罗泰格拉主义者拉乌尔·杜克（Raoul Duke）与他的律师冈佐博士（Dr. Gonzo）同乘一辆敞篷车穿越沙漠，吸食了麦司卡林的拉乌尔见到蝙蝠在他们的敞篷车旁飞舞，显然不太相信，围绕着他们的是真正的蝙蝠。他知道，这应该是他的幻觉——凡是曾经在高温下见过海市蜃楼的人，便可明白这一点。

尽管我们几乎可以从印象中获得真切的信念，然而，它们却不是知识的候选者，因为它们同样无法为真或为假。在德国哲学里，长久以来，一直有所谓的"想象"，没有人清楚地知道，这个用语指的究竟是心智的意象还是信念。根据柏拉图的说法，我们所知觉的只是世界的写照。如果我们相反地用知识取代图像，便可提供一个较不奇怪的论点。这个世界就如同它本身那样。我们大家都知道,约翰尼斯·古登堡(Johannes Gutenberg)发明了现代活字印刷术,尤里乌斯·恺撒是罗马人,无论我们是否有一个具体的心智图像与他们相连都是如此;无论如何设想,我们的知识都是一样的。

是否可能一切只是场骗局?

笛卡尔也曾提出这样的疑问:这个世界是否真如我们所体验的那样?“我思故我在”或许是最常被印在T恤上,同时也是最常被误解的哲学格言之一。乍听之下,笛卡尔的这句“我思故我在”,似乎是想表达:相对于那些没有思想的动物,人的本质存在于思考里。虽然他也主张这样的论调,可是这里所指的,其实是不容怀疑的知识。当初他若能将这句话改为“我疑故我在”,或许会更好些。

笛卡尔自问,我们何时才能确定自己没有犯错?为此,他主张所谓的“极端怀疑论”(radical scepticism)。假设有一个更高等的存在或恶魔,用这整个世界迷惑我们。我们所见所闻的一切,实际上不过只是幻象。我们所认为对于这世界所知的一切,事实上全是错的。

由于根据笛卡尔的说法,这样的蒙骗是可以想象的,因此我可以质疑一切;除了一个例外,那就是:我的错觉是以我被蒙骗了为前提。因此,“我思”便会是不容怀疑的知识基础。为了要被骗,我必须先能思考。

且让我们再回到电影院里。数百年之后,在1999年时,导演沃卓斯基姐弟凭《黑客帝国》一片,将笛卡尔的怀疑论与柏拉图的洞穴寓言成功地搬上银幕。程序设计师尼奥早就感到这个世界不太对劲。有一天,在他的计算机屏幕上,突然显示出“跟着白兔走!”

这样的信息。

不久之后,他在一个女人的肩膀上见到了一只白兔,这个女人带他去见莫菲斯。莫菲斯说:“它是虚拟世界,在你眼前制造假象、蒙蔽真相。”他接着又说:“‘你是个奴隶’被‘束缚’在‘你的心灵监狱’里。”尼奥吞下了红色药丸,随后便在一个充满液体的培养槽里醒了过来;在他旁边,还排列着成千上万个培养槽。这个名为“母体”的计算机程序就如同恶魔一样,用一个共同的“现实”欺骗了所有的人。这些人都相信,自己是生活在1999年。事实上,他们全都身处于遥远的未来,并且沉睡在注满营养液的培养槽里。

“住在培养槽里的人”这样的想法,出自美国哲学家希拉利·普特南(Hilary Putnam)的作品。他在一个思想实验里,批评了笛卡尔的假象构想。普特南的论证大抵如下:我们之所以会认为,拉什穆尔山(Mount Rushmore)的岩石雕像是在描绘4位美国总统的头部,其实是因为我们知道,它们是按照同样的样本在岩石上雕凿的。然而对于“火星面孔”,我们的看法则完全不同;我们会认为,它只是看起来像一颗头。

唯有当与对象之间存在着某种因果联系,我们才能说,雕像或图像是在描绘这个对象,或语句是在描述这个对象。然而,如果有人睡在一个注满营养液的培养槽里,他根本无法获得诸如汽车、房屋,或身着优雅黑西装的人等对象的印象,更遑论与此有关的思想,因为他从未与这些对象有过接触;“太阳眼镜”一词毫无意义,“我会功夫”这样的想法也毫无内容。因此,在普特南看来,极端的欺骗根本不可能。这样的主张被称为“外在论”(externalism),因为它强调,对于我们的思想与信念而言,来自外部的成因是不可或缺的。

我们可以将普特南的异议更清楚地改写成:每个幻象早以某种真实为前提。在电影《黑客帝国》里,这些邪恶的机器之所以可以在后来用程序仿真，无非是因为它们曾经接触过太阳眼镜与黑西装这些对象。因此，在“真实世界的对象”与“‘母体’里这些对象的仿真”之间的因果链里，这些机器代表着一种连接。

“极端建构论”(radical constructivism)的支持者，同样也忽略了这一点。他们主张：我们的大脑只是在作些“自我描述”，正因如此，现实只是某种“建构”。这是一种在神经科学与文化学方面都不受青睐的论调。有时这种说法听起来，就仿佛“建构”是指除了我们自己的意识以外，再无任何其他事物存在。这种怪诞的主张，传统上被称为“唯我论”(solipsism)。诚如叔本华所指出的，我们无法反驳那些唯我论者，顶多只能将他们送到精神病院！我们会立刻反问自己，构思出这些建构想法的脑袋，是否至少是存在的？

正如许多先于他们的人那样，建构论者也将知觉体验与信念相互混淆。无论我们是否会以全然不同的方式看待世界，知识理论所涉及的，终归是陈述与信念的内容。例如，电子总是带着负电荷，无论我们是否能看见它们。色盲的人所见到的世界与我完全不同，可是我们却都能够想象现在正在下雨。同样，我们也可以殊途同归地(例如通过聆听、阅读或触摸盲文等)，获得“德国是个民主国家”这样的信念。然而，我们并无法由此来建构这样的事实，这项事实完全独立于知觉的模式。

将视觉与知识等同起来的论调，同样可以回溯到柏拉图。他主张，真理存在于语言之外，哲学家必须“洞察”那些不可言喻的观念。在基督教里，“不可言喻”这项主题几乎无所不在。在《哥林多书》里便曾提道：“我们如今仿佛对着镜子观看，模糊不清；到那时就要面对面了。”马丁·海德格尔也曾主张，我们不能谈论“存在”，它自会向我们“显示”。就连中国的智者老子也表示，不朽的《道德经》是不可“道”的，我们必须洞悉其中的玄妙。

在电影《黑客帝国》里,莫菲斯也告诉尼奥:“人们无法对任何人描述‘母体’。你必须亲自去看。”然而,若真如此,那么也没有人能够写出这个剧本,因为,“母体”是什么以及真实世界的面貌如何,这些全都写在剧本里。“不可言传的真理”这种说法背后,往往没有什么东西。

顺便一提,“真实世界”是一个关键词,每个虚幻的世界,都以某个能让它产生的真实为前提。尼奥的1999年的世界并不存在。他是在被接上管线的状态下睡在一个培养槽里,不过这个培养槽倒是真实的。因此,我们也可以将普特南的思想实验倒过来。凭借我所有的体验与思想,这两个世界至少是兼容的:在其中一个世界里,我确实住在柏林;在另外一个世界里,我则连上了一套计算机仿真程序,因而我只是想象自己住在柏林。何者更为可信呢?只要没有身着皮衣、戴着太阳眼镜的家伙在科特布斯门(Kottbusser Tor)旁给我什么红色药丸,最简单的解释就是最好的:我住在柏林!

科学的知识

即便我们不可能在所有的事情上全都遭到蒙骗,然而,难道不可能至少有某件我们认为特别可靠的事正好就是错的吗?怀疑论者提出了这样的问题。这些人将人类的自然怀疑扩展到极致。歌德的《浮士德》是这种论调在文学方面的原型,书中曾写道:“到头来,我只是个可怜的笨蛋!我和从前一样地糊涂……我发现,我们什么也无法知道!一时之间,我简直心急如焚。”

其中一项论据大抵如下:从前,最博学与最聪明的人都认为,地球是太阳系的中心,然而,如今却几乎没有人再相信这样的主张;难道到了未来,那些目前我们认为完全可靠的信念(例如彩虹是由于阳光的折射所形成的),不会也发生同样的情况吗?这样的模拟其实只在表面上成立。第一个理由是,有别于过去的论点只是单纯的断言,今日的论点则源自科学的测量。第二个理由则是,尽管一项具有可靠根据的断言有可能是错的,不过如今我们却有能力更妥善地评估,什么算是论证、什么只是猜测,因为我们拥有科学的标准。

尽管如此,我们仍然很难反驳那些真正的怀疑论者。如果浮士德曾经修过知识论的基础课程,他或许会考虑一下下列的论证之一。

第一,如果所有的信念全都是错的,我们应该永远也无法妥善应付日常生活。我们不仅可能经常会撞到树,还可能很快就会饿死或渴死。

第二,我们的自然科学知识证实了各种预测。虽然上古时期的天文学家已经能够预言日蚀,不过如今的科学家却能以超乎想象的准确性,作出各种预测,从极微小的基本粒子,一直到星系的运动。科技便是最能清楚说明的例证之一。人类之所以能够飞往月球并安然返回,无非是因为科学家们掌握了包括重力在内的许多相关知识。再者,我们之所以能够在夜间利用电灯照明、利用计算机上网,无非也是因为科学家掌握了电磁学的相关知识。如果只是偶然,那么这近乎奇迹。

第三,殊途同归的情况其实很多。法国物理学家同时也是诺贝尔物理学奖得主尚·巴蒂斯特·佩兰(Jean Baptiste Perrin)的事迹便是一个例子。他曾指出,人们可以循着多种各自独立的路径确定"阿弗加德罗常数"(Avogadro constant,即一单位气体的分子数)。

科学并非发生于我们生活之外的那些实验室里,它其实是理性有条不紊的应用。我们大家都曾寻找过各种状况发生的原因,例如,为何室内会突然变冷?当我们发现,原来是窗户没关时,我们便会去把窗户关上。每个人从小就是自然科学家,会对各种现象,例如东西掉到地上、植物需要水分,或挑衅惹人生气等,探求某种理论。

这类主张压缩了科学。科学家想要用少量的假设,尽可能普遍地描述世上形形色色的各种事件。在这当中,他们的论点必须总是可以被证明是错误的,否则它们便是内容空洞的。至于日常生活里的观察,则被借助于数据的系统化测量所取代。

科学所要回答的主要是两个大问题:为何发生了某些事情?以及造成某些事情发生的事物具有哪些特质?第一个问题针对原因与结果;第二个问题则针对这世上促成原因与结果发生的各种大大小小的基础材料,例如元素、分子、生物、族群、社会、生物圈、星系等。

虽然有一部分文化学家与历史学家认为,自己并非以因果解释的方式表述,因为他们所说的只是“模式”“论述”“心态”与“脉络”等。然而实际上,他们的确论及了环境的特质,尤其是论及了人的特质,例如人的偏好、兴趣与愿望,这些特质共同解释了,为何人是这样而非那样去行为,换言之,以因果的方式来掌握世界。

就这方面而言,所有的学术都一样,它们都奠基于实验或其他有系统的观察。当牵涉的参数越多,不仅预测越发困难,就连专家之间也可能意见分歧。这种情况多有发生,例如诺贝尔经济学奖便曾颁发给相互矛盾的不同理论。

伪科学的无知

你相信有女巫吗?也许不相信。然而,你愿不愿意让所谓的女巫对你下诅咒呢?面对这样的提问,许多人就会开始犹豫。有学者曾对美国的年轻学子提出上述这两个问题。受访者之中没有人相信有女巫,可是却也几乎没有人愿意让女巫对自己下诅咒。然而,为何我们要害怕自己根本就不相信会有效的诅咒呢?

部分科学家认为,这项实验证明了,人类只是表面上赞同科学所描绘的世界,可是内心当中实际上却仍隐藏着迷信。在日常生活里,我们显然可以找到不少类似的证明;例如,我们会去敲木头,会避免从梯子下穿过,飞机上往往没有第13排,饭店里同样也没有13楼。

不过,我们难道真的相信,黑猫是某种预兆,干杯时没有看着对方,则会带来不幸吗?这显然更像掺杂了情绪在其中的惯例,让人在背离它们时,会感觉怪怪的。事实上,我们并不会认为这些事情具有高度的准确性。至于畏惧"女巫的诅咒"一事无非是因为负面的言语会长期留存在记忆里,有哪个人喜欢被别人骂呢?唯有所有自然的解释都失灵时,文明的人才会偶尔去寻找超自然的"解释"。只有在这种情况下,才会产生某种真正的残余迷信,即接受那些超出可验证范围的力量与影响的倾向。

许多伪科学都在利用这样的倾向。之所以称"伪",无非是因为它们只是某种科学的赝品,空有科学的用语,却不接受严格的检验与测量方法。其中最典型的例子,莫过于某些神秘疗法。在其中,有许多用语听起来就像是物理学术语,例如"磁场"、石头的"能量"、宇宙的"射线",或人们所感应到的"波"等。然而,有别于我们可以证明的重力场或紫外线,那些神秘的"能量"却不可测。能够作为根据的,显然只有在个人身上造成的影响。

然而,诚如我们从医学与心理学所得知的,对我们有益的思想或观念,可以让我们过得更好。此外,如果我们想象自己感受到了什么,有时也会因此感觉到些什么。最显著的例子,莫过于"安慰剂效应”。为此,医学家特意以“双盲”的方式进行实验,换言之,无论是实验者还是受试者,双方都不知道实验所用的药剂是否有效。唯有如此,人们才能将副作用与错误诠释排除。

许多神秘疗法的拥护者并不想提这种双盲实验,他们只想援引那些主要来自东方文化的所谓“悠久的传统”与“古老的知识”。的确,知识可以因为历经数世纪的考验而十分可靠。只不过,证明某项医学主张的,其实并非岁月,而是那些可以反复为之、实际运用的长期研究。许多神秘疗法的理论,完全不具备系统性的研究。话说回来,如果某项论点经由系统性研究而获得证实,它也不会再是神秘疗法,而已是医学。

虽然“谁能医得好,谁就是对的”这句话,同样适用于医学(毕竟医学的首要目标是健康,其次才是追求与治疗过程有关的高深知识),不过,如果没有检验,便会产生误把偶然当成效果,以及将有效与无效,甚或有害的方法相互混淆的危险。以炼金术为例,它也存在了许多世纪,可是结果表明,它完全是错误的。

唯有当人们明白,在分子的层面上发生了什么事,人们才算真正理解了某种治疗程序。举例来说,“顺势疗法”(homeopathy,又称“同类疗法”)的支持者认为,物质会在水里留下“印记”,当物质再也无法被检测时,这些“印记”便会发挥效力。迄今为止,仍然没有人能够证明这种杂乱无章的论点,它抵触了其他所有获得妥善研究的自然过程。

事实上,发挥效力的并非“印记”,而是整个情况;“相信自己服用了某种药物”这样的想法,激发了免疫系统。在“加持”(laying on of hands)方面,同样也会产生类似的安慰剂效应。并非手传递了某种神奇的能量,而是认为“有人在照顾、帮助我们”这样的想法,改变了激素分泌,经证实,这会带来正面的影响。至于服用阿司匹林与抗生素,则完全是另一回事。在服用这些药物的情况下,发挥作用的并非思想与想象力,而是药物所含有的物质。它们的效力无须以受试者的意识为前提。

伪科学家只是将科学与事实知识等同起来,却忽略了事实知识其实是以有系统的方法为基础的。因此,他们也会以"医学并非无所不知"之类的话为自己找理由。的确,医学并非无所不知,可是其他的神秘疗法却也没有知道得更多,反而更少。唯有通过实验与检验,我们才能获得知识。寻找错误与检查错误是研究不可或缺的,当科学描绘的世界出现漏洞或瑕疵,我们能赖以填补的,并非那些与"灵气"或"能量"有关的主张,而是研究。因此,并没有什么"替代的"医学,而只有医学;科学的方法是无可取代的。

我们的伪科学倾向源自心灵的两种特质,我们可以暂时称它们为"行为的识别系统"与"原因的识别系统"。对于我们的祖先而言,能够从其他生物的行为判断出它们的愿望与目的,在进化上便可取得某种程度的优势。因为,一方面,每个灌木丛后面都可能有攻击者埋伏着;另一方面,在团体行动中,了解其他成员是很重要的。同样的道理,那些根据少数事例便能成功觉察出某些因果关系的人(例如,人们其实只要将自己的手放在火上一回,便可以学到这样的举动可能会让自己的手灼伤),在生存上也会较具有优势。

由于这两种机制会过于活跃且经过精密调整,以致往往会过了头。因此,我们会将"自然"拟人化,并且为"他"附上目的或目标。所以,我们会在那些不存在原因与效力的地方,看见其中存在原因与效力(例如,门像"中了邪"似的被关上)。值得庆幸的是,我们在进化过程中,同样发展出了带有批判色彩的理性,它让我们得以对我们暂时的判断深思熟虑。

我们只活在一个世界里。这个世界并非虚构,它其实在很大程度上就如同我们所认为的那样。事实上，我们所知道的东西并不少，虽然偶尔也会弄错不少事情。“真”是客观的，因为语句或信念的内容是否为真，并不取决于我们。有时我们会有点迷信，有时则会遵循“在我们不可保持沉默之处，我们必须言无不尽”这样的原则。我们必须喋喋不休，并且欣然接受在这些过程中所制造出的“bullshit”，即便我们为了假装睿智而应该保持沉默。如果我没有搞错，这便是实情，而且绝无虚假！

第七章

美，该如何定义与感受？

传统的美学将重心摆在那些我们通常会称其为“美”的事物上，换言之，就是诸如绘画、雕塑、诗歌、交响曲或大自然等，我们可以观看或聆听的事物。至于那些我们可以嗅闻、品尝与触摸的对象，我们则很少会说它们是“美”的。

有一天，苏格拉底与喜剧诗人阿里斯托芬及若干雅典公民，相会于一座庄园，讨论爱、美以及爱神厄洛斯（Eros）；至少希腊哲学家柏拉图在他的《会饮篇》（*Symposion*）里是这么描述的。到最后，除了苏格拉底以外，所有人都喝醉了，虽然他也摇摇晃晃地一直喝到天亮。

厄洛斯是爱情与欲望的神，在罗马神话中，他则被称为阿穆尔（Amor）。他是个难以教养的小孩，调皮、固执、不受教育且冲动。他很喜欢把自己的欢乐，建立在别人的痛苦之上。无论神祇还是人类，都难以躲过他的弓箭。被他射中者，会在心中燃起一股无法抑制的热情，可是这股热情却几乎永远得不到回应，因为这位爱神很少会费工夫同时发射两支箭。

在这场以苏格拉底为中心的社交晚会里，与会人士争论厄洛斯对人类的生活带来了什么影响，或者更确切地说，对男人的生活带来了什么影响。苏格拉底认为，男人的内心有一个厄洛斯，他们拥有追求美的热情。这起始于对美少年的爱,后来则转化为对事物与行为的美感的爱。只有在少数人身上,也就是在哲学家身上,厄洛斯才能提升为对知识的热情。因此,作为智性情欲的思考并非适合每个人,它其实比较适合那些拥有特殊嗜好的行家。

人们原先还期待,苏格拉底也会谈论一下男女之爱这样的主题。可是这个主题似乎被轻描淡写了,尽管所有人其实都能感受得到自己对于繁衍后代的向往。我们都受到不死的渴望的驱使,希望能通过后代、艺术作品或文章,让自己永垂不朽。

苏格拉底确实颇具代表性地以这样的想法让自己永垂不朽。直到今日,仍有许多艺术家、建筑师与科学家把他们的计划,说成是自己的“宝宝”。不仅如此,哲学中的“美学”(即美与艺术的科学,迄今仍深受上古时期的基本思想影响)也始于这场宴饮。只不过,苏格拉底毋宁说是端上了一杯“主题鸡尾酒”,他将美与情欲、享乐,以及与艺术、创造融为一体。在清醒的观察中,最好是将这些不同的基本主题分开处理,因为有些艺术并非美,而有些美也并非艺术,例如大自然。

美与艺术的关系

尽管如此,在哲学的美学里,迄今依然涉及同样的两个主要问题,那就是“什么是美?”以及“什么是艺术?”长久以来,这两者之间一直有着紧密的联结。因为一直到现代,艺术家总是创作各种理应对感官产生正面影响的作品,例如优美的大理石雕像、悦耳的交响曲、气势雄伟的宫殿、流畅的舞蹈动作等。如今,美与艺术却分道扬镳。虽然时装摄影、设计与流行音乐,仍直接针对我们的美感,不过许多艺术与音乐作品却不再这么做了。

举例来说,美国艺术家辛迪·雪曼(Cindy Sherman)以其单义、双义与三义摄影闻名。在某些图像上,观众可以见到十分美丽的彩色图样。只有靠近作品的观众才会发现,那其实是些残羹剩肴,上头还长满了霉菌!在意外之中,观众将享受与恶心混合为某种特殊的艺术体验。另外还有一些照片,乍看之下,会让人觉得是清晰的裸照,然而再仔细一看,观众便会发现,那其实是些缺少了部分肢体的娃娃。看第一眼时,观众会觉得有趣,可是看第二眼时,观众便会惊慌失措。

阿诺德·勋伯格的"十二音列"不仅会让未曾受过训练的听众不知所措,甚至还可能会让他们神经衰弱。在当代艺术里,"美"肯定扮演了某种角色。然而,美的体验,其实只是当代艺术所制造出的众多效果之一,从恶心到有趣、从惊喜到错愕、从下流的挑衅到精致的灵光乍现效应。

苏格拉底的厄洛斯理论还因为其他的一些理由而充满问题。首先,它奠基于某些混淆上。性是生小孩的前提,可是性行为的欲望,却有别于拥有后代的欲望。况且,大多数人肯定不会只是为了让自己永垂不朽才去生小孩,而是因为拥有小孩是件很棒的事。苏格拉底过度地将人类智能化,将人类所有的嗜好,都说成是追求不朽的结果。然而,有许多欲望,例如饥饿、愤怒、愉悦等,其实并非出自我们的理智,而是出自我们的内脏!此外,苏格拉底还欠我们一些与他的主张有关的理由。尤其是对于那些斩钉截铁的断言,我们特别需要好的论据。可是我们在《会饮篇》里,完全找不到这样的论据。

不过,苏格拉底倒是在这个主题的多样性上,为我们增广了见闻。即使隐藏得很好,我们还是可以在他的答辩里发现美学的所有重要问题。迄今为止,相关的研究仍在寻找这些问题的解答。举例来说，到底哪些事物可以是美的？苏格拉底提到了少年、行为、知识与工艺品，即人类所创造的东西。然而，在日常生活中，我们其实可以察觉到更多美的事物。我们会说，与孩子一起逛动物园很美。我们还会说，自然很美。就连去度假的想法，我们也都会说很美。部分科学家甚至认为，没有什么比数学公式更美的了！如此看来，仿佛几乎一切都可以是美的。

另一个重要的问题是：是否存在放诸四海而皆美的事物呢？换言之，是否存在着无论任何人都会感觉是美的某种事物？苏格拉底所举的例子，或许适用于古代雅典的自由男性，然而，能否适用于所有时代与文化中的所有男男女女，这一点就不禁令人怀疑。令人讶异的是，在《会饮篇》里，苏格拉底居然完全没有论及“到底是什么让人类美好”这个显而易见的问题。

以下的内容所要讨论的，正是上述这些问题与一些相关的问题：我们如何谈论美？当我们觉得某些事物是美的，在我们身上究竟发生了什么？是否存在永恒的美？我们的美感在演化上具有哪些功能？如今艺术到底还与美有何关系？

我们能否相信自己的判断？

在19世纪80年代时，几乎每个在德国的人都听过“百事可乐实验”（Pepsi-test）。当时有研究指出，被蒙上眼睛的受试者对百事可乐的喜好程度多过于可口可乐。有了这样的研究成果做后盾，百事可乐这家饮料公司便发动了一场颇具攻击性的宣传活动，展开了一场所谓的“可乐战争”，只不过，最后仍是无疾而终。

迄今为止，在全球市场上，红白蓝罐依旧不敌红白罐。假设这项实验具有代表性，那么每个国家的人显然都误会了自己的可乐品味！内行人当然都知道,阿非利可乐(Afri-Cola,一种德国可乐)比这两家竞争对手的产品好喝多了。然而,光是一项简单的"阿非利可乐实验",或许并不足以让这个品牌在市场上取得领导地位。许多相关的实验指出,对商标、名称与品牌体验的信赖,会胜过原本的口感。我们越常见到某种商标,就越容易觉得那种暗棕色的冷饮好喝,或者至少我们会这么想。因此,阿非利可乐比不上可口可乐与百事可乐。

对于广告业而言,这无非是一项好消息。通过宣传活动,人们便可以影响对"口味"这种基本审美体验的判断。对于美学而言,这意味着我们往往会欺骗自己,因此我们不能信赖自己的品味判断,更遑论别人的。虽然我们很少会说可乐"喝起来很美",不过原则上,我们对于清凉饮料的爱好与我们对于气味、颜色或声响的爱好,其实并没有什么区别。

我们可以轻而易举地将百事可乐实验套用到音乐方面。每年都有许多政治人物与其他的社会名流,为了参加"拜罗伊特音乐节"(Bayreuther Festspiele,一年一度在德国南部小城拜罗伊特的拜罗伊特节日剧院举行的音乐节,又称理查德·瓦格纳音乐节)而登上绿色山丘。这些人不太可能全都是理查德·瓦格纳歌剧的粉丝。

许多人或许根本受不了《女武神》里布伦希尔德(Brünnhilde)、史维特莱德(Schwertleite)与瓦尔特洛德(Waltraute)的尖锐声音。尽管如此,所有的人还是看得很高兴,即便指挥平庸到爆、演出极为老土。我们不妨来做个"瓦格纳实验",用《女武神》的试听段和《神鬼战士》(*Gladiator*)的电影配乐作个比较。可以想见,部分不是瓦格纳粉丝的人,或许会觉得《神鬼战士》的音乐听起来更动人,尽管他们真心相信,瓦格纳的音乐比较美。就算他们发现了这一点,或许永远也不会承认。因为上流人士根据"瓦格纳的音乐属于上流社会，《神鬼战士》的配乐则否”这样的细微差异来定义自己的社会角色。音乐是一种很适合拿来划分界限的工具，因此，有部分人会在排除自有品味的情况下欺骗自己。

这种感受与判断之间的不一致，诚如百事可乐与瓦格纳音乐的事例所示，人们称之为“认知失调”（cognitive dissonance）。我们可能基于种种原因，例如自我欺骗、他人期待特定的答案，或我们习惯如此谈话等，而错误地评估自己美好、舒适的体验。因此，我们必须诚实地面对自己的感受，这才是比较负责任的态度。

我们会根据自己所作的每个喜欢与否的判断来评价体验。有时不少人会拥有相同的评价标准，谁不认为美国前总统奥巴马在柏林的演说令人印象深刻呢？不过，评价标准往往非常因人而异。在每个情况下，我们会通过判断表达出某种人与对象之间的关系；例如，格特鲁德觉得玫瑰很漂亮，而不觉得玫瑰很丑或很普通。

许多哲学家曾试图找出完全独立于个人的评价原则，从而将美客观化。然而，美的判断显然有别于正义的判断或善的判断，取决于我们在主观上如何经验这个世界。此外，传统的美学将重心摆在那些我们通常会称其为“美”的事物上，换言之，就是诸如绘画、雕塑、诗歌、交响曲或大自然等，我们可以观看或聆听的事物。至于那些我们可以嗅闻、品尝与触摸的对象，我们则很少会说它们是“美”。不过，像“美妙的香水”或“美妙的按摩”等说法，倒也不是完全错误。

从现代的观点看来，很明显，我们会在所有的情况下用“美”这个词来暗示在我们心中发生了些什么事。美的事物会引发美的感受，丑的事物则会引发丑的感受。我们会以此为基础作判断。然而，这样的感受究竟存在哪里呢？再者，所有那些我们认为是美的事物，又有何共同之处呢？

纯粹的享受

苏格拉底认为,我们的美感存在于某种情感的欲望里。这样的想法并非完全不合理,毕竟有些人会说,有时巧克力更胜于性爱。然而,当我们觉得夕阳很美时,我们并不必然会立刻陷于狂喜。我们往往会感觉自己的欲望是正面的。不过,这并不代表着,欲望因此就能够解释美。不仅如此,即使是在欲望或高潮方面,我们也还是可以进一步追问,它们是否是美的?也因此,它们其实并无法为我们的美感提供更多的说明。美感显然更为广泛,因此,关于它的解释,必然存在于别的地方。

我们可以通过善意地将“厄洛斯”翻译成“享受”或“享乐”来拯救这个论点。如此一来,我们便可以更准确地切中美感:当某些事物在我们内心唤起被我们描述为“享受”或“享乐”的正面感受时,我们便会将那些事物体验为“美”。在古时候,人们所用的词汇则是“称心”“满意”。由于享受可能会有强弱之别,因此我们也会用其他的词汇来取代,例如“乐趣”“喜悦”“热情”“幸福感”等,有时甚至还会用较为老派的“陶醉”,或更为夸张的“狂喜”。

哲学的美学必须说明所有这些概念的细微差异。不过,我们不妨暂时先将这个问题搁在一旁。这里的重点是,上述所有的概念都有一个共同的核心,那就是:意识中的正面感受(为了简化起见,我想将它称为“享受”)。如前所述,它并不取决于那些我们用来描述“享受”的词汇;例如,羊肉咖喱吃起来很“可口”、肖邦的圆舞曲听起来很“迷人”、玛莉安妮·布兰特(Marianne Brandt)设计的茶壶很“优雅”。

凡作出如此判断的人,他们便确定了当他们品尝、聆听、观看或思考那些相应的对象时，在自己的内心引发了享受的正面感受。“美”这个词直接指出了这种体验能力。当我们说“那是个美丽的夜晚”，我们也就确定，当时存在着乐趣、享乐、享受。换成是“那个晚上还不错”，情况就完全不同了。虽然我们同样也是给了一个评价，却不必然是个美学的评价。那个晚上之所以还不错，有可能是因为我们帮助了某人，即便当时花了不少力气。

康德是现代“美”的因果理论的先驱者之一。这种理论认为：美是由享受所引起的。康德的基础性想法迄今仍是美学的主流。不过，康德在他的《判断力批判》（*Kritik der Urteilskraft*）这部著作里所说的，其实并非“享受”，而是“无利害关系之愉悦”（das interesselose Wohlgefallen）。之所以“无利害关系”，是因为唯有当我们在不受利害与偏好影响下喜欢某个对象，那个对象才算是美的。举例来说，父母觉得自己子女的画很美，这完全是理所当然，然而，唯有当他们在不晓得那些画是出自谁的手笔的情况下，却还能认为那些画是美的，他们的愉悦才算无利害关系。即便有人说“太阳很美，因为它孕育了生命”，这当中还是隐含了手段与目的之关系。

然而，真正的美并不允许掺杂这样的关系。因此，我们也无法进一步说明，“为何我们会认为某些事物是美的”的理由。一旦这么做，我们的判断便不再纯洁，已然变质。康德认为，唯有当我们的想象力与理智处在某种“合比例的协调”状态，才算拥有美的享受。至于美的事物是如何撩拨我们温和的心弦，康德并未对这个问题过多着墨。理智与感官处在一场“自由自在的游戏”中，然而人们一直在寻找确切的游戏规则，因此，即使时至今日，专家们还是无法准确说出，他所指的是什么。

康德正确地看出了，我们的审美体验难以用言语来掌握。即便我们说，“凡·高所画的《鸢尾花》很美，因为这幅画的色彩丰富”，我们还是无法解释,为何我们会觉得色彩丰富很美。不过,如同苏格拉底与柏拉图,康德也过度地将美智能化,他将更高的美学享乐与纯粹的肉体享乐区别开来。对于一个理性的人而言,追求感官欲望的纯粹享乐主义(hedonism)是不够的。

换言之,那些去星级餐厅用餐后,接着又在泳池畔醉醺醺地狂欢一整晚的人,永远也无法感受到阅读优美诗作的人所感受到的高雅享受。虽然这并非康德所举的例子,不过我们大概就会这么想。根据康德的说法,享受有两种。一种是动物的、原始的、纯肉体的享受;另一种则是真正属于人类的、同时兼具感性与知性的享受。唯有促成第二种享受的事物,才配称之为"美"。

迄今为止,哲学家仍在追问,是什么让美的享乐与普通的享乐有所区别?然而,话说回来,确实存在这样的区别吗?如果我们不带成见地去观察美的事物,便会得出一个简单的理论:一个人是否觉得某些事物美,取决于两件事。一是对象的特质,以爱丽丝为例,爱丽丝认为红心王后那具有喷泉与花坛的花园美极了,然而,如果换成是一座灰暗且荒芜的花园,爱丽丝的感受肯定大不相同;二是人的特质,同样以爱丽丝为例,如果她是个郁郁寡欢的人,也许就不会觉得花园美了。许多哲学家始终只关注着美的事物,却忘了观察者本身其实也是很重要的一环。

每个体验都会在观察者身上引发享受指数(从负面到正面)的变动。有时我们很难分辨,不过在许多情况下倒十分清楚。某些事物在我们身上制造了享受,我们便会将体验到的美转给来源。我们之所以会说例如钢琴奏鸣曲或风景等事物"美",无非是因为它们总是引发同样的体验,甚至还会在许多不同的人身上引发。也许这样的稳定性由传统所造成;传统上,我们会专注于远距感官,即视觉与听觉,却轻忽刺激源较短暂的近距感官,即触觉、嗅觉与味觉。

我们的享受以许多主观的因素为前提，例如当天的状态、个人的特性、熟悉度与期待等。我们生平的第一杯啤酒喝起来很不顺，相反，上星期所喝的啤酒则很顺口。有时，平常听起来优美的音乐，反倒会让人心烦意乱。我们的思想有时会覆盖我们的体验。当我们突然得知某条外观漂亮的鱼有毒时，我们便会立刻对它改观。

此外，俗话里也有“情人眼里出西施”这样的说法。在这当中，迄今为止我们仍不明白，究竟是例如熟悉度或当天的状态改变了我们原本的体验，抑或是我们根本就难以确切分辨我们到底觉得什么东西是美的。部分哲学家认为，享受必然总是与体验同时出现。这种说法其实并不正确，即使音乐会早已结束多时，我们还是有可能依然陶醉在先前美妙的乐曲里。聆听阶段与享受阶段，并不必然重合。

永恒之美

一旦我们用 iPhone 直接将最近去东南亚度假的照片上传到脸书，让所有的好友通过这些照片欣赏到被椰子压弯的椰子树，还有世间独一无二的湛蓝海岸，可以确定的是，立刻就会涌来许多笑脸、赞叹、假意的嫉妒，以及诸如 träum（梦想）、schmacht（渴望）等没有动词变化的字根，甚至我们还会见到不少夹带大量“ö”这个字母的“schön”（赞），例如“schöööööööön”这个字（意即“赞到爆”）。

虽然我们大家早已见过这类景象（例如在广告或风景明信片里）成千上百回，虽然几乎没有什么风景会比梦幻的白色沙滩更老套，不过，似乎每个人都还是会无条件地认为这些风景很美。梦幻的沙滩是所有时代里的人类都会认为美的事物之一。其他的还有夕阳、星空、莫扎特的《小夜曲》（*Kleine Nachtmusik*）、纳芙蒂蒂

(Nefertiti)的半身像、巧克力,以及乔治·克鲁尼(George Clooney)等。在巧克力方面,人们顶多就只是对于可可的含量有所争执而已。

就连在永恒之美的研究方面,康德对过往的传统所造成的影响同样不容忽视。康德认为,在美的事物里存在着某种普遍的东西。为此,感官知觉与理智必须要处于和谐的状态。他的论点就是,那些"在无须概念的情况下普遍受到喜爱"的事物便是美。"在无须概念的情况下"是因为,美是无法被理解或进一步解释的。"普遍"则是因为,称某些事物为"美"的人,"建议"其他所有的人也表示赞同。然而,单纯感官方面的宜人并非美,因为它必须与思想有所联结。

因此,康德批评了主张普遍的美只源于知觉的英国经验主义者大卫·休谟。然而,康德的想法在某些关键点上同样也含糊不清。虽然他提出了一些具体的例子,像玫瑰、鸟鸣,或是相对于人造胡椒园的苏门答腊原始林,不过却没有说明它们有什么共同之处足以让人觉得舒心,他甚至也没提到,为何所有人必然会获得这样的感觉。

相比之下,与康德同时代的爱尔兰哲学家埃德蒙·柏克(Edmund Burke),在这个问题上就显得有点扭捏。在他看来,如果某样东西明亮、娇小、透明或光滑,那便是美的。他举了宝石、葡萄与拥有柔亮秀发和无瑕肌肤的女性为例证。这份清单显然透露了与柏克个人的偏好,以及他那个时代有关的许多事情。特别恼人的是,他总是把女人和动物混为一谈!无论如何,从这些个人的观念中,无法推得举世皆然的结论。

再者,诸如时尚、口味与择偶等事,似乎给普遍性打了个大问号。举例来说,"咖啡拿铁八二"住在柏林市中心,他喜欢穿紧身牛仔裤,白天会听"史密斯乐团"(The Smiths)的音乐,到了午夜,则改听迷你电子乐;他喜欢与爱穿花裤袜、想进媒体工作,而且与难缠的女学生交往。“加缪猫咪二五”喜欢动物,不抽烟,目前住在科隆,她听古典音乐,喜欢深沉的类型,最好是富有幽默感,而且能与她一起对抗全世界的真男人。这两位或许永远也不可能在一起,他们的品位相差太多。在服装、音乐与生活方式等方面,我们彼此间不但会有巨大的差异,而且还可能随着季节的更迭,改变自己的偏好。

柏克与其他列出关于美的清单的人所犯的错误,其实很明显:他们说得太具体了!因此,现代的理论不再专注于个别的对象,改为讨论和谐、复杂、对称、比例或简单;换言之,改为探讨美的对象的结构。时尚与音乐风格或许会更迭,可是基本的建构原则却保持不变。这些理论的捍卫者认为,没有人喜欢不和谐,而且每个人都希望自己的服装好看。

可是这种抽象的说法有其陷阱,因为这些原则通常都太过笼统。有时简单是美,有时复杂是美,有时众所周知是美,有时新颖是美。由于一切事物不是简单就是复杂、不是众所周知就是鲜为人知,因此一切事物都可以是美。然而,不知为何,我们似乎就是晓得什么是美。因此,这套说法其实没有什么帮助。不过,如果我们不把焦点放在事物上,而是反过来放在观察者身上,那么简单、对称或熟悉度等原则,显然会透露不少与观察者的偏好有关的信息。

举例来说,像史蒂芬·霍金那样的数学家与物理学家会说,那些既简单又富有解释力的数学公式特别地美。比起透露与那些实际公式有关的信息,这样的论调透露了更多与科学家的分析性格有关的东西。那些一辈子坐在整洁书桌前推敲逻辑问题,并且从未历经创造性混乱的人,总是喜欢享受简单。可是,对于其他的人而言,简单或许会让他们感到十分无聊。

至于熟悉度方面,情况又会如何呢?在一项实验里,美国心理学家詹姆士·卡廷(James Cutting)在他每周一次的课堂上，用一些不知名的印象派画家的作品当作背景。大部分的学生都未曾刻意去观察这些画作，可是不知为何，这些画作却保存在他们的记忆里。到了学期末，卡廷将这群实验组与从未见过那些画作的对照组作了比较。实验组明显比对照组认为那些展示的画作是美的。卡廷认为，学生们误把熟悉度当成了偏好。

有些学者更认为，熟悉度代表着某种第二阶段的美。然而，这种说法显然过于短视。新颖的、鲜为人知的事物，往往比熟悉的事物更诱人、更容易让人觉得美。熟悉度其实比较像增味剂，只不过，它只会对先前已被认为美的或至少是中性的事物起作用。熟悉丑陋且令人厌恶的邻居，并不会因此让他们变得比较美。

也许这种美的混乱其实很容易解释。正如恐惧与痛苦会引领我们避开危险源，我们的享受模块则总是会让我们去寻找“美”与“宜人”。

我们不妨来作个比较。对蛇与蜘蛛的恐惧是一种普遍的现象，可是对联考的恐惧，则必须在某些文化里才能学到。同样，有别于甜蜜的果实、如诗如画的风景与幼儿的可爱模样，在所有人的眼里似乎都是美的，新鲜的香菜、碎花的壁纸或荒漠的沙丘，则不是人人都喜爱。即便是那些能普遍引发美感的事物，也可能会因为人们的负面体验而魅力尽失。

在择偶心理学里，这种二分法特别明显。拥有美貌的人，多半会被认为较具吸引力。虽然这样的推论有时会显得有点跳跃，因为并非只有拥有美貌的人具有吸引力。可是几乎没有其他与人类行为有关的领域，会像两性之间相互吸引这个问题一样，获得如此深入的研究。全球的女性多半偏好肩膀宽阔、可以保护她们的高大男性；相反，无论是来自何种文化的男性，都喜欢腰臀比小于或等于0.7的女性，至于他们所喜欢的究竟是丰满的，抑或是爱好运动的类型，则没有定论。就连人们最喜爱的面容，同样也历经数千年没有多大的改变。

纳芙蒂蒂具有和波提切利所绘的维纳斯或超级名模娜欧蜜·坎贝儿(Naomi Campbell)的面孔同样的比例。同样有趣的是，女性在以脚尖站立或穿着高跟鞋时，骶骨所形成的弯曲角度，让女性可以由此改变身体的重心，轻松地让腰椎突出；行为研究专家卡尔·格拉莫(Karl Grammer)曾指出，这是全世界的男性都会觉得深具吸引力的一种姿势。

相反地，在身体的装饰方面，文化的影响可说是非常明显。对此，我们甚至根本不需动用长颈妇女或盘唇这类奇特的例子。即便身体的装饰往往带有普遍的色彩，多半只有受到相应影响的人才会觉得它们美。在19世纪50年代时，根本不会有人想在自己的眉毛或嘴唇上穿金属环，或是将中文或梵文的“生命”或“自由”等字样刺在自己身上。反过来，对于中国人与印度人而言，将这些概念以古德语的字母刺在自己的背上或手上，简直难以想象。

普遍的吸引力原则特别需要一些进化方面的解释。如果某种特征出现在所有的文化里，很有可能它曾在古代发挥过功用。问题只是，究竟是什么功用？

因美而生？

进化方面的解释总是相当有意思。没有什么女性杂志、男性杂志或青少年杂志，不报道我们的偏好在进化上根植于何处。这些假定的“解释”往往似是而非。不明究竟的读者或许会认为，原来古时候是这样子啊！事实上，这些“解释”顶多只能说是推测的假设，因为数万年前,根本就没有人清楚地将事情记录下来。

经典事例之一便是:来自不同文化的人,都喜欢分布着零星树木并有小河潺潺流淌的山丘。在高山小屋的刺绣上、在日本的古卷轴上,或是在托尔金(J. R. R. Tolkien)的《魔戒》(*The Lord of the Rings*)里的夏尔(Shire),我们都可以发现这样的主题。我们显然喜欢这种热带稀树草原的景观,因为我们最早的祖先在非洲的这类地方狩猎与生活,那里视野开阔,容易发现猎物。

然而,我们当中却也有不少人喜欢深绿的原始森林。我们同样可以作类似的解释:那里不仅有许多食物,还有利于躲避敌人。此外,在非洲之外,也还有许多奇特的景观吸引我们,例如险峻的海岸、珊瑚礁,或白雪皑皑的喜马拉雅山,只不过恐怕没有什么人会想住到那里。诚然,诸如与热带稀树草原景观有关的假设,的确有可能是对的,可是我们必须要小心地享用它们,因为为何我们同样会觉得其他的景观也是美的,这个问题仍悬而未决。

这类假设情况与吸引力的演化解释雷同。让我们再举几个例子:女性会觉得拥有宽阔下颚的男性有吸引力。许多相关的测试都指出,睾固酮含量越高,下颚则会越宽阔。为何会有这样的现象呢?有一种假设认为:在古时候,偶然偏好宽阔下颚的女性较喜欢性功能强的伴侣。睾固酮分泌旺盛的男性,更能保护自己的女人与生育更魁梧的后代。因此,对于生硬面容的偏好被遗传下来的,多于对于柔和面容的偏好。这听起来似乎相当合理。

比较困难的是在发色方面。有些进化心理学家主张,男性较喜欢金发女性。为此,他们也准备了一项解释:在冰河时期,生活在欧洲的人类在经历少许世代的进化后变成了金发,可是世界上其他地方的人则依然还是黑发;假设首先是遗传物质中发生了突变,此外,在那段寒冷的岁月里,由于原本的狩猎变得更加危险,因此造成了男性人数锐减。具有浅色眼睛与稀有金发的人,更能吸引当时还有些野蛮的人注意。因此,浅发色便在基因里遗传了下来。

若真如此,那么男性在见到拥有蓝色头发的女性时,必然会完全失去理智,因为这样的人更稀有。不过,这种事并没有发生。这时人们或许可以反驳说,在自然界里其实并未出现过蓝色的发色。可是,在我们的祖先见到金色卷发之前,他们一定也想象不到,这种发色能够以自然的方式产生。

因此,在上述的假设中,缺少了某些东西,那就是:一个可以解释为何稀有之物就足以产生吸引力的理由。此外,实际的情况难道不可能完全相反吗?也许原因是当时女性人数锐减,因为男性很少从狩猎中带肉回来。

也许当时的女性在男性身上寻找某种特质,而金头发的小伙子比深色头发的同伴狩猎技术更好,因此那些深色头发的男性便找不到伴侣。也许我们应该把情况想象成瑞典的交换生到马德里科技大学念书那样。

类似的情况也出现在青春的魅力方面。如果让男性根据美来为各年龄层女性的图像排序,那么青春期的少女总是名列前茅。进化生物学家很快又带着一项假设在此出现。在史前时代,如果男性选择正达到性成熟的女性作为伴侣,便可生育特别多的子女。因为,诚如假设所述,年轻的女性不仅生育能力特别强,而且较少患有疾病。

因此,青春的魅力这一因素就在遗传物质里固定了下来。同样,在这个问题上,人们也不禁要问:“为何应该这样?”去追求那些已经生过小孩的女性,在传宗接代方面,难道不会更有益吗?为凸显这项解释的短视,澳大利亚籍英国哲学家保罗·葛瑞菲斯(Paul Griffith)提出了这样的质疑。在那些已为人母的女性身上,男性其实更能取得确实具有生育能力的保证。

不仅如此,这样的女性也被证明具有母性。因此,人们同样可以提出一套很好的理由来解释追求年龄较长的情人这种情况。这显示出起源假设的问题所在。它们并没有比其反面好到哪里,在某种程度上依然属于恣意的解释。没错,它们的确有可能是对的,不过,这只有在我们取得进一步的提示后才能断定。遗憾的是,目前我们仍缺乏这样的提示。

与对称有关的解释同样颇有问题。一旦脸部不再是以中轴构成镜像,我们便会觉得那样的脸是丑的。对于这种说法,同样也有其他解释。有人认为:许多遗传性疾病,以及时至今日我们早已不认识的寄生虫,会让我们的脸部变形(例如造成半边脸部瘫痪),因此在数万年前,处于对称状态的人,会比其竞争者更具有生育健康后代的机会。

有些进化生物学家甚至将这样的假设,扩展成对于对称的普遍偏好。否则,为何全世界漂亮的神殿与皇宫都是镜像对称的呢?问题是,疾病这项原因顶多只能解释为何我们会觉得歪掉的脸是丑的,可是它并不能解释,为何对称就是美的。许多面孔虽然对称,但却相当丑陋。每个曾经用修图软件扭曲某张面孔或看过恐怖电影的人,应该都明白这一点。我们对于美丽面孔的感知肯定与比例有关。只不过,诚如部分心理学家所指出,这当中所涉及的,并非简单的对称,而是相当复杂的几何定律。

从脸部对称跳到建筑对称,这简直毫无道理。因为首先,许多人同样觉得非对称的建筑也很美,由法兰克·盖瑞(Frank Gehry)所设计的毕尔包古根海姆美术馆(Museo Guggenheim Bilbao)便是一个例子。第二,由于建筑技术的缘故,几乎所有的建筑物都是中轴对称。在这么多建筑物里发现一部分美丽的建筑,其实不足为奇。可是，我们同样也会觉得不少对称的建筑物奇丑无比。最后，到底是如何从面孔过渡到建筑，这一点还是没有完全获得说明。

的确，在某些童书里，房屋有时会有眼睛、鼻子、嘴巴。然而，当我们觉得柬埔寨的吴哥窟神庙或巴黎的埃菲尔铁塔很美时，我们难道真有察觉出这些建筑物上有一张脸吗？

这当然不会推出“不存在天生的美感，一切都是文化”这样的结论。如果某些事情无法习得，那些事情便可算是天生的。我们无法教导任何人见到美丽的人便产生正面的感觉，正如同我们无法教人察觉痛苦，顶多只能将人置于能让人感受些什么的情境里。可是如此一来，那个人本身就必须预先具备那样的能力。我们与生俱来在脑袋里的享受中枢，总是持续地寻觅美好事物的输入。它虽然有部分预设，可是同样也会受到个人经验的影响，随着时间更迭而有所改变。因此，这个老问题的解答就是：我们的美感有时是普遍的，不过却也经常因人而异。

“美”是美学的主要课题之一，另一个主要课题则是“艺术”。长期以来，这两者可谓焦不离孟，孟不离焦，因为过去的人总认为艺术应该是美的。自现代起，情况已有所改变。虽然在暗地里，美的享受依然扮演着某种角色，不过艺术的作用却早已变得更多彩多姿。

艺术可以是美的吗？

我在念高中的时候，曾与一位好友密谋，要将一件“艺术品”放进汉诺威的史普林格博物馆（Sprengel Museum）里。那位朋友在一个绿色浇花壶的腹中塞了棉花，并且像勒索信那样，在壶上用剪下的字母粘贴出“我需要温柔”的字样。我们打算趁警卫不注意，偷偷地将这个浇花壶带进去，然后在现代艺术区里立个说明牌加以展示。只可惜，我们的“妙计”未能得逞。

多年之后，我的一位兄弟在参观第12届当代艺术纪实大展（documenta）时，也曾突发奇想。当时在某个展示间的墙上有张说明，这张说明其实是针对位于展示间中央的那件艺术品的。巧的是，在那张说明的旁边，刚好有个空的小展示架，足以让人误以为那张说明是针对架上的展品。更巧的是，当时在我兄弟的夹克口袋里，刚好也有一张以原住民的绘画制成的明信片。于是他便偷偷地将那张明信片放到那个小展示架上。不久之后，只见第一个上当的参观者已经在那里拍起了照！

这些小小的恶作剧并非是要对当代艺术提出质疑，不过它们倒是凸显出某些我们与现代艺术之间的扞格。我们的反应在很大程度上是取决于我们是否认为自己所观察到的对象确实属于艺术品。这实在很难断定，因为所有的事物都可以是“艺术”。我们不妨再来看看另外一个例子。

1973年时，德国社会民主党（SPD）莱沃库森-阿肯拉特（Leverkusen-Alkenrath）地方党部所属的两位成员，曾将约瑟夫·博伊斯（Joseph Beuys）的著名作品《浴缸》（*Badewanne*）刷得一干二净。当时这件作品是因为一场展览而暂时存放于摩斯布罗希宫（Schlosses Morsbroich）的储藏室里。博伊斯在这个儿童浴缸上加了绷带、药用胶布与油脂。根据巡回展的目录所述，他小时候曾用那个浴缸洗过澡。在更早之前的某一站，有位博伊斯的批评者还曾在浴缸下标注了：“显然太热！”

然而，这些社民党党员完全不晓得这些事情。为了在这座王宫里举行派对，他们打算用那个浴缸冰啤酒。为此，他们必须先把上面的污垢除去。这是个相当昂贵的误判。换成是古典艺术，这种情况肯定不会发生，没有人会在派对上用油画当托盘，或拿大理石雕塑做衣架。

这个故事也告诉了我们：情境必须相符。唯有在艺术的脉络下（例如在博物馆或美术馆的展览里）观察某些对象，我们才会开始以艺术品的角度去研究那些对象。翠西·艾敏（Tracy Emin）的未整理的床，在她的公寓里就只是未整理的床，而后来进了伦敦的泰特现代艺术馆（Tate Gallery），那张未整理的床才变成艺术。

艺术家必须具备哪些能力才能成功？德国哲学家与诗人赫尔德（Johann Gottfried Herder）曾说："艺术源自技能或认识。"不过我们不太清楚，他指的究竟是词语的语源还是事物。喜剧演员卡尔·瓦伦汀（Karl Valentin）与其他一些人说得比赫尔德更准确，"'艺术'源自技能。如果它源自意愿，那么它就该称为'意术'。"时至今日，我们其实很难去分辨，谁是艺术家、谁是意术家。

在过去，手工技艺是主要的；然而，如今所讲究的，是能在艺术市场上占有一席之地的特殊才华。艺术的庸人会说："这我儿子也会！"艺术的行家则会说："可是你必须'抢第一'才行！"两者的说法都不够正确。因为现代艺术的质量并没有任何可以客观化的标准，而且也不必非得特别具有原创性。这主要取决于是否了解市场的心理。这当中涉及艺术品商人与策展人的权力游戏，换言之，涉及谁愿意赞美谁，谁推荐谁，谁在策展人那里使得上力，谁写了关键性的评语等问题。

我们总是可以找到一个理由来说明，为何一件作品是好的艺术，例如，作品很挑逗，因为很原始；或是作品很深刻，因为很精致。此外，我们甚至也可能因为作品很占空间或很不占空间，而认为它们很特别。由于并不存在什么标准，因此艺术的讨论总是很"独特"。理查德·塞拉（Richard Serra）的巨型钢板装置艺术，看起来仿佛是把工地剩下的建筑材料拿来拼一拼。只不过,他的拼凑方式总能让艺评家找到赞美的好理由。例如塞拉让观众反省自己的观察角度,大玩空间体验,将欧洲的雕塑传统带往极限,以铁锈警示死亡。最后当某位保守的政治人物主张将它拆除,这件作品便会广为社会大众所接受!

在艺术的世界里,十分忌讳说“美”。人们通常喜欢用“颇具审美的吸引力”“颇具说服力”或“十分耐人寻味”等词语取代,而这往往只是在自欺欺人。因为,在许多情况下,我们同样也可以用“美”取代这些词语。所有的这些评价都是在说,“这个对象对我造成了正面的影响”。因此,即使那些哗众取宠的作品乍看之下显得颇为时髦,那些美的艺术却总还是能卖到最好的价钱,这点并不令人感到意外。

很显然,不少在拍卖会上飙出天价的画作都是出自古斯塔夫·克里姆特、毕加索或凡·高之手。那些画作往往就是他们的作品中特别美、特别具装饰性的作品,因此它们的复制海报也常被挂在学生宿舍或牙医的候诊室里。

许多当代的艺术家显然并不想要创造什么美的事物,他们宁可对我们的视觉习惯提出质疑,或是去撬开些什么东西,最好是那些“覆有硬壳的结构”。弗兰茨·卡夫卡也曾对文学发表过同样的看法。“书必须如斧头一般,能劈开在我们内心结冰的汪洋。”不管是斧头、撬棍还是眼药水,这些隐喻都涉及作品对我们所产生的影响,无论直接还是间接。

因此,我们也可以根据艺术的效用来区分它们。直接触及我们的感官与感觉的厨艺在某一端,接着登场的则是音乐。位于另一端的则是文学,它先是诱惑了我们的思想与想象力,接着才引发对应的情感,至于美术则介于两个端点之间。

有些作品会冲击我们，出其不意地让我们感到惊奇，将我们带往混乱，而我们则一时之间完全无法说出个所以然。其他的作品则必须被加以诠释并归类。经过一番思考之后，我们才会理解讽刺、影射与原创。某些作品欠缺美的享受，至于其他的作品，美的享受则只是它们众多的作用之一。然而，我们也能解释其余的那些效用吗？

长久以来，评论者总是用文学的角度观察美术。最受重视的，莫过于对符号与隐喻的诠释。人们不禁要问，如何才能为艺术作品作历史定位呢？这涉及所谓的“互文性”（intertextuality，即作品对其他作品的指示），涉及作品里的影射与引用，涉及对诸如性、死亡、权力、现实等重要的文化议题的讨论。艺术体验的情感与感官性并没有什么特殊的重要性，一来是因为它们只是主观有效，故无法以科学的方式来研究；二来则是因为，在冷静地进行反思与诠释时，火热的情感往往早已消失。

美国哲学家杰拉德·莱维森（Jerrold Levinson）主张这样的知识观点。在他看来，唯有当我们能思考与理解艺术，我们才拥有对艺术的享乐。他的同行肯德尔·沃顿（Kendall Walton）则认为，我们会在艺术中寻找某些珍贵的、能引发我们赞赏的东西。

他们两位的论调听起来有点像是高等学校的教师在带领学生逛博物馆时一再叮咛他们，艺术应该要能激发深思。有时艺术的确能激发人们深思。只不过，它们多半只能制造乐趣，甚或根本不具备任何别有用心的效用。

近来，学者们则以情绪观点反对这种传统的观点。他们问道，艺术在我们内心引发了什么？他们所要探求的是感觉以及被体验到的作用。为此，他们往往会援引情绪研究与意识研究的相关成果。绘画与雕塑如何造成恶心或赞叹、有趣或迷惑、喜悦或惊奇等情绪?为何有些作品可以静静地发挥影响力,有些作品则必须极尽挑衅之能事?

美国哲学家杰西·普林茨认为,我们的审美评价源自某种基础情感。这种情感并非钦佩,原因之一就是我们对人的钦佩多于对艺术作品。这种情感也不可能是对美感到有趣,因为如此一来,许多艺术作品便会和美毫不相干。好奇似乎也不是,因为根据普林茨的说法,我们其实也会对拙劣的艺术感到好奇。剔除掉这许多不同的情感之后,剩下的就只有惊讶与惊奇的混合。在普林茨看来,我们对艺术作品的评价便是以这种混合情感为基础的,这是一种明明白白的正面情感,它会带来关注与倾慕。

毋庸讳言,寻找一种与艺术相应的基础情感(正如享受之于美),的确值得嘉奖。只不过,普林茨显然忽略了,对艺术作品的评价并非出自某种个别的情感,而是出自某种交互作用。此外,如果我们将这种所谓的基础情感描述成"钦佩的惊讶",我们便不禁要问,这难道不就只是用另一个词语来取代"评价"?

这两种观点(即知识的与情绪的)都忽略掉了某些东西。第一种观点排除了许多感受,过于将美术的作用描绘成思想。反对的主张虽然填补了这个漏洞,却也轻视了观察艺术作品时的智能运作,换言之,轻视了"反思"这项让人类显得与众不同的能力。

艺术在我们身上诱发了一切,包括我们的知觉、思想与情感。艺术往往会带给我们惊奇,然而,即便我们有时并没有对作品感到惊讶,还是会对该作品产生倾慕之情。这种思考与感受在审美方面的双重夹击,在"神经美学"(neuroesthetics)这门新兴的学科里,扮演着一个相当重要的角色。

脑袋里的艺术

彩色的图样。闪烁。突然间显现出一大片血红的色块，四周则为硫磺色的色块所包覆。背景黑蒙蒙的，宛如一座背阴且没有出入口的迷宫。这看起来就像是现代艺术博物馆里的某件影像装置艺术作品，实际上，它不过只是接受磁共振断层扫描的受试者的大脑快照。

这种仪器记录下各个大脑区域的耗氧状况。红色代表血液中的氧含量较低。而较低的氧含量则代表着耗氧较多，换言之，活动较旺盛。受试者必须品评艺术作品，在这个过程中，油画上的颜色与形状会激发他们的视觉皮层与情绪中枢，进而在脑部扫描仪器的屏幕上产生颜色与形状的变化，这时科学家便必须对这些变化进行解读。

科学家借助于自旋成像（spin imaging）说明我们的艺术体验已行之有年。这种医学的观察其实偶然发生于艺术上。大约在十多年前，印度的神经科学家维拉亚努尔·拉玛钱德朗（Vilayanur Ramachandran）突然心血来潮，与一位同事合写了一篇论文，在这篇论文里，他列出八种普遍的艺术法则。由于日后又有两个法则被追加上去，因此最终便形成了“十律”。

《艺术的科学》（*The Science of Art*）这篇论文可以说是为神经美学奠基的文献。乍看之下，这篇论文同时充满了挑衅与展望的意味。之所以说挑衅，是因为原为人文科学固有领域的艺术，突然间改由自然科学家接手。之所以说展望，则是因为这套理论将天差地别的学术文化结合了起来。特别具有学科差异性的东西总是格外引人注意，例如当我们将“神经”一词冠在“伦理学”前面，而变成

“神经伦理学”，听起来就比原本的“伦理学”有趣多了，同样，当我们把“神经”一语冠在“营销学”前面，而变成“神经营销学”，感觉上也似乎比单纯的“营销学”多了不少内容。

很显然，神经美学的基础构想无非就是：人类所有的思想、感觉与行为，全都具有神经方面的基础，就连艺术经验也不例外。每次的理发都是一场“神经理发”，每次的下午茶也都是一场“神经下午茶”。

撇开这种对言语化妆术的喜好不谈，对大脑的研究实际上告诉了我们什么与艺术有关的事呢？拉玛钱德朗所说的“艺术”，主要是指美术（视觉艺术），其他如文学、音乐、舞蹈与调配香水等艺术，并不在他的研究之列。然而，即便说是美术也还是过于广泛，因为拉玛钱德朗关注的主要是具象的作品；换言之，人们可以在那当中辨识出人或物的作品，例如印度寺庙里的雕像、风景画、漫画或裸体素描等。这凸显出神经美学的问题之一，那就是它为了能够专注于片段中的某个微小片段，因而排除了许多东西，却又一直宣称自己的成果具有普遍有效性。

拉玛钱德朗很清楚，所有美术作品90%的价值取决于“拍卖商的槌子”，换言之，取决于偶然的文化事件。因此，他的“十律”只涉及普遍的10%的价值。

这“十律”分别是：夸张（我们喜欢极端的事物）、契合（我们喜欢相互匹配的事物）、对比（我们喜欢被背景衬托出的事物）、孤立（我们喜欢吸引我们注意的事物）、灵光乍现效应（我们喜欢有所发现的时刻）、对称（我们喜欢镜像轴对称）、观点（我们喜欢自然的视角）、重复（我们喜欢大量的相同事物）、平衡（我们喜欢匀称）、隐喻（我们喜欢从一个面向移转到另一个面向）。

对于上述的每项“法则”，其实都有很多东西可以说。由于篇幅所限，且让我们检视一下其中的“夸张”这项法则。如果我们训练老鼠，当长方形灯亮起时可以得到食物，当正方形灯亮起时则没有。那么，一旦我们对它们示以一个超长的长方形，它们立刻就会从自己的小屋里跑出来。

根据拉玛钱德朗的看法，这个超长的长方形是一个“超级刺激”。有某种东西在老鼠的大脑里表示，“这与迄今为止的长方形相差更大，换言之，会有更多食物！”早在五十多年前，行为研究专家暨诺贝尔奖得主尼古拉斯·丁伯根（Nikolaas Tinbergen）便已发现同样的效应。一旦红嘴鸥的母鸟出现在鸟巢上方，幼鸟们便会开始发出索食声。在这过程中，母鸟鸟喙上的红色斑点发挥了关键的刺激功能。当研究人员用一根有三个红点的棍子引诱幼鸟时，这些幼鸟表现得更为亢奋。这根实验棍显然代表着一只“超级母鸟”。

拉玛钱德朗认为，我们就如同老鼠和海鸥。相较于原型，我们更喜欢夸张。因此，玩伴女郎也是一种超级刺激，而肌肉猛男在舞台上脱光光的舞蹈形式“猛男脱衣秀”（chippendales）同样也是。就连凡·高的画作也表现出色彩的夸张，那些超级饱和的野生动物摄影也不例外。因此，艺术家往往会采取扭曲或锐化，因为这也是将普通事物夸张的手法。

如此论证的人，必然是想到仪态万千的印度神像或超现实主义，可是他们显然并不熟悉伯尔尼德与希拉·贝克（Bernd & Hilla Becher）的黑白摄影。这两位摄影家曾用大画幅相机拍摄了蓄水池、水塔、高炉与其他的工业设施。只不过，他们并没有运用什么夸张的手法，只是单纯地将这些东西的原始面貌呈现。

如果红嘴鸥拥有美术馆，那么，依照拉玛钱德朗的说法，里头不就是只会展出带有红点的长棍棒吗！我们人类的情况有这么简单吗？在我们的博物馆里，不仅有挑衅的、天马行空的、夸张的作品，同时也有精致的、现实的、平庸的作品。拉玛钱德朗所宣称的普遍性显然与事实不符。有时我们会被漫画所吸引,有时则会被逼真的绘画吸引;有时夸张睿智,有时夸张笨拙,有时夸张美好,有时则夸张丑陋。

拉玛钱德朗曾问,人类可以制造艺术这一点,在进化上究竟有何益处?对此,他也提出了一些解答建议:艺术并不是要帮助手眼协调,也不是要彰显繁荣富裕,即便这是现今许多艺术收藏家的动机之一。艺术毋宁说是我们微弱的想象力的某种替代品。借助于真实的画作,我们的祖先便可唤起某些只是模模糊糊地存在于他们幻想里的东西。也许过去的情况确实是如此,然而,由于拉玛钱德朗的艺术法则说得太过普遍,以致它们几乎完全盖过了整个创作过程。

人类的每件作品至少会动用到十律的其中之一,或是孤立,或是夸张,或是重复,或是对比,或是隐喻,或是争取关注。将这些法则一条条地分开来看,每一条总是对的,这会让人误以为,拉玛钱德朗的理论可以解释一切。然而如此一来,他便其实什么也解释不了。

拉玛钱德朗还进一步表示,基于现代艺术"扭曲的"禀性,这些法则的每一条也都可以倒过来。然而,如此一来,就会变成怎样都行。最迟自19世纪20年代起,情况也是如此。况且话说回来,若是采取这种看法,我们其实根本就不需要任何原则。拉玛钱德朗失败的深层原因,就在于艺术的自我确证。每位艺术家都是通过改变旧有与转为对立,以创造某些崭新的东西,谁想在市场上占有一席之地,就必须想些不一样的呈现方式。如果有许多画作都是美的,不妨就画点丑的。如果其他人的作品都很具象,不妨就做点抽象的。如果有许多作品都是在材料上着墨,不妨就去做点概念性的东西。万一流行改变了，我们也可以用反流行。无论科学家找到了什么样的法则，每位艺术家都还是可以去抵制它。这使得这整件事不仅变得耐人寻味，而且也不是科学所能解释的。

维特根斯坦曾告诫我们，片面的“撙节例证”容易以偏概全，那些竭力为自己的理论寻觅量身定制的例证的哲学家，往往会因此而忽略某些重要现象。类似的道理同样适用于神经美学的许多理论上。诚然，神经科学家或心理学家并无法一举解释艺术体验的多样性。尽管如此，对于这种多样性有所意识却不可或缺。

艺术会对我们的感官和情感产生作用，不论是文学、音乐或绘画都一样。不过，它同样也会对我们的文化知识与思想产生作用。艺术会挑动我们所有的心智能力，这让它们显得如此特别。每个个别的挑动（无论是美的享受、惊讶或骚乱），必然都有神经方面的相应解释。最困难的部分将会是思想的研究，因为它们不仅易逝，而且往往会引发更多其他的思想。因此，我们可以冷静面对更多自然与艺术的惊喜。多美啊！

第八章

思考,是来自意识的谜?

在某些脉络里,“意识”指的是相对于“无意识”而言的“有意识”或“清醒”。如果有人完全有“意识”地做了些什么,人们大半会认为,他是“故意”或“蓄意”的。

某天早晨,K 忽然从昏迷中醒了过来,他发现自己在黑暗中躺在一张病床上,听见四周萦绕着医师与护士的声音。于是,他试着将眼睛张开一点。然而,除了闪烁着一片黑蒙蒙以外,他的眼前什么也没有,没有影子,没有轮廓,更没有动作。他不禁思索,我到底怎么了?这不是一场梦。医师告诉他,他经历了一场严重的意外,在那场意外中,位于后脑的视觉皮层不幸受损。K 失明了,尽管他的双眼完好无损。

几天之后,医师邀请他参加一项实验。K 被告知,人们在他面前装设了一大块方形板,在那块板子上,有 10 只灯泡被从上至下地安装。他的任务是去指出发亮的灯泡。K 无法理解要他做这样的事有何意义,他觉得被人捉弄,愤怒与不安的情绪在他身上油然生起。“我怎么会知道?”他激动地问道。然而,医师完全是认真的。他建议 K,只要听从自己的直觉即可。于是 K 便开始猜了起来:右上、中下、第二排中间靠左……每次他似乎都有某种感觉,虽然还是搞不清楚这些感觉从何而来。出乎他自己的意料,他几乎大部分都答对了，大大地超过瞎猜可能达到的准确率。然而，如果他完全看不见，为何他可以办得到呢？

患者 K 处在一种相当特殊的状态，他的情况全然不同于普通的盲人。普通的盲人由于视力被剥夺，完全没有任何视觉信息可供传导。然而，在 K 的情况里，所有光线都是先照射到他的视网膜上，继而被当作刺激，循着一般的神经通道传向位于枕叶（occipital lobe）的视觉中枢。只不过，由于部分区域遭到损坏，因此他的影像感受也跟着消失了。

除了最后的处理步骤，在 K 的大脑里，一切都像视觉正常的人那样，可以顺利运行。视觉信息留下了痕迹，而且显然被储存在某个地方。因此，K 以某种方式意识到在他面前发生的事情，因为他的确多半可以正确地指出亮灯的位置。不过，他还是欠缺某种意识的形式，因为他完全没有“视觉感受”。对于 K 而言，再也没有任何色彩与形状了！

德国心理学家恩斯特·波佩尔（Ernst Pöppel）与他的同事，于 1973 年首次描述了这种矛盾的视觉障碍。后来英国的心理学家劳伦斯·魏斯克伦兹（Lawrence Weiskrantz）为这种症状取了一个相应的矛盾名称，叫“盲视”（blindsicht）。

盲视的患者可以接收视觉信息，却没有视觉印象。像 K 这样的患者所能做到的，往往不止于指出发亮的灯泡，他们还能分辨愤怒与和善的面孔、察觉动作，甚或顺利地走过障碍训练场。只不过，这些能力都不会转化为视觉印象。事实上，盲视者并没有看见那些面部表情或障碍，顶多就只是有某种那里有些什么的感觉。

盲视的情况显示，意识至少有两种不同的基础面向。在心理学与神经科学里，主要涉及我们可以描述为信息取得（换言之，当信息或思想是个人可以掌握的时候）这个面向。盲视的人与视觉正常的人，都拥有通往特定信息的入口，因为他们的确可以正确分辨某张面孔究竟是和善的抑或是愤怒的。

相对于这个面向，哲学家所关注的主要是意识的“感受特征”，即盲视者在视觉方面所欠缺的部分。描述这样的感受究竟存在于何处并不容易，不过更难的是，以科学的方式去解释（如果并非完全不可能）。

现象的呈现

到底什么是“感受意识”呢？请想象一下，自己现在正光着脚走在冰冷、柔软的苔藓上。在你的脚掌底下，以有别于走在温暖的沙子或光滑的大理石上的某种形式产生了感觉。苔藓不仅陷了下去，它们还让你的双脚发痒。或许是冰冷的晨露，它甚至让你的身体起了鸡皮疙瘩！意识当中的许多个别感受让你的苔藓漫步变成了复杂的苔藓经验。其中包括对表面与温度的感觉、发痒、起鸡皮疙瘩，甚或还包括林地的土味，萦绕在你耳边恼人的蚊子飞舞声。感受意识总是具有正是在该种状态下才有的“原样特征”。

人们有时会以“现象的意识”（在这里所指的并非“非凡”或“很棒”的意思，而是在意义上“让人觉得如何”或“人们感觉如何”的意思），来取代“感受意识”。此外，有时人们也会将意识的感受单位称为“感质”（qualia）或“感受质”。

某些知觉感受非常基本、简单，例如红色看起来有别于蓝色、绿色或黑色，而且它并非由其他的质组合而成，在某些方面是一种感受原子，它具有这种基本的、不可分的红色特质。不过，我们必须强调，这是对于没有红绿色盲的人而言的，因为对于患有这种色弱症状的人来说，某些红色与绿色看起来都是一样的。对于视觉正常的人而言，这有点难以想象。可以模仿这种效果的方法之一就是，借助于图像处理软件，将数字图像处理成看起来只剩黄绿色的状态。如此一来，即使是视觉正常的人，也无法分辨出照片中的番茄究竟是否成熟，那些色盲者眼里的世界，看起来大概就是这样的。

在品酒专家身上，能够细分不同质的能力特别突出。饮酒会形成某种混合的味觉感受。行家不仅可以从陈年的勃艮第酒里，品出樱桃、李子与黑醋栗的不同果味，还能感觉出皮革、肉豆蔻或甘草的味道。有些人甚至可以听出马流汗、佛洛尔酵母（flor）发酵或木匠工作间的声响。

不过，即使没有受过多少训练，我们还是可以深究自己的味觉感受的多样性。当我们在饮酒时，有人说“樱桃”。刹那间，这种水果的果味特色便会受到注意。这当然有可能只是猜测，不过人们却不会去联想“醋栗”或“鹅肝”之类的味道。换言之，不知为何，樱桃的香味似乎早已在那里，这个词语只是帮助我们把它从整个现象的感受里抽离成一个元素。

从葡萄酒词语便可清楚看出，其实感受意识并不容易描述。我们不只在味觉感受方面学到了诸如“甜的”“酸的”或“苦的”等形容词，在视觉、听觉、嗅觉与触觉等其他感官方面也一样，例如“红的”“蓝的”“热的”“冷的”“大声的”“小声的”“细柔的”或“粗糙的”等。我们往往会想要更准确地表达出各种感受，因此会采取一些更能分辨出某种感受的来源或原因的表达方式，例如“刺痛”“柠檬口味”“烧焦的味道”等。有时这些词语并不足以准确描述某种香水、某种外国的香料，或某种崭新的音乐风格。如果我们想要掌握多样性的感受，就必须像品酒专家那样使用对照或比喻。我们可以说，“感觉像可塑橡胶”或“吃起来像重新加热过的那样”。

感受意识的产生

知觉是感受意识的两大典型来源之一,例如颜色、声响或气味等。此外,诸如瘙痒、牙痛、饥饿或高潮等,同样也属于身体感受。当然,我们见到的并非只有颜色。我们在一个三维的世界里,还能见到具有形态(可能显得结实或脆弱)的东西。

感受意识的第二个来源则是情感与心情。举例来说,恐惧和恶心这两者同样都令人不悦,可尽管如此,它们造成负面情感的方式却有所差异。虽然情感会伴随着身体感受,例如恐惧会伴随着心跳加速,可是独特的身体感受却并非对于所有的情感都重要。嫉妒或感激虽然不像恐惧那样,会伴随着典型的身体感受,尽管如此,它们还是具有完全独特的质性特征。

我们的知觉、情感、想象与思想都具有感受质。由于这种情况非常普遍,因此我们几乎完全不会去想到它们。有时我们甚至会听到如下的反应:的确,我们看到了颜色、尝到了味道,可是这有什么值得大惊小怪的?往往要等到我们失去了感受质,这一点才会变得明显。即使不是在例如盲视或色弱那么极端的情况下,光是将鼻翼阻塞的严重鼻炎,便足以让人见识到这一点。

以下是我个人的一段经验。在我第一次去纽约时,曾罹患严重的感冒。整整两个星期,我只能用听觉与视觉观察这座城市;直到我用了一罐简单的喷鼻剂,一个全新的世界才豁然开朗。突然间,有更多的事物冒了出来,像地铁站角落里刺鼻的恶臭,转角面包店里刚出炉的贝果香,中央公园旁某个工地里的热焦油味,唐人街狭窄巷弄间弥漫的异国美食风味,公交车上某个流浪汉腿部伤口的腐臭味,苏荷区三明治摊的油烟味,从小型洗衣店弥漫到人行道上的洗衣烟雾。这所有的一切先前完全都被我忽略了。我惊觉到，在过去那段时间里，我对这座城市的体验其实是被打了折扣的。小小的喷鼻剂，大大有效！

因此，我们可以用“被意识到的”，来指信息或感受的取得。这两种意识都具有“第一人称视角”。由于所有感受、思想、情感与知觉总是与我们相连，因此人们往往也会说这是意识的“主观性”——我们的感受以形影不离的特殊方式“属于”我们。我可以出借手表或自行车，却无法出借幸福感、痛苦或白日梦。没错，我的确可以向别人述说我的痛苦和白日梦，不过这是两回事。每个人都有自己的痛苦，我有我的，你有你的。当你、我同时牙疼时，我们会分别拥有属于自己的痛苦感受，我们的个人感受不过只是同一种类型。再者，如果你、我拥有同样的想法，虽然我们的想法具有同样的内容，可是并无碍于它们是两个个别的想法。换言之，我的痛苦和思想是与身为个人的我相连；而你的痛苦和思想，则是与同样身为个人的你相连。

有时人们会说品味是“纯主观的”，因为它们因人而异。至于意识的主观性则更彻底，我们可以说，如果没有自我联系，根本就不可能有意识可言。即便没有人类或其他具有意识的生物，树木、星球或冰晶都还可以存在。然而，如果没有能够感受痛苦的人，痛苦便无法存在，如果没有能够拥有思想的人，思想也无法存在。

意识不仅主观地与我们结合，而且我们所有的经验与思想更是融合成了一个整体的感受。我们并非分别地进行聆听、品尝或触摸。事实上，所有获得的印象会结合成一个我们对于周围环境的整体经验。康德称此为“统觉的超验统一”（transzendentale Einheit der Apperzeption），他的论点则是“我思”的想法必须可以伴随每个有意识的状态，并由此维持一致性。我们可以将康德的论点诠释成：当我们在从事与感受些什么的时候,总是会同时想着“我想”。

时至今日,在许多哲学家看来,这样的想法似乎过于依附于思想。作为替代选项,他们建议不妨把意识的主观特质,视为某种可被知觉的背景噪音,或是视为某种非反思的基本自我感知(由于动物与幼儿已具备这样的感知,因此我们可以假设,在不具备“我”这种概念的情况下,他们同样能以统一的方式感受这个世界)。无论我们想要如何掌握这个面向,关键还是在于伴随每个被意识到的感受的内在视角。

“场”与“流”

“意识”所指的其实并非仅仅只有“信息的取得”与“感受”。即使是在科学的讨论里,人们也并非总是完全清楚,在各个情况下,“意识”所指的到底是什么。这一点导致了伪争论的发生,因为学者们往往只是流于各说各话。因此,在思索“意识”之前,我们必须先看清楚它的各种含义。

在某些脉络里,“意识”指的是相对于“无意识”而言的“有意识”或“清醒”。如果有人完全有“意识”地做了些什么,人们大半会认为,他是“故意”或“蓄意”的。要是有人说“我不经‘意’地听到了音乐”,他所要表达的则是,自己没有把“注意力”放在音乐上。“意识”往往也可以单纯是指“知道”,例如“你是否‘意识’到每个欧元硬币都印有星星的图样呢?”有时人们会去“意识”自己到底想要什么,这时所指的就是“反思”或“反省”。最后,我们人类(或许就连动物也是)会有与自己有关的“意识”,也就是所谓的“自觉”。

意识的所有的面向(包括感受、信息取得、清醒、故意、注意、知晓、反思与自觉),其实是相互关联的。为了更清楚地说明这样的关联性，哲学家提出了两种空间的比喻；更确切地说，我们可以将意识理解成“场”或“流”。“场”的比喻体现了静态的面向，“流”的比喻则体现了动态的面向。在场的方面，举例来说，某人在早上起床时，感觉到两条腿有很严重的运动后肌肉酸痛，闻到从隔壁阳台传来的咖啡香，听到鸟儿在叽叽喳喳，回忆起昨晚所发生的一些趣事，思索着今日的几个重要约会。许多不同的知觉、感受与思想可能同时涌现，它们会一起填满意识场。有些人认为，他们可以借助于“能够扩张意识的”药物扩大这个场，然而这么做的结果，或许只能是感受到旧状况的新组合。

这个场的边缘是模模糊糊的，因为我们无法将注意力同时聚焦在所有事情上。如同剧场里的聚光灯，注意力会在各种意识状态之间游移，通过这样的方式凸显出其中的某些部分。举例来说，事实上，鸟儿一直在叽叽喳喳，可是必须等到我们注意到这件事，才会听出其中的旋律；换言之，声音感受是场的一部分，可是注意力才能让它获得必要的优先权。这与品酒的例子类似。在品酒时，我们会通过专注让口味特质浮现。就连在日常生活中，我们也会一再提到边缘区域，例如眼角余光、背景噪音、往往稍纵即逝的身体感觉，或是某些当它们突然消失、偶尔才会再度察觉它们返回的压力。

我们的意识场不断地在改变。这个面向与“流”的意象相符。美国哲学家与实验心理学创始人威廉·詹姆斯便提出了“思想流”或“意识流”的论点。思想、情感、愿望与知觉始终来来去去。有趣的是，身为个人的我们，在这样的过程中却总是依然故我。诚然，我们的确也有所改变，我们会成长，有时会哀伤、愁苦，有时则会幸福、快乐，或许还会变得有智慧。尽管如此，我们还是我们。

不仅是詹姆斯，就连德国籍奥地利哲学家埃德蒙·胡塞尔也曾明白指出，我们的意识流与周围环境同样都会持续地变化。由于这项事实是如此地理所当然，以至我们一开始根本就没有发觉。除非，我们在19世纪90年代去一家有频闪灯光的大型迪斯科舞厅，接着有人问我们，如果太阳是一盏超大型的频闪灯，这个世界看起来会是如何？

在这方面，医学也提供了一个与日常生活经验形成强烈对比的事例，这个事例与闪灯的经验十分相似：视觉皮层的所谓“V5”区受损的患者，有时会有“皮质性动作盲”（akinetopsia）的症状。由于他们再也无法知觉任何动作，因此他们所感受到的周围环境就成为没有流畅的承上启下的快照序列。如果我们借助于一个变化无常的磁场，从外部去刺激相应的大脑区域（这种方法称为“穿颅磁刺激”［transcranial magnetic stimulation］），我们同样也能在健康的人身上短暂地制造出这样的状态。

综上所述，意识可以说是某种持续地改变的场，因为其中的一切全都不断地在流动。在这当中，有部分的意识状态处于场的边缘，其他的则是在注意力的焦点上。这个焦点在解释“意识”的其他含义上具有关键的重要性。为了刻意做些什么，我们必须将注意力聚焦在那件事情上。只要是在注意力范围内的事物，我们就能将其妥善地记住，如此一来，它们就会变成我们可以运用的知识。那些自我反省的人，会将注意力放在自己的内心世界，他们会自问，“我想要的到底是什么？为何我的心情那么糟？”因此，许多人生导师口里的“你自己最清楚！”无非是指将焦点从外转移到内。

然而，无论再怎么有办法精确地描述自己的意识感受，对于许多哲学家而言，意识的主观性仍令人费解。我们不妨借助于思想实验来说明，为何这个问题会让这么多人伤透脑筋。

思想实验：蝙蝠、玛莉与僵尸

如果不是因为一场突如其来的大雨迫使她站在我家门前躲雨，继而用她那双棕色的眼睛看着我，我的人生又将如何？如果前锋是踢向左角，守门员是否就能将球拦下？世上所有的人能否全都过着和平、富足的日子？如果我身处于纳粹时期，我是否会跟着同流合污？

我们或许都曾听过跟以上相类似的问题。某位友人曾说："那些活在虚拟式里的人，只会让自己不幸！"我们很乐意听从这样的忠告，只活在直陈式的现实形式里；只不过，没有"如果"与"但是""或许"与"可能"，我们其实会很难过活。在每个"如果……说不定就……"之中，我们都进行了一个小型的思想实验。我们会想象一个替代的世界，在心里模拟各种事件的其他结果，有时甚至还会设想出另一种世界状态。

即使我们往往不晓得实际上到底是怎么一回事，即使他人会告诉我们，这些胡思乱想根本毫无意义，我们还是不愿放弃它们。在道德问题与司法审判方面，它们甚至是不可或缺的。例如，"如果工程师好好地检查飞机引擎，也许就可以避免这场不幸""如果没有他们见义勇为，也许那些孩子便无法获救"。这些推论其实是很有意义的。要是没有它们，我们根本无从颁发联邦服务奖章或是对罪犯判刑。要是没有它们，我们也无法作任何事前的陈述。

有别于那些沸腾或冒烟的化学或物理实验，思想实验是一种想象力的实验。它们以我们所收集到的与世界有关的知识为基础。不仅在哲学里，就连在理论物理学里，思想实验同样由来已久。爱因斯坦便曾想象过骑乘一道光，但根据传统的物理学，这会产生时间矛盾,不过爱因斯坦则假设没有绝对的时间,并且以自己所提出的相对论解决了这样的矛盾。

小说与电影也是充满幻想的思想实验。写实的故事很少去修改宇宙的实际状态,它们在不动摇自然法则的前提下,为我们呈现了一个替代的世界。童话、科幻小说、恐怖小说则更进一步。在这些作品里,会出现具有独特自然法则与奇异生物(例如吸血鬼、狼人、在隐形的寄宿学校里求学的魔法学徒、一睡千年的公主、驾驶着超光速宇宙飞船的长毛副驾驶等)的崭新世界。

当代的英美哲学家特别会感觉自己与自然科学及流行文化密不可分。因此,从小开始,他们有许多思想实验的灵感便来自物理学与科幻小说。当涉及意识时,思想实验特别受欢迎。就连在这里,也有一整个动物园的神奇生物,例如因遭受雷击而诞生的具有思维的沼泽怪兽,或是即使经受最难以言喻的疼痛,也不皱一下眉毛的超级伙伴。这些例子主要并不是涉及"如……或许会发生……",而主要涉及"这会不会是……的情况";换言之,涉及我们的概念直觉。例如,如果有什么疯狂的科学家,以如同电影《黑客帝国》中那种用虚假世界迷惑人的方式操弄我们的大脑,我们还有没有"知觉"可言?

与意识有关的三个最著名的思想实验,针对的都是以下这个问题:我们是否真能以自然科学的方式解释感受意识?美国哲学家托马斯·内格尔(Thomas Nagel)曾自问,当一只蝙蝠是什么样的感觉?换言之,借助于超声波在世界里为自己定向是什么感觉?蝙蝠会发出尖叫声,并且利用障碍物反射回来的回声,引领自己飞过洞穴或树顶,而人类则几乎无法听见这些声音。

现在,如果想象一下蝙蝠对于这个世界的空间,在主观上会有怎样的感受,我们很快就会发觉,我们的想象力似乎达到了极限。

我们可以想象用双脚倒挂在天花板上,也可以想象在嘉年华会上身着蝙蝠侠套装,可是却完全无法体会,借助于超声波去经验这个世界的空间,究竟是什么样的感觉。我们可以反驳说,我们同样也无法想象当另一个人会是什么感觉,我们其实只晓得自己的感受。这虽然是个不错的论点,不过内格尔所要谈的,倒不是这项质疑的反驳。他所要谈的,其实是蝙蝠如何“感受”自己的回声定位——这是我们人类所没有的。如果我们永远无法描述它,那么要以自然科学的词语为世界作完整的描述,同样也是希望渺茫。关于蝙蝠,我们还可以研究许多事情,我们可以计算和分析飞行向量、频率迭加与声音模式等,然而,这当中总是欠缺了蝙蝠的感受意识。

另一个类似且同样著名的思想实验,是由澳大利亚哲学家法兰克·杰克森(Frank Jackson)所提出的。这个例子是这样的:玛莉这辈子都被关在一个房间里,在那里面,一切都是黑白的,就连她自己的身体也不例外。耐人寻味的是,玛莉居然是色觉领域的顶尖学者,她知道所有关于光线、视网膜里的视杆细胞和视锥细胞、大脑里的视觉皮层,以及诸如此类的事。有一天,她离开了她的单色研究室,见到了这个多姿多彩的世界。她会因此而学到与颜色有关的新知吗?我们会直觉地认为答案是肯定的。如此一来,除了全部的物质与生理方面的知识以外,必然还会有更多与颜色有关的知识。换言之,直觉告诉我们,自然科学永远也无法完整地描述与解释颜色,因为总是会缺少个人的颜色感受。

澳大利亚哲学家戴维·查尔莫斯(David Chalmers)又进一步扩张了这位同行的想法。他的思想实验涉及的是一个特别的物种,也就是“哲学僵尸”。不同于好莱坞的僵尸,哲学僵尸在外表上与常人无异,他们不是嗜血的怪兽,行为举止完全像正常人。他们不仅会思考、说话,还会将自己的注意力聚焦在某些事物上。他们完全缺乏的就只有感受意识。

我们可以将哲学僵尸想象成盲视者,只不过,哲学僵尸的所有感官、情感与感受统统都有故障。虽然哲学僵尸可以听见正常人所能听见的一切并且加以思考,不过这样的听觉并不具备感受的性质,他们也无法以某种方式感觉到思考。对于哲学僵尸来说,并不存在颜色与气味。他们会像正常人一样散步和跌倒,却没有任何被感受到的平衡感,因此也永远不会有失去平衡的感觉。

那些乍听之下不合常理的部分,事实上并没有那么牵强;毕竟,即使在完全不提到颜色或视觉印象的前提下,科学家还是可以描述从照射到视网膜的光线开始,经由位于间脑(diencephalon)的外侧膝状体(lateral geniculate nucleus),最终到大脑皮层的整个因果链。如果我们跟随查尔莫斯的思路,很快就会发现,事实上,每个人都可能是个僵尸!外人其实根本无法判断,在别人的脑袋里究竟发生了什么事。甚至有可能,你其实是唯一一个正常的人,而这本书则是由一个僵尸所著。

查尔莫斯认为,相对于例如“方的圆”之类的陈述,哲学僵尸这种概念本身其实并不矛盾。我们所能想象的,在查尔莫斯看来,也都是可能的;也许不是在我们的宇宙里,可是终归会在某个替代的宇宙。

这说明了两件事:第一,意识的感受性并不取决于信息处理的功能,因为正常人与哲学僵尸确实是以同样的方式处理信息,虽然后者完全欠缺感受。第二,如同蝙蝠与玛莉的例子,即使有了关于我们和哲学僵尸的生理运作的完整知识,仍然无法解释,究竟为何我们会拥有属于自己的、能被知觉的意识?

如果以酿酒比喻,我们的感受就仿佛世界这坛酒里额外的配方。换个方式来说,如果这个宇宙是某位神明所创造的,除了物质与各种基本的力以外，他还得赋予这个宇宙意识。问题是，我们如何做到这一点？

谜样的意识

我们的心灵（准确地来说，应该是我们的“意识”），以某种方式与身体相互关联。如何准确断定这样的关系，传统上称为“肉体（身）/灵魂（心）问题”。然而，时至今日，由于几乎没有科学家相信“不死的灵魂”这种说法，因此人们多半将这个问题改称为“大脑/意识问题”。“二元论”是这个问题的传统解答，不仅几乎所有的宗教都主张这样的说法，就连柏拉图、笛卡尔等深具影响力的哲学家，也是这种论调的支持者。

笛卡尔认为，身体与心灵是互不相属、各自独立的实体，不过它们会互相对彼此产生影响。时至今日，几乎没有哲学家持“实体二元论”（substance dualism）的主张，因为这种说法是矛盾的。心灵应该对物质世界造成影响，虽然它本身并非物质世界的一部分。很显然，它在完全具体的地点与时间发挥了力量，可是它本身却又不在时间和空间里，这两种不同的视角根本无法同时兑现。

我们当中有许多人曾通过饮下大量红酒，鲜活地反驳了实体二元论的说法。此举改变了我们体内的酒精浓度，这又进一步成为形成新的意识状态的基础。说得直白一些，那就是：我们喝醉了！饮酒与突触（synapse）活动之间的关系是因果性的。先是饮酒，接着才在神经接头处发生了改变。相反，神经细胞与微醺之间的关系则不是因果性的，因为这两者其实是同时出现的。微醺只是奠基于神经活动，却并非由神经活动所造成。我们可以用玻璃的例子作个对照：玻璃的透明度取决于个别的玻璃分子，可是这些分子并未造成透明度。

“随附”(supervenience)一词可说是现代的意识研究中,对于非因果关系的“咒语”,这个用语出自美国哲学家唐纳德·戴维森。我得承认,这的确是个笨拙的专业术语;然而,其中的基础概念却是我们大家所熟知的。简单来说,“随附”指的就是,存在着“片面依存”这类情形。“意识随附着神经基础”这句话的意思,其实就是“意识单方面取决于神经基础”。然而,神经基础本身则并不取决于意识。

我们可以借助于《爱丽丝漫游仙境》里的柴郡猫说明“随附”。柴郡猫有时会隐形,它会慢慢地消失,直到只剩一副龇牙咧嘴的笑容。当爱丽丝见到了这样的景象,她不禁想:居然有这种事情,虽然我经常见到不龇牙咧嘴的猫,却从未见过没有猫的龇牙咧嘴,这简直是我所经历过的最奇怪的事了!

正如爱丽丝,我们也都觉得这个想象很离奇,因为它根本就是矛盾的。这个矛盾根植于我们的假设,那就是:每副龇牙咧嘴的笑容,都随附于某个身体,换言之,龇牙咧嘴的笑容片面依存于身体。也就是说,没有龇牙咧嘴的猫做些什么,就不会有龇牙咧嘴的笑容;然而,猫却可以在不龇牙咧嘴的情况下做些什么。

导演提姆·波顿(Tim Burton)在他的《魔境梦游》(*Alice in Wonderland*,改编自《爱丽丝漫游仙境》)一片里,巧妙地解决了这个问题:那只猫并未整个消失,在留下的一团烟雾里,人们可以看见一副龇牙咧嘴的笑容。忠于原著其实是不可能的,因为每副龇牙裂嘴的笑容,都需要一个实体载体。如果什么也没有,便无法有任何龇牙咧嘴的笑容。以哲学的方式来说,在一般的情况下,一副龇牙咧嘴的笑容,会随附着脸部的肌肉运动。

同样,如果不存在意识所依存的大脑,便不会有意识。因此,意识与大脑总是一起改变，只不过，这项关系是不对称的。唯有在大脑里存在着相应的基础，每个作为意识状态或意识过程的意象、身体感知（如饥饿或瘙痒）、情感（如愤怒或喜悦）与思想方能存在。可是，反之则不然。在我们大脑里发生的许多事，其实并不依存于我们意识里的某些东西，例如血液会持续流过微血管，可是血流却并不相应于任何感受。

由于意识依存于大脑，因此通过直接刺激大脑或操作突触间隙（即个别神经细胞的衔接处）里的化学传讯素（semiochemical）的成分，也可以改变意识，诸如酒精或药物都可以发挥这样的影响，它们可以创造一个改变基础的环境，从而意识的感受也会跟着改变。

此外，有些神经科学家精于"脑深层刺激手术"（deep brain stimulation），他们会通过细微的电线，将电导入患者受损的大脑区域，如此一来，像是抑郁症或帕金森综合征等症状便可获得缓解。他们会植入一种所谓的"大脑节律器"（brain pacemaker），以外力让过度活跃的大脑区域正常化。

在某位帕金森综合征患者身上，电流治疗不仅改善了他的运动障碍，还让他持续处于"欣快"（euphoria）的状态。由于这位患者很满意这种新达到的状态，便完全不想将大脑节律器关闭。为了保有这样的状态，他带着这个器具躲起来整整三年，直到电池没电了，才不得已地重返医院。

另一位过去曾有抑郁及自杀倾向的帕金森综合征患者，通过长达五年以电子仪器调节大脑里的某个区域，终于重新赢回自己的运动能力与人生。有时医生在进行这类手术时，会影响到大脑里的邻近区域。有位患者在医生于实验中将刺激加强时，突然大笑了起来。他的大笑颇具感染力，就连医生也抵挡不了。一时之间，这位患者觉得所有的事物都很好笑，他以开心的眼神环顾四周，俏皮话一个接着一个,尤其当他联想起《大鼻子情圣》(*Cyrano de Bergerac*)里的大鼻子,法国籍主治大夫的大鼻子便让他整个笑翻了。医师所施与的刺激影响到位于间脑的丘脑下方的某个区域。如果这位患者在正常情况下,听到一则十分有趣的笑话,同样的区域或许会被以自然的方式激发,他也会因而发笑;医师们只是走了一条快捷方式。

"意识依存于大脑"的论点是"物理主义"(physicalism,相对于二元论)的基本假设。物理主义并不接受灵魂实体这种可疑的假设,而是认为一切都是物质的。虽然物理主义避免了二元论所面临的矛盾,然而,这其实并没有带给意识的解释多大的收获,因为我们还是只知道有片面依存这样的情况存在,至于这种情况究竟具有哪些性质,物理主义依然什么也没说。

早在一百多年前,德国生理学家艾米尔·迪·波-雷蒙(Emil du Bois-Reymond)便曾主张,感受与大脑之间的关系("我感觉到痛、感觉到愉悦、尝到甜味、闻到玫瑰花香、听到管风琴的声音、看到红色"这些感受是如何出自"一定数量的碳、氢、氮、氧等各种物质的原子")是完全"不可捉摸的"! 他先将这个问题提出来,过了很久以后,美国哲学家詹姆士·李文(James Levine)才为这个问题安上了"解释鸿沟"(explanation gap)这个关键词。为何大脑里的某些结构或过程正是这个红色感知或这个痛觉,而非别的感知甚或没有感知的基础呢? 重达2.5磅、灰色、黏糊糊的大脑由分子所构成,对于这些分子,没有任何人具有内在视角。如此看来,怎么可能全都是我们内在视角的基础呢?

由于"意识"具有多种含义,因此我们也可以说有多种身心问题。查尔莫斯将它们区分成简单问题与复杂问题。作为信息取得的意识(某种就连哲学僵尸也具有的意识),原则上并没有什么问题，因为在这种情况下，我们还停留在因果过程与行为控制的层面上。

基本上，我们可以用客观、科学的观点解释这种情况——这是“简单问题”之一。之所以说“简单”，并非因为答案显而易见，而是没有什么东西阻碍在答案之前。至于感受意识这种“困难问题”，情况就完全不同了。

玛莉、蝙蝠与哲学僵尸说明了为何这是一个科学的大谜团；它比黑洞、地球上出现生物、大爆炸之后最初几秒的经过，都还要令人费解。在上述这些问题上，即便它们非常困难，它们所问的也完全与主观观点无关。虽然我们还不晓得这些问题的答案，可是目前我们却已经可以想象，解决它们的答案或理论可能会是怎样的。

以生命为例，地球上的无生命的物质（即由原子与分子）如何产生出生命呢？从前人们曾假设，是由于某种称之为“活力”（vis vitalis）的神秘力量，将生命灌入了物体里。如今我们知道，物体的活性其实并不需要其他神秘力量，细胞分裂与物质交换便足以维持有机体的运作。

原则上，我们可以根据A、G、T、C这四个字母（它们代表着DNA中遗传密码的碱基），解释所有构成生命的事物。此外，在这个问题上，我们所采取的是客观、科学的外部观点。蝙蝠与人类在维持自己生命运作的方式上，并没有什么区别。

相反，“被知觉到的意识”则抛出了一个性质截然不同的谜团，因为我们不但不知道为何会存在这样的情况，也完全没有任何线索可以去做像自然科学那样的解释。即便我们发现了所有基础的生理过程，也还是无法回答：为何会额外存在感受和意识？为何这些过程不会在没有意识的情况下进行，就像哲学僵尸那样？那些只谈大脑过程的人，往往会将第一人称视角或内在视角与客观、科学的观点混淆。然而,内在视角其实正是问题的一部分,如果我们混淆了这些不同的视角,所谈论的主题也会跟着被混淆。

生命与意识是系统的现象,我们体内没有任何分子是自顾自地活着,唯有它们像一个乐队那样共同合奏,生命才会产生。乍看之下,意识似乎也有类似的情况。大脑里的个别神经元并没有意识,唯有借助于上千亿的神经元及其无数的突触连结,才具有意识。差别只是在于,在生命方面,如果将所有分子结合起来,并不会产生什么根本性的新事物。然而,在意识方面,情况则全然不同。即便我们将大脑里的原子的所有特性(例如它们的结合强度、原子量、其他原子的交互作用等)集合起来,我们也还是得不到意识。根据种种迹象来看,有某些新事物伴随着意识出现在这个世界上,我们无法从自己各部分的总和中找到对这些新事物的解释。或者,也许可以?在过去的60多年里,人们提出了不少相当有趣、却也颇为怪异的解答建议。

解答痛苦的尝试

你划破了手指,感觉很痛。痛具有这种典型的令人不愉快的感受质,你会以某种完全有别于例如搔痒的方式感受到它。手指被划破的痛是可以忍受的,无须大呼小叫,可是它倒也没有微弱到可以完全不去理会。痛是哲学家最爱的现象之一,它强而有力地说明了身心问题的各种解答尝试有何区别。以下是部分的例子。

行为主义者认为,“痛”所指的并非内在的状态,而是某些典型的行为,例如哭喊、哀号、哎哟喂呀地叫。尽管如今听来十分荒谬,可是这样的论调一直到19世纪50年代为止,却始终在心理学方面居于主流地位。有个关于行为主义的笑话是这么说的:在做完爱之后,一位男性行为主义者问一位女性行为主义者:“你很满意;你说说看,我觉得如何?”问题很明显,行为主义者无法谈论自己的内心世界,因为这是他们所否定的。那些奉行行为主义却不观察自己的人,根本就不知道自己是高兴还是痛苦。行为主义者显然混淆了主题。他们以忽略取代了解决意识的问题。

同一论(identity theory)的说法则比较巧妙。同一论者认为,“疼痛感知”与“大脑中神经痛觉纤维的激活”,可谓是一体的两面,我们不过是在用不同的词语谈论同一状态或事件。我们可以用“我的C神经纤维被电激活”,取代“我觉得很痛”。同样,我们也可以用“我凭边缘系统的每个纤维爱你”,取代“我非常地爱你”。这样的说法似乎也不无道理,不过还是有人批评它是目光短浅的神经沙文主义(chauvinism)。美国哲学家奈德·布拉克(Ned Block)便曾表示,在其他遥远的星系或许有外星生物存在,虽然他们的大脑构造与我们完全不同,可是他们同样能够感觉到疼痛。

为何每个疼痛非得相应于人类或其他哺乳类动物身上的特定纤维呢?然而,即便我们接受就连外星生物也能感受到疼痛这种说法,问题依然没有解决;我的神经细胞并没有内在视角,感受到疼痛的我则有。“痛”与“神经纤维活动”这两种表述,显然并不像“水”与“H_2O”这两种说法那么容易互相取代。

“意识无作用论”(或称之为“伴象论”[epiphenomenalism])的支持者主张了一种类似的论调。他们并不否认意识的存在,却主张意识根本就没有作用,所以也不需要什么解释。虽然我们在做任何事情的时候,都会有某种感受如影随形,但那不过就像某部我们听得懂剧中语言的电影所附带放映的字幕。换言之,我们大家同样有可能都是哲学僵尸,这种说法并不容易反驳,不过我们倒是有“意识是有差别的”强烈直觉。凡是曾经因为恐惧而逃跑的人都会有这样的印象:正是因为恐惧给了自己很糟的感觉,才会做出逃跑的举动。

同样,疼痛也是自动地进入意识里警告我们要躲避危险的。我们想要避免疼痛,连带地,我们也避免了危险源。如果性爱没有为我们带来如此多的乐趣,或许我们就不会有性爱。再者,如果不能反思自己的感受,我们或许就不能规划未来或谨言慎行。从所有的情况看来,意识的性质显然有益于生存。很难想象如此奢华的机制,会在进化中那么容易就形成。因此,我们可以反驳伴象论者,如果恐惧感一点用也没有,自然究竟是基于什么目的要让我们感受到恐惧感呢?

如果我们认真地看待内在视角,就不会有那么多种可能了。不可知论的支持者,承继了艾米尔·迪·波-雷蒙的说法。他们认为,我们永远也无法解释意识。美国哲学家柯林·马格英(Colin McGinn)主张,意识的完整解释之于我们,正如量子物理学之于尼安德特人那样,都是不可理解的。这种说法也许没错,但却很难证明,因为虽然目前的确没有人知道答案可能会是怎样,但我们也同样不知道可能的解答是否确实永远无法被理解。举例来说,在还没学会计算之前,我们根本无从判断,在脑袋里做六位数的乘法是否确实很难。

可知论者则认为,我们只要等到科学发展到足够的程度便可以理解,日后人们一定会发现答案。也许我们必须将意识视为宇宙的另一种基本力,如同重力或电磁力那样。问题只是,像重力这类基本力并非系统的现象。无论在何处,重力都没有例外;每个物体都有重力作用。换言之,所有的物体都会互相吸引,即使这样的作用在基本粒子上格外地弱。然而,意识却是一种只在宇宙的少数地方才有的现象,它依存于许多巨型分子(即大脑,它们是迄今为止我们已知宇宙中最复杂的分子结合)。因此,问题就是,意识如何能够同时既是基本的,又是依存的呢?

无论如何,我们至少还有一条路,那就是“我毫无头绪”。意识是自然的一部分,它必然是可以解释的,问题只是在于,对于“答案是什么”或“答案可能会是怎样”,没有人有任何头绪罢了。大多数的哲学家都持这样的看法,尽管并没有人费功夫特地以此为题撰写一本书。

我们也可以更简单地处理这个问题。也许这个谜团的谜底就是技术的应用。人类是复杂的生化机器,因此,也许只要建造一些具有意识的机器,我们便能一步一步地理解,如何从没有脑袋的晶体管与回路,达到有意识的思考。也许我们可以利用这样的方式,让意识的运作方式水落石出。

计算机时代的出现

有个小家伙身高不及 50 厘米。它用自己又大又亮的双眼环顾四周,踏着笨拙的步伐摇摇晃晃地走过了房间。它拾起一块积木,并且将这块积木拿给玩伴看,接着又喃喃自语。另一个小家伙学它说话,它们彼此很能了解对方。很显然,这个玩伴最喜欢那块厚厚的黄色小木块,并伸出自己的金属手臂抓起它。它的电池还能维持六个小时,有足够的时间可以好好地摸索这个新玩具。

卢克·思蒂尔斯(Luc Steels)几乎整日与发出哔哔声的银色磨砂金属机器人为伍,他是布鲁塞尔人工智能实验室的负责人。思蒂尔斯从索尼公司那里取得了 QRIO 机器人作为实验之用,它是电子狗 AIBO 的接替者;AIBO 曾经获得全球的瞩目,因为它会做出诸如摇尾巴或追逐足球等动作,活像一条真狗。

QRIO 机器人配备了目前最新的高效能芯片,它同时也是目前最贵的机器人,造价比得过一部法拉利。不仅如此,它最引人注目的地方其实在于它是一个“类人类”(humanoid)的机器人。如果我们见到这个银色矮人的活动状态,肯定会认为它里头装了一个小人。

思蒂尔斯与他的同事将这个机器人设定成,当它指着自己的玩具时,便会发出随机的声响。此外,它还可以通过模仿,发展出一套自己的“语言”。关键的问题当然是:这个机器人是否像拥有意识的人类那样思考和说话,或者,它其实只是举止看起来宛如拥有意识与思考?

对于这个问题,思蒂尔斯本人并不想给一个确定的答案。然而,如果有人完全否认这个机器人具有任何心智能力,他必然会反问自己,如果要使它具有意识,到底还缺少些什么?芯片的处理速度更快、内存更大或软件更成熟,这些条件够不够?有了这些条件之后,是否有朝一日,这个小家伙就会开始有感觉、开始思索自己的机器人生,甚或开始尝试逃出实验室?

至少,如果好莱坞是对的,机器人或超级计算机迟早会发展出自己的意识,进而判定人类是多余的物种。在由史坦利·库布利克所执导的《2001 太空漫游》(*2001:A Space Odyssey*)一片里,超智能计算机 HAL 意图除掉某艘宇宙飞船上的几位驾驶员,因为它认为他们很无能。在电影《魔鬼终结者》(*The Terminator*)里,计算机“天网”(Skynet)唆使凶残的赛博格(cyborg,即机械化有机体)去攻击人类,在它们人造的皮肤下隐藏着一具钢骨。在《黑客帝国》三部曲里,一套计算机程序将掌控世界的权柄握在自己手中,并且将剩下的人类豢养在培养槽里,从而从他们的身体吸取能量。就连《机械公敌》(*I, Robot*)里的智能中央控制系统“慧奇”(VIKI),与《战争游戏》(*War Games*)里的军用计算机,也都不怀好意。

这些现代的计算机科幻情节掺杂了两个古老的文化史主题,那就是:制造人工生命及恐惧科技失控。早在玛莉·雪莱(Mary Shelley)时,她笔下的疯狂医生弗兰肯斯坦(Frankenstein),便已创造出一个巨人般的怪物,这个怪物不仅有血有肉,还有黄色的皮肤与超人的力量。由于察觉到自己的奇形怪状,这个怪物万分痛苦,于是他狠下心要报复自己的创造者。恐惧人工生物所带来的恶果有其宗教的根源:如果人类妄想扮演造物主,他们便是在妄自尊大、亵渎神灵,必定会招来无所遁逃的天谴。

不过,人工智能研究的奠基者们倒是没有那么多的顾忌。在1956年时,一群数学家在美国东岸的达特茅斯共同进行了一场脑力激荡。这场非正式的会议可说是人工智能诞生的时刻,它也许是计算机时代初期最重要的事件。

第一部大型计算器其实早已存在多时,只不过,当时人们还很少想到计算机可以有哪些方面的广泛应用。当时的假设非常简单:计算机可以解答一个人在有限步骤里所能解决的问题,只要那个问题可以用数学的方式表示。为此,我们只需要一条输入的线路、一条输出的线路与一套可将输入转为输出的程序便足矣。

计算是最典型的例子。"加法"程序可以接受"二"加"三"的输入并且送出"五"的输出。如今的下棋计算机、第一人称射击游戏、绘图软件与气象仿真程序等,在原理上并没有多大的改变,只是在表现方式上变得更为复杂。在这当中,计算机以二进制运算,每个输入都会被翻译成由0与1所构成的代码。"1"代表电流通过,"0"代表没有电流通过。

达特茅斯小组颇受计算机与大脑明显的相似性所吸引。在大脑方面,同样也有作为输入的知觉以及作为输出的行为。此外,每个人也都会解答问题。再者,大脑的神经元要不就激活、要不就不激活,这无非代表着,要不就有电流通过,要不就没有电流通过。因此,所得出的论点就是:人也是计算机,只不过,他们并非加载了硅芯片,可拥有的生物硬件却同样效力强大。我们的心灵就是软件,它在人类的生物硬件上运行,有时我们则会将这样的硬件称为“湿体”(wetware)。如果这是对的,那么人们必然也能以别的方式建造计算机,例如以不同的硬件运行同样的软件。

计算机在想什么?

那么,何时一部普通的计算机,会以人类的思考方式来思考呢?为了回答这个问题,英国数学家,同时也是计算器科学的奠基者之一的阿兰·图灵(Alan Turing)设计了“图灵试验”;这套试验表明:如果我们无法分辨出一部计算机与一个人的差异,这部计算机就是会思考的。图灵建议,不妨在人与机器之间进行对话。由于不是每部计算机都具备语音模块,因此我们必须把对话想象成如同在线交谈。

曾经上过聊天室的人应该都知道,有时我们自己可能会怀疑,对方残缺不全的回答,究竟是出自一位真人,抑或是出自一套精巧的程序?这类程序其实由来已久。在瑞典的某个大型家具店所属的网站上,安娜(Anna)会担任访客的在线顾问。对于许多问题它都只有一个答案。当被问到“你是不是一个人”时,安娜会老实地回答,“我是一套软件”。人们其实很快就能察觉,它的答案总是机械式的重复。因此,安娜可能无法通过以对话方式进行的图灵试验。然而,如果改成下西洋棋,计算机便可轻松地通过图灵试验。一位棋力中等的棋手,顶多只能从老是输棋这一点上辨识出对手是一套程序。不过,即便一部计算机可以通过以闲话家常的方式所进行的图灵试验，难道这就代表它可以思考，换言之，就有意识吗？

美国哲学家约翰·希尔勒曾以在近期的哲学界里最广为讨论的一项思想实验否定这项论点，这项由他所提出的思想实验名为“中文房间”（chinese room）。希尔勒邀请他的读者将自己想象成一部懂中文的计算机。请你想象一下，你正身处一个房间，里面有一大本上面写着中文的书。左边的字符串是问题，右边的字符串则是答案。如果你不懂中文，你根本就不晓得上面到底写了些什么，你所看到的，只是一堆奇怪的、龙飞凤舞的墨迹。这时从外头传进来一些字符串，你必须在这本书里找答案。接着你将相应的答案传了出去。由于这本书写得又好又完整，因此解答总是完美地匹配问题。说不定，你只要花点时间练习，接下来你甚至连查询答案都不必了。

如此一来，这会让房间外懂中文的观察者产生一种“你懂中文”的印象。换言之，你将通过以中文所进行的图灵试验。然而，实际上，你根本连一个中文字也看不懂。在希尔勒看来，一部计算机其实就和你这时的处境完全相同。它也有一本“书”（即一套程序），也会针对一项输入给予一项输出。如果身为生物计算机的你不懂中文，也不会有任何其他的计算机在你这样的处境里会懂中文，因为所有的计算机基本上都是同样有效能的，只不过，我们必须给那些搭载处理速度较慢的芯片的计算机多点时间。

希尔勒将他的论点归结成：依据固定的规则处理字符串，根本谈不上理解那些文字的含义。后来他又进一步发展了这项论点，因为掌握一个句子的意义代表着理解它，而这正是在意识里所发生的事。换言之，我们可以用计算机“仿真”心智过程，却无法由此“创造”心智过程。没有人会认为，一套仿真风暴的软件真的会让树顶摇晃、让秋叶乱飞。同样，也不会有什么人认为，我们在某个泳池里堆满模拟水分子的乒乓球,这样真的就会变湿。在希尔勒看来,同样的道理也适用于数字计算机的语言程序,它们只是仿真人类的行为,可是它们既没有思考,也谈不上理解,更遑论有意识。

部分评论者批评希尔勒不实际,因为有别于计算机,人的大脑其实是安置在一个会与自然环境相互作用的有机体里。希尔勒对这样的反驳悍然回击:如果“中文房间”位于一个具有机械手与相机眼的巨型机器人的头部,即便如此,里头的人也还是永远不懂中文。这不是与复不复杂有关的问题,因为即使这个“中文房间”塞满了分别代表着每个神经细胞的数十亿人,情况也不会有任何改变,这么做并不会突然产生一个集体的整体意识。

希尔勒并不想争执人类到底能否建造出具有意识的机器人;毕竟,从生物的角度看来,人类其实也是复杂的机器,只不过,我们是由碳水化合物所构成的。然而,在0与1的语言里的纯符号操作(即一部只接受公式化指令的计算机的计算)造成了某种错误的印象。只有拥有意识的人才有“计算”可言。

我们的个人计算机只是被比喻成计算器,因为我们将它们的运作“诠释”成计算。这点同样适用于所谓的“人工神经网络”(artificial neural network);乍看之下,它们比个人计算机更近似人脑(在我们的脑袋里,并没有任何相应于英特尔芯片的东西)。不过,人工神经网络与历来的计算机相比,基本上并没有什么本质上的差异。

因此,希尔勒断定,在意识方面,重要的是正确的基础,也就是我们的大脑。不过,这还是没有指出,究竟是什么让大脑如此特别。因此,我们又再度回到出发点。换言之,意识仍然是个谜。然而,就算永远也没有人能解开这道谜题,我们总还是能赞叹,这个宇宙有多么奇妙,我们的心灵又是多么令人惊异!

第九章

触摸,你对自己的身体有什么样的感受?

> 长久以来,身体很少成为思想家所谈论的主题。我们不禁要问,为何经过那么长的时间,哲学才发现了它?有些人认为,原因在于西方文化的仇视肉体。思想家似乎从来不在乎自己的血肉。

现在轮到你了。请你只用一只手拿着书,让另一只空出的手可以在你阅读时,探索自己的身体。请保持在舒适的状态,在接下来的过程里,你最好是独处,否则,如果是在地铁上或咖啡馆里进行以下的举动,你可能会招来异样的眼光。第一个练习是:请试着搔自己痒。请你选择一个敏感的部位,例如腋下的肋弓。你找得到那个点吗?如果找不到请别担心,因为只有精神分裂症的患者(即那些主要是为妄想与幻听所苦的患者)可以搔自己痒。

无论如何,至少英国的莎拉-杰恩·布拉克摩尔(Sarah-Jayne Blakemore)、丹尼尔·沃尔贝特(Daniel Wolpert)与克里斯·弗里斯(Chris Frith)这3位神经科学家认为,“我们无法搔自己痒”这件事,透露了某些与我们的身体构成与运动控制有关的事。布拉克摩尔与她的同事提出了以下的假设:例如当正常人要去拿一个玻璃杯时,大脑会发送出一道运动命令,并且通过神经传到肌肉。这道命令的一份拷贝会进到某个暂存点,如果运动的感应反馈与此不符,我们的注意力便会转移到那上面:我们会察觉,原来我们的手伸到杯子旁边了,也许我们会感到好奇,不过接着便会修正用手去拿杯子的动作。根据这几位学者的看法,这类事情其实一天到晚都在我们未曾留心的情况下发生。运动命令与运动越能良好呼应,感应的作用也就越弱。因此,在反过来的情况下,如果被他人触碰到,便会越惊讶、越激动,特别是越觉得痒。然而,由于精神分裂症患者缺乏暂存点,因此他们会把自己的各种运动知觉成外来的。因此,当精神分裂症患者触摸自己时,他们便会觉得仿佛有外人在摸他们。因而,他们可以搔自己痒。

即使是正常人,也可以获得某种异化的感觉。因此,请切勿在夜晚里进行下一个练习,最好也不要单独进行:请你把脸尽可能凑到镜子前,并且看着自己的双眼。现在请你交替地望向镜像里的右眼与左眼。接着请改变一下速度。一旦找到正确的节奏,你便会觉得,虽然你在转动自己的双眼,可是你的镜像却仿佛一动也不动地直视着正前方。尽管你心知肚明,这一切全都出自你自己,可是你却会不禁觉得,好像有个外人从镜子里一直盯着你。这套试验并非每次都奏效,也并非每个人都能做到。只不过,一旦成功,试验者往往会心跳加速、冷汗直流。迄今为止,我个人尚无法在这样的状态下撑过一分钟,即使我一再提醒自己,看着我的人就是我自己。某些友人在亲自做了这个试验后,甚至整晚都无法入睡。

这种情况会令人联想起恐怖片中,镜像有了生命的情节。这种异化的错觉或许是由于被感觉到的眼部运动与镜像凝视的眼神两者不一致所造成。心理学家迄今尚未对这样的现象进行有系统的研究。我们可以借用搔痒试验的情况来解释这种现象:被暂存起来的运动命令拷贝表示,眼睛在动,可是这点与我们在镜子里所见到的情况不符。不知为何,这样的落差就造成了"与我们面对面的必然是别人”的错觉，仿佛我们在一时半刻之间，突然陷入了精神分裂。

哲学式的健身

诚如前述，正常人无法搔自己痒。此外，某些患者感觉不到自己半身不遂，而癫痫症患者有时则会有离开自己身体的感觉。这些来自心理学与神经科学的发现，引出了几个哲学的基本问题：我们如何获得与自己的身体有关的信息？再者，为何我们会如此经不起身体方面的干扰与错觉？

长久以来，身体很少成为思想家所谈论的主题。我们不禁要问，为何经过那么长的时间，哲学才发现了它？有些人认为，原因在于西方文化的仇视肉体。思想家似乎从来不在乎自己的血肉。仇视肉体的方式至少有两种：一方面，人们可能会贬低自己的身体，这也许是因为肉体的欲望会妨碍研究工作。另一方面，人们也可能会认为身体在学术方面并不是很有用。如果我们相信尼采的说法，那么这两者其实一直以来就是紧紧相依的。这得归咎于柏拉图以及受其影响的基督教。在柏拉图看来，唯有当我们不受身体所牵绊，才能获得知识；构成一个人的，是这个人非物质的灵魂，身体对于灵魂来说是一个坟墓，灵魂必须设法从身体解脱。

尼采认为，柏拉图对灵魂的高度吹捧，导致肉体的等而下之，而基督教的仇视享乐也由此而来。事实上，将身体比作坟墓，并不会引发人生是一场嘉年华的想法。由于我们对“身体”可以有许多不同的理解，因此被责难的不仅是性爱与享乐，就连享受、运动、时尚与炫耀也同受谴责。它的对立面始终强调内在、真实、原本（也就是那些我们在灵魂里所感受到的东西）。时至今日，如果我们在日常生活中指责别人物质化,那么我们所指的依然还是:你只在意外表,而不重视“内在的价值”。“肤浅”的人不会关心心灵,他们只对胸部(男性)或名牌鞋款(女性)有兴趣。

认真地来看,藐视外在并非哲学所独有的特征。事实上,整个学术界都是如此。重要的是真理,而不是发型。严格说来,在学术界里,与自己身体的关系一直是个类型的问题,而非学科的问题。人们不仅可以在两个极端里发现哲学家的影踪,就连在极端之间的各处也可以。

在古代,年轻的思想家会在“竞技训练场”(gymnasion)里度过许多时光,这是一种附有水疗设施、运动设施及图书馆的天体营。白天时,他们会先在身体涂抹膏油进行拳击训练,到了下午,则会打开羊皮卷轻松地阅读,让自己从锻炼身体的劳累中恢复过来。与苏格拉底及柏拉图同时代的喜剧诗人阿里斯托芬,曾在他的一部名为《云》(*The Clouds*)的剧作里,赞美这种身体与心灵的合一。里面有个人物对于“宅”这种新趋势及其所导致的缺乏运动发出了警语:“然而,如果你追逐当今的时尚,你的脸色会变得苍白或蜡黄,肩膀会变得沉重,胸部会萎缩,舌头会变长;张开你的嘴巴,强健你的生殖器,平整你的臀部吧!”

就连在之后的各个时期里,对于运动的热爱,多半也只是类型的问题。有别于英国哲学家托马斯·霍布斯在75岁高龄时仍在打网球,康德则害怕运动会让他流失体液,因此在散步时都会小心翼翼地提醒自己:要用鼻子呼吸,而且尽量不要流汗。就连在性爱方面,身体与心灵也分道扬镳。在19世纪60年代,英国数学家乔治·史宾塞-布朗(George Spencer-Brown),曾住到英国哲学家伯特兰·罗素的家里,两个人每天都会讨论逻辑的问题。当时93岁高龄的罗素曾要求这位后辈,别在中午11点30分的讨论时间之前来到客厅，因为早上他要和自己的太太做爱。史宾塞-布朗在他的回忆录里写道：这对老夫老妻不关卧房的房门，因此他可以确定，罗素对他说的事的确是认真的。身兼哲学家与教父的奥古斯丁则有完全不同的想法，在他看来，婚姻最重要的功能，无非就是借助于无聊、单调来扼杀肉欲。

身体与外在总是显现的。对待自己肉体的方式，并未对个别哲学家的理论造成系统性的影响。尽管如此，令人惊讶的是，几乎没有人去问，我们如何感受自己的身体，何况我们还是时时刻刻与自己的身体在一起。学术界之所以漠视身体的运作方式，或许是基于一个更为简单的理由，那就是：截至前不久，根本就缺乏对于那些古怪的病症与奇异的实验所作的精确描述。

也就是说，只要没出什么事，我们自己的经验其实很少告诉我们一些关于自己身体感觉的事。我们可以闭上眼睛、捂住耳朵、捏住鼻子，却关不掉平衡、接触与身体状况等感觉，它们总是如影随形地跟着我们。身体总是在那里，却鲜少在意识的洪流里位居于主角。由于实验心理学也是先注意到远距感官(视觉与听觉)，因此哲学的问题便源自此。此外，出于实验科学以及自己的经验，哲学家早已对诸如思想、知识和语言这些“更高的认知”有了许多认识。

相较之下，诸如感觉、感受与运动等方面，在很大的程度上，始终都未曾为人所触及；这或许是由于它们往往是自动出现且稍纵即逝的。直到心理学家与医学家有系统地研究身体的感受，并且揭示出许多特殊的情况后，哲学家才开始展现自己的实力。从这时起，无论是在研讨会抑或是在书本上，到处都有人谈论“具身化”(embodiment)。

具身化的心灵

身体哲学与身体心理学共同构成了一个资历尚浅的研究计划。如同“身体”这个日常用语,“具身化”这个专业名词也具有多重含义。因此,那些同是强调“身体”的支持者们,所追求的目标却可能天差地别。有些人只想研究身体意识,并尝试解释例如为何我们无法搔自己痒。有些人旨在反驳“二元论”(这种论调主张身、心是两个相互分离的实体),更有些人则把焦点放在批评数十年来在心理学里居主流地位的“功能主义”(functionalism,这种论调将意识理解成一套计算机程序,物质基础对它没有任何影响)。

如果仔细观察一下不难发现,后两种见解都是所谓的“稻草人论证”(straw man),都是通过曲解对手的论点,以方便自己进行攻击。因此,已有很长一段时间,几乎再没有人认真地维护二元论的立场,就连顽固的计算机功能论者的人数,如今也是屈指可数。

部分具身化主张的拥护者,不像他们的同志那么好斗,他们宁可将关注的重点摆在别的方向上。在他们看来,身体感知在心智能力方面扮演着某种角色;这与传统所认为“心智能力不受身体感知影响”的看法有别。这并非只是指我们可以借助于手指算数、借助于双手来发表演说、借助于脚掌与手肘测量长度这些情形。就连思考本身,也可以将它视为某种运动程序,我们可以依循这套程序“一步接一步”地进行,直到“理解”某个问题为止。

此外,情感可谓身体感受的警报系统。例如,恐惧时的发抖与心跳加速,会警告我们躲避危险。就连视觉方面的知觉,也可以是某种想象的触觉。例如,当我们见到铺在壁炉前的一张熊皮,我们不仅见到了那张熊皮,同时还能想象出我们的手指从那上面轻轻滑过会有什么触感。

“具身化”这个标志具有类似“有机”这个标志的功能,它们代表着千差万别的关注重点,而且几乎毫无例外地全都是正面的。除了拥有一个稳固的标志,具身化的支持者还掌握了实实在在的研究成果。在身体感受的研究方面,有两个问题特别重要:我是如何感觉身体在哪儿的?我是如何感觉身体止于何处?且让我们先从身体的界限谈起。

被感到与被想到的身体

凡是一早在黑暗中醒来的人,连看都不用看便能立刻晓得,自己究竟是仰着还是趴着。同样,我们也能感觉到自己的身体止于何处。脚的大姆指与食指指尖属于我的身体,不过枕头就不是了。我的手属于我,因为它是我身体的一部分,可是手表就不是以这样的方式属于我了。为何会有这样的差异呢?

事实上,要想体验一下“某个外物是我身体的一部分”这种错觉并不难。大约在十多年前,心理学家便曾实验过所谓的“胶手错觉”(rubber hand illusion)。这项实验很简单,每个人在自己家里就可以进行。首先,受试者坐到一张桌子前面,并且将其中一只手置于桌面上,另一只手则摆在桌面下方的大腿上。

假设受试者将右手置于桌面上。接着,实验者在受试者的左手通常会出现的地方摆上一只橡胶手。大多数的心理学家会用仿真的模型,不过使用填充过的家用手套其实也行。接下来,实验者同时用毛刷在置于大腿上的左手与橡胶手上摩擦。受试者会感觉到自己的左手被碰触,可是却只见到橡胶手被摩擦。如此一来,没过几分钟,受试者便会觉得,橡胶手是他身体的一部分,而且被毛刷所摩擦，即使他明知这个道具与自己的身体根本从来不曾连在一起。

不仅如此，如果这时有人把刀子拿近橡胶手，受试者便会心跳加速，害怕“自己”的手会被割伤。再者，如果有人要求受试者用自己的右手去摸自己的左手，受试者不会将手伸往桌面下，反而会伸往橡胶手的方向。

在这当中，心理学家所谈的是某种“错觉”，因为我们无法抵挡这样的效应，尽管我们心知肚明那不是自己的手。我们大家都晓得像“穆勒-莱尔错觉”（Müller-Lyer illusion，在两条一样长的线的末端，画上开口朝内或朝外的箭头）之类的光学错觉。即使经过重测之后，我们很清楚地知道两条线其实是一样长，我们还是会不由自主地觉得，箭头开口朝外的线似乎比较长。我们通常无法借助于自己的知识或思考消除错觉，正是这一点构成了错觉，而无法将那些箭头开口方向不同的线看成一样长。

同样的情况也出现在橡胶手实验上，我们无法将假手视为假手。顺便一提，如果我们改用一只鞋子置于桌面上，或是干脆直接用毛刷同步摩擦桌面与隐藏起来的左手，这其中涉及错觉的事实便会更加明显；受试者会说，他们觉得鞋子或桌子仿佛是他们自己身体的一部分。

这项实验不仅有趣，还透露出一些与心智运作方式有关的事。从这项错觉里，我们可以学到两件事。第一，我们对于自己身体的所知与所思，无法直接影响我们对自己身体界限的感觉。第二，多种感官可能都参与了身体界限感的形成。因此，人们所谈论的也是“多感官错觉”。在这当中，视觉压过了触觉。如果触觉居于主导地位，那么，当受试者想要用右手去摸自己的左手时，他们应该总是会将手伸往桌面下。

在完全不晓得这项实验的情况下，早在将近一个世纪之前，哲学家埃德蒙·胡塞尔便已提出一项可以让我们更清楚地了解错觉的建议。他建议我们，应该将“所感受到的身体”（他称之为“肉体”）与“客观的身体”区别开来。在胡塞尔看来，感受自己的身体（换言之，拥有一个肉体）意味着，从内在视角察觉到自己终于何处、世界的其他部分始于何处，自己的肢体存在于空间中的何处。相反，在客观的身体方面，我们则是通过把它当成一个对象来称或量，或是在镜子里观察，由此获得与它有关的知识。

“对于身体的感觉”和“关于身体的知识”，其实是两种不同的形式，相应的各种信息会分别出现在我们的意识与记忆中。我们往往可以直接从感觉走向知识。例如，我们察觉到自己的肩膀上有股压力，由此获得“有人拍我们的肩膀”这样的确信。反过来，我们也可以借助于事先获得的知识，妥善地调适自己的感受。例如，当我们搭乘电梯时，如果电梯加速向上，我们会觉得一时之间，自己比其他时候都还要重；然而，由于我们知道这样的效应，因此我们不会从这样的感觉导出“我们突然变胖”，或“地球的质量连同其重力突然一并增加”等结论。

然而，情况并非总是如此。事实上，“关于身体的知识”与“对于身体的感觉”，会以各式各样的方式相互作用。虽然学术界如今才刚开始对这样的相互作用有初步的了解，不过胡塞尔却早已指出，“内在意象”（即我们通过感觉身体从身体所得到的意象）截然不同于“外在意象”（即我们从镜中所见到的或是我们通过对自己进行反思所获得的意象）。我们几乎可以说，这两者多半携手并进。然而，诚如橡胶手实验所示，有时外在意象也会捉弄内在意象。

当心理学家与神经科学家想要解释，为何感觉与知识有时会不协调，这时他们所回答的是“为什么问题”，这是自然科学的典型问题。相对地，胡塞尔与现代的身体哲学家所关心的则主要是“什么问题”:当我们说“所感受到的身体”或“客观的身体”时,所谓的“身体”一词指的究竟是什么?

我的身体与所有其他的工具

胡塞尔是“现象学”(phenomenology)的奠基者,这是20世纪初期的一股思潮,认为哲学的基础就在人类意识的结构里,就在我们如何以自己个别的观点感受世界的那些方式中。

胡塞尔认为,即使是视觉的知觉,也包含了身体感知。虽然他所举的并非足球的例子,不过我们大致上可以将他的想法,作以下的诠释:当观赏一场比赛时,我们的眼睛会一直跟着球,在胡塞尔看来,我们的眼部运动与头部运动对于视觉的知觉是有所贡献的。或许,当我们紧张地在观赏PK战时,就连紧张的肌肉也有所贡献。我们会将一切相对于自己身体位置的事物在空间中作安排。例如,我们听见了“后方”或“前方”有声响,在“左边”或“右边”的眼角瞥见了什么,发觉雨滴从“天上”落到了我们身上。

马丁·海德格尔将胡塞尔的想法进一步扩大。他曾是胡塞尔的学生,后来成了纳粹的拥护者,对于他的犹太裔老师不许再进入大学任教这件事,他必须负上一部分责任。因此,在大战结束后,盟军对海德格尔的处置之一,便是禁止他任教。尽管如此,他依然是20世纪最具影响力的哲学家之一,这主要是因为他用自己的一套独特言语,将那些空洞、荒谬的东西包装起来,以至他的许多粉丝产生了错误的印象,误以为他发现(或是如他自己所说的“揭露”[entbergen])了什么格外深奥的智慧。

身为现象学家的海德格尔,也曾针对知觉进行过思考,他的想法同样对现今的身体哲学造成影响。在他看来,我们是以“工具性”的方式“揭露”这个世界,因为我们周围的一切,全是可以”入手”(zuhanden)的工具。如果我们不以如此费解的方式表达,也可以将他的见解改写成:我们并非只将椅子或铁锤,视为由木材或金属构成的物体,我们其实会把它们视为与我们相互作用,会利用它们达到目的的东西。

当见到了铁锤,我们会去预想,如何利用这把铁锤将钉子敲进墙壁。海德格尔的想法并非只是针对人造器物,还包括了自然的事物。树木同样是可以“上手”的,因为我们“揭露”了它们可以用来遮阴,也就是说,我们分派给树木这项功用。换言之,一切都是“上手”的,没有任何东西单纯只是“在手”(vorhanden)的。然而,这种论调其实奠基于某种混淆。只因为我们可以分派给所有事物功能,并不代表我们就不能够单纯地将它们视为自然的事物。诚然,除了可以提供木料、遮荫、让人攀爬,树木还有许许多多其他的功用,不过,我们有时的的确确就只是将树木视为树木。

美国哲学家阿瓦·诺伊(Alva Noë)是当代的一位新现象学家,他所主张的知觉理论类似于海德格尔的看法。传统上,人们认为每个人经由知觉获得了一项输入,通过自己的行为制造了一项输出。然而,在诺伊看来,这样的分割其实是错的,因为视觉的知觉是一种身体的行为模拟。视觉并非被动的幻灯片播放,它其实更类似于触觉,因为我们的观看,几乎完完全全地触及了周围的一切。此外,我们的视觉印象必须由身体感觉来确定。举例来说,当我们坐在一架飞机上并且直视着前方,无论飞机是正在起飞,抑或是停在跑道上,所获得的视觉输入都是一样的。

然而,根据诺伊的说法,飞机起飞时,我们会感觉到机头似乎在扬起,很显然,我们的平衡感为这个印象贡献了它的一己之力。这项观察很有意思,不过大家或许会争执,在飞机起飞时,内心世界

“看起来”是否确实会不一样？在我看来,视觉印象是一样的,可是我们“额外”察觉到了倾角,因此整体的印象当然有所不同。只不过,这样的整体印象其实并非仅仅基于视觉,它同时还基于触觉,以及我们对于飞机的认知。

有些现象学家更进一步地表示,通过身体的互动与直接的接触所获得的经验会影响到视觉。我们并非看了掐丝花瓶,然后“额外”晓得它易碎,而是花瓶之所以看起来易碎,是因为我们曾经有过将餐具摔破的经验。或者,当夜里突然下起雪,从温暖的房间看出去,外面看起来的确是很冷的样子。再举一个例子,如果我们晓得某个建筑物的外表只是一个像“波坦金村”[1]那样的假门面,我们或许就会觉得它的外表看起来不太牢固。如同飞机的例子,这样的说法是否正确,其实不无疑问。因为,如果有人让我们看一个房子的门面,一旦他向我们保证,这不过只是一个电影布景,这个门面并不会因此突然间看起来就有所不同。视觉印象并没有改变。这显然更像是仿佛有个图像的想象暗地里加了进来。然而,这是一个对视觉印象的添加物,并非视觉印象不可或缺的组成部分。

让我们回过头讨论一下工具。在这里,存在的显然同样是某种触觉的“入手”,而非视觉的“入手”;也就是说,我们会觉得铁锤仿佛是自己身体的一部分,当我们将它握在手上、瞄准钉子时,我们确实会“感觉”到铁锤的头,正如在橡胶手实验里见到的那样,我们身上显然有某种东西全自动地将工具与我们所感觉到的身体结合在一起。

以下是我个人的一项经验:在 19 世纪 90 年代初期,我和许多人一样,都曾短暂地迷恋过一阵轮式溜冰鞋。有时,我甚至整天都

1　Potemkin Village,指为了粉饰太平而人工制造的布景式繁华景象。——原编注

穿着它。到了晚上，一旦我脱去溜冰鞋，我总是会感觉到，双脚仿佛少了些什么。不少直排轮的爱好者也曾表示，他们觉得直排轮仿佛与双脚融为一体。如果我们想用海德格尔的专业术语清楚地说明他的想法，我们或许可以说，轮式溜冰鞋与直排轮是“上脚”(zufusen)的载体。在停车时，我们也会有类似的经验。万一不小心撞到停在后方的车辆，我们会吓一跳，仿佛撞到的是我们自己。

不仅如此，正如美国社会学家杰克·凯茨(Jack Katz)在某个叫作“在LA的不爽”(Pissed Off in L. A.)的章节里所述：

> 一旦有其他车辆逼车，我们就会抓狂，因为这会让我们感觉到，此举侵犯到我们个人的安全空间。在日常生活中，如果有位陌生人在公园长凳上靠我们太近，对方不必真的触碰到我们，我们也会在身体上有同样的感受。我们在无形之中随身携带着的个人邻近区域；在开车的时候只不过扩大了少许，因为我们与汽车构成了一个被感觉到的整体。

即使是在虚拟的车辆里，我们也会有同样的感觉；每位曾经在电玩上观察过一场赛车比赛的人都能明白这一点。在游戏的过程中，打电玩的人会不自觉地将身体向左或向右倾斜，虽然他们只是坐在家里的沙发上盯着电视屏幕。甚至在玩Gameboy时，为了要让超级玛丽可以抓住蘑菇，我们会不由自主地把手抬高，或者，为了躲避激烈的射击，我们也会不由自主地把身体压低。

如果海德格尔知道Gameboy上或现代工具的相关使用研究，或许他会对人工器物如何得以产生“上手”或“上脚”的感觉，有更清楚的概念：虽然我们产生了一种它们成为我们一部分的感觉，但这种感觉却改变不了我们的视觉知觉。

胡塞尔与海德格尔对于法国哲学有很大的影响,特别是对于萨特与梅洛-庞蒂(Maurice Merleau-Ponty)。例如,梅洛-庞蒂便曾主张,我们的身体感受既非精神的,也非物质的,其实是这两方面的结合。因此,就某方面来说,梅洛-庞蒂并非二元论者,而是三元论者,因为他认为,除了精神与物质以外,宇宙之中还有第三种存在领域,传统的范畴(即身体与心灵)其实是从这里衍生出来的。被感觉到的身体就如同诗词或塞尚的画,总是允许有新的看法与诠释,即使在原始的材料上并没有任何改变。换言之,在骨骼、肌肉与肌腱方面就如同在印刷油墨或油彩方面那样并没有任何改变。我们可以用这世界所有的桌子、山脉与星系,将这个世界客观化为物质世界,可是这当中早已包含对于世界的身体感觉和过程的知觉。

梅洛-庞蒂想要走出身心二元论的死胡同,可是他却从超车道飙进了理论的无人区。我们或许可以如此重构他的错误:他看出了存在着某种双重依存,没有身体就没有意识,而没有意识,也就没有通往物质世界的入口。只不过,在这当中,他忽略了这样的相关性是非对称的。第一种依存是强烈的,意识取决于身体,这世界一直如此构成;可是第二种依存则较为薄弱,为了要思索世界,我们需要意识。然而,意识对于世界而言却可有可无,世界并不取决于我们如何理解它,纵使我们不去思索世界,世界依然会多姿多彩地存在着。

与其去发明新的存在领域,还不如好好地回过头探讨一下日常生活里的二元论。我们经常会说:

> 除了有个我们,另外还有个不知为何我们必须随身携带的身体。

典型的情况则例如：

> 早晨的被窝很温暖，外面很冷，我想要起床，可是身体却宁可待在温暖的被窝里，我该怎么办呢？我难以说服自己的身体！

如果像这样把自己分割成“我”和“我的身体”，总是可以找到适当的借口；精神上愿意，但肉体上却很软弱，或是反过来。无论如何，这两者永远不会一起达到同样的高度。

德国诗人罗伯特·格恩哈特（Robert Gernhardt）便曾在他的诗作《七次我的身体》（*Siebenmal mein Körper*）中讽刺过这种二元论。他在诗里写道：“我的身体是个毫无防备的东西，它拥有我是多么美好的一件事。我将它‘包覆在布料与丝线里，并且给它温饱’。”之后又接着说道：“我的身体完全没有理性，既贪婪、好色又懒惰，日复一日，它损坏得越来越多，我总是设法让它复原。”

虽然说得好像自己独立于自己的身体而存在，然而，诚如英国哲学家彼得·弗雷德里克·斯特劳森所指出的，这种二元论只在表面上成立。事实上，我们总是用“我”来指涉身为完整个人的我，我们不会一会儿指我的我，一会儿又指我的身体，身为完整个人的我不仅拥有物质的特性，也拥有心智的特性。

笛卡尔说：“我思故我在。”拳击手勒内·维勒（René Weller）则说：“我想，我是轻量级。”他们两者都谈论了自己，即使他们所强调的是他们个人的不同面向，虽然这听起来就像是除了我们以外，还有我们的身体以及我们的我，然而，这其实是一种语言的混淆。如果我们停止使用将诸如“我”或“它”加上冠词的做法，便能避开这样的混淆。

扭曲的身体界限

再来做个自我测试。你是否曾经有过两个鼻子呢？方法很简单，请你先将食指与中指交叉，接着再用两个指尖同时摩擦你的鼻尖，从右向左、再从左向右。如果你能找到正确的速度，便会觉得自己仿佛有两个鼻子。事实上，利用任何边缘，都能成功制造出这样的错觉，例如可以感觉到确确实实像是在用分叉的舌头说话，这或许是已知最古老的身体错觉，人们将它称之为“亚里士多德错觉”(Aristotle's illusion)。

亚里士多德曾将这种错觉描述如下：“例如在手指缠绕的情况下，触觉会将对于视觉而言是一个的东西感觉成两个。”很显然，触觉的信息会被处理成仿佛手指并未交叉。两根手指会被从外侧碰触，在正常的情况下，这只会在有两个物体存在时才会发生。这种赋予我们自己身体感觉的机制，显然是被设定成以正常情况为准。

另一种会让人感到自己手臂似乎变小的错觉，也显示出同样的情况。为此，我们只需要将某种会震动的家电，从外部靠着手臂即可。当英国心理学家帕特里克·哈嘉德得知这件事之后，他便请当时的助理(希腊心理学家马诺斯·札基里斯[Manos Tsakiris])买了一根按摩棒回来。札基里斯或许是史上第一位，以伦敦的情趣用品店所开立的收据申报科学研究经费的人。哈嘉德将按摩棒夹在自己的肘窝上，在刺激自己神经的过程中，他感觉自己的手臂仿佛缩小了。然而，如果在过程中同时用手捏自己的鼻子，他则会有鼻子不断变长的感觉。在我们心里，显然有什么东西在计算身体各个部分之间的相对距离。由于手指接触到了鼻尖，可是手臂在“缩短”，因此鼻子便相应地“增长”。小小的玩具,大大的效用!

我们知道这些自我实验的效果其实是错觉。没有人会认为,自己的鼻子会像小木偶皮诺曹那样变长或真的倍增。然而,在病理性的身体错觉方面,情况就完全不同了。举例来说,有一位化名为伊莎贝尔的病人,大腿比膝盖还细。她的皮肤紧紧地包住骨头,脸颊消瘦,双眼凹陷。如果伊莎贝尔闭上双眼,看起来简直就像具尸体。当她的厌食症严重到必须求医时,身高170厘米的她,体重却只剩不到40千克。经过很长一段时间,伊莎贝尔才慢慢恢复到自然的体重。她的确是变得健康了,可是并没有痊愈。她的肾功能依然受损,也还是有复发厌食症的风险。

厌食症主要发生在西方文化里。这种病症几乎只出现在女性身上,尤其是年轻的女性。一般的理论偏好从爱美的执念寻求解释:时尚强加给女性瘦身的观念,为了奉行这样的观念,某些人逾越了自己所能承受的极限。除此之外,厌食症患者在患病之前,往往会比普通人更忧郁、更常被意欲控制自己生活中一切这种强迫性的想法所苦。再者,他们当中的许多人,很少从父母那里感受到爱。

虽然目前的科学对于这些因素的交互作用还不能够完全理解,不过,在所有不同的样态里,扭曲的身体意象则是它们共同的本质特征。厌食症的患者往往不会觉得自己瘦,就好比在他们的脑袋里有一面哈哈镜,由于它扭曲了患者的镜像,以致他们觉得自己很丰满。他们鲜少可以仅凭一己之力,将这样的扭曲意象改正。因此,在许多治疗里,患者会被要求在未经测量的情况下,先在地板上画出自己的轮廓。当患者接下来亲自躺到地板上之后,他们往往会大吃一惊:他们居然只有自己所认为的一半宽!在某些病例中,这样的大开眼界才让患者对自己有了正确的认识。

胡塞尔所提出的“被感受到的身体”与“客观的身体”之区别,

在此同样发挥了作用。我们可能会感觉自己胖,也可能会因为看见体重计上所显示的自己的体重而认为自己胖。有别于感觉是形象的、具体的,而且是从内在被直接感受到的,思想则奠基于客观的数据,从而是以抽象的方式来表现,换言之,通过语言来掌握,其中甚至可能会出现许多数字。

一般来说,这两种形式在意识中会相互协调。然而,在厌食症患者身上,它们却会分道扬镳;因为,即使患者“知道”自己只有40千克,他们还是不会“觉得”自己瘦。因此,德国医学家马丁·格林瓦尔德(Martin Grunwald)与托马斯·怀斯(Thomas Weis)便提出了一套原创的治疗方法。他们请求某位患者总是在自己一般的服装下,多穿上一件氯丁橡胶所做的潜水衣。一年之后,这位病患不仅体重增加,研究者们还在她的右脑(即身体意象的基础所在)测到更为旺盛的活动状态。他们推测,恒压刺激了皮肤表面和神经细胞,因此一直以来表现过弱的身体意象再度恢复正常。

在许多病症里,感觉与知识处于竞争的状态,光是偏头痛就足以导致扭曲的身体感知。

有些患者遇到严重的头痛时,会觉得自己仿佛缩小了,不过也有人会在头痛的状况下,感觉自己长高到伸出手就可以摸到屋顶。这种现象有时被称为“爱丽丝梦游仙境症候群”(Alice in Wonderland syndrome),因为爱丽丝也有过同样的遭遇。她曾在喝下缩小剂后变小,吃下放大蛋糕后变大。刘易斯·卡罗尔也曾患有偏头痛。因此,部分研究者认为,他的头痛正是爱丽丝奇遇的灵感来源。而事实上,只有少数偏头痛患者会因为自己这种特殊的感觉,而认为自己突然间长大或缩小了,他们知道身体感知在欺骗他们。

不过情况并非总是如此。让我们再来看另一个例子:一位化名叫麦克的患者虽然拥有两只健康的手,可是他却始终感到自己的左手不属于他。麦克觉得自己的身体止于手腕。他并没有精神失常,知道每个人都有两只手。然而,由于脑部受伤的缘故,他罹患了异手症,这是一种罕见的身体意象障碍。严格说来,我们或许应该将这种症状称之为“异四肢症”,因为这种症状其实也有可能出现在双足或双腿。由于没有任何医师愿意为麦克截肢,于是麦克就用斧头砍下了自己的手。在医院里,人们为他包扎了手腕处的伤口,尽管很疼痛,可是麦克却觉得自己总算获得了解脱。

医生会拒绝将病患健康的肢体截除,希波克拉底所撰写的最早的医疗誓词,便禁止医护人员将他们的能力用在伤害或其他不当的方式上。然而,在这个与异手症有关的病例里,上述的原则并不见得适用,因为这位患者深受“异”手所苦。套用胡塞尔的说法,我们可以说,他们的肉体是生病的,虽然他们的身体是健康的。

迫于无奈之下,患者往往会突发奇想。有位患有异脚症的澳大利亚籍患者便曾将自己的脚泡在一桶干冰里,直到较深的组织层也完全遭到破坏为止。在这个过程中,他只感觉到有点发痒。在这种情况下,医院的医师们不得不为他截肢,因为他的那只脚已经救不回来了!这位被截肢的病患如今装了一个义肢。他觉得自己如获新生。身为正常人的我们,很难去想象这样的痛苦。我们或许可以把这种情况想象成:在我们身上的某处长了一颗既巨大、又令人讨厌的肿瘤,可是家人、朋友甚或医生却全都告诉我们,这完全是正常的,它就应该长在那里。

某些错觉是完全无法消除的,另有一些则必须花很大的功夫。在这过程中,视觉所传递的身体意象并非总是胜过内在的、被感觉到的身体意象。有时,我们必须再往前跨一步。

没有感觉的身体,没有身体的感觉

希腊心理学家艾卡特莉妮·弗托普鲁(Aikaterini Fotopoulou)与她的同事曾经描述过一位英国女病人的案例。这位女病人在中风后半身不遂,因而左手再也不能动。这位67岁的退休者具有高于平均水平的智商,曾受过大学教育,精神状态也完全正常。然而,她却不把自己的残疾认知为残疾。她很确定带有这样的残疾完全是正常的。这位女病人患有所谓的"病觉缺失症"(anosognosia)。

在治疗的过程中,弗托普鲁先试着让女病人通过一些简单的任务,注意到自己身体的缺陷。她请求这位退休者举起左手,接着问她这只左手在哪里?那只手自始至终都摆在桌子上,可是这位女病患却坚称自己已将手举在半空中。弗托普鲁接着问她,若真如此,为何桌子上还是有两只手?这位女病患则回答:"桌子上的不是我的手,是你的。"

对于患有病觉缺失症的人而言,这类"虚构"可以说是典型的症状,换言之,他们可以通过那些虚假的事情让自己觉得,自己根本就没有什么失调或残缺。所有人都会偶尔骗骗自己或别人。例如,当我们得不到某个工作机会或入学许可,我们便会说服自己其实根本就不想要它们。当我们想要拥有某件昂贵的大衣或某款新颖的电视,我们则会说服自己的确迫切地需要它们。在病觉缺失症的患者身上,这样的自我欺骗会以特殊的方式出现,因为它们不仅是有系统的、多面向的、具独创性的,而且最重要的是,它们几乎无法消除,诚如上述半身不遂的退休者案例。

一直到弗托普鲁将某次治疗的录像播放给那位患者看,她才恍然大悟自己的确是半身不遂。她从自己的内在完全未察觉这一点。

由于被感受到的身体错觉极为强烈,以致它们无法通过视觉被实时消灭。弗托普鲁与她的同事推测,时间的延迟在这当中扮演了某种角色,唯有通过这样的间隔,这位女患者才会察觉到,在先前的疗程里,她被拍下的动作的确是有些不太对劲。

我们可以问问自己,究竟如何获得内在的身体意象?有位女患者天生没有下臂与双腿,她的案例给了我们这方面的提示。这位19世纪40年代的女学者曾表示,在她有生之年,内心一直都存在着自己双臂与双腿的意象,仿佛它们从来都不曾缺少。虽然那些印象并不似她自己真实的身体所带给她的那般清楚、明白,可是却始终都存在。借助于成像仪器,我们可以看出在她大脑里(正常人也一样)负责知觉四肢的区域活动旺盛。当这个区域被人为地从外部以穿颅磁刺激激活,这位女患者仿佛感觉到有什么东西在她的指尖上。

这时我们可能会认为,这种错觉正如“幻肢痛”(phantom pain)一样,都是可以被解释的。“幻肢痛”是人类数千年前便已知的现象,主要经由战争而为人所知。在所有失去肢体的患者当中,有超过70%的患者会表示,他们会在自己失去的手或脚上感到疼痛。刺激手、脚残肢上暴露出的神经,会让伤者感觉到原来的肢体仿佛还完好无缺。这种现象并非因为疼痛不是现实的(因为那些疼痛往往令人难以承受)才称为“幻肢痛”。“幻”指的其实是身体的错觉,换言之,感觉到自己仿佛还拥有发痛的手或脚。然而,在这位天生缺乏手和脚的女患者身上,情况则完全不同,因为她从未有过自己可以感受得到的肢体。她的身体错觉可以用来证明,人类具有与生俱来的身体模型,当人们失去实际的身体部分,这个身体模型便会自动激活。

因此,我们会感觉到自己完全没有的身体部分,并且忽视那些所拥有的身体部分或是将它们感知成外来的。然而,还有更极端的情况。就连整个被感觉到的身体,也有可能完全消失或突然在其他的地方出现。

身体在哪里?

事情发生时,英国人伊恩·瓦特曼(Ian Waterman)正在工作,他就这样倒了下去,接着便再也起不来了。在事发的前一天,他还能单手屠牛,可是如今他却必须靠同事用担架将他抬起来。医院里的医师一筹莫展,要找出他究竟发生了什么事,他们恐怕得费上好一番功夫。在对抗流感病毒时,瓦特曼的免疫系统不仅消灭了病原体,也破坏了负责第五、第六与第七感(即对于触碰、运动与平衡感的感觉)的每一条神经通道。

从那时起,瓦特曼罹患了"感觉神经障碍"(sensory nerve disorder),这类病例全世界屈指可数。从颈部以下,他在皮肤表面上什么也感受不到,无论是冷、热、压力,还是疼痛。就连他的"深部感觉"(deep sensibility,这是一种与肢体在空间中的位置、肌肉的紧张状态,以及运动有关的感觉)也消失了,从而他缺乏每一种"肌肉运动知觉"(proprioception,这是一种与他身处于空间中的何处有关的感觉)的形式。唯一一项例外就是,他的运动神经还完好无损,换言之,运动的动作电位(action potential)始终还是能从大脑传导到肌肉。只不过,由于瓦特曼在发病时,未能感觉出自己的肢体在哪里,因此他也无法运动。

负责治疗的医师们曾预言,当时年仅19岁的瓦特曼恐怕这辈子都要在轮椅上度过。然而,他们却忽略了他坚强的意志力。瓦特曼不愿就此接受终身瘫痪的命运。有一天,躺在病床上的他决意要起身。他将自己的注意力摆在身体中心,想着要收缩腹部并将双臂伸向前。突然他居然真的坐直了！在欢欣自己的成功之际,他放松了原有的注意力,转瞬之间,他又立刻瘫卧在床上。然而,尽管如此,他终究迈出了第一步。接下来,他只要依照正确的步骤进行就可以了。

经过一年密集的物理治疗,瓦特曼总算可以再度行走。只不过,他的行走方式完全异于正常人。当我们在散步时,可以边说话、边走路,我们的双腿会宛如自动地进行运动。然而,瓦特曼却必须集中注意力于每个步伐上,并且留心观察自己的双脚在步行时的状态。因此,他无法追着球跑,只能以有点像企鹅那样的脚趾朝外的僵硬步伐缓缓而行。

有别于我们的体感会完全自动控制平衡,瓦特曼做任何事情都必须全神贯注。万一我们在走过某个空间的途中,灯光突然熄灭,我们便会先静止不动。然而,如果换成是瓦特曼,他便会立刻跌倒,因为一旦缺乏视觉信息,他便会搞不清楚哪里是上、哪里是下。因此,他从来不会在黑暗里入睡,否则当他自然苏醒时,他会不晓得自己的双手与双脚到底在哪里。

更严重的是,万一他的睡姿不良,便可能会在睡眠时,不知不觉地折断自己的手臂。当我们在超市的水果区拿起一只哈密瓜时,我们并不会向前倾,因为我们所有的肌肉会直接对这样的微小失衡进行调适。近来,瓦特曼也不再会因此而跌倒,只不过这是因为他将另一只手伸向后方;他晓得该如何让自己保持平衡。有别于我们只要凭“感觉”,他则必须要靠“知道”。

神经生理学家乔纳森·柯勒(Jonathan Cole)不仅观察瓦特曼的病例十多年,并且写下他的成功故事。瓦特曼的奋力不懈,就好比“每天都在跑马拉松”。到了晚间,他总是会精疲力竭,因为注意力的运作就如同肌肉,气力总有耗尽的一刻。瓦特曼的案例告诉我们,当我们在爬楼梯或摘花时,这些简单的动作背后隐藏了多少不为人知的东西,换言之,当我们把注意力摆在某些别的事物上时,在我们身上其实有不少事正在自动地运行。

有些哲学家甚至推测,身体感觉会对我们的"自我意识"产生直接的影响。在哲学的术语里,"自我意识"所指的并非日常生活中我们常说的表现在某人行为举止上的"自信",它其实是指可以意识到自己意识的能力。传统上,哲学家研究的是"反思的自我意识",换言之,人类对自己进行反思的能力。为此,我们必须拥有一个关于自己的概念,它能让我们最清楚地认识到,我们可以说"我"。年纪很小的幼童与动物不具备这种"我"的概念。不过,除了这种复杂的自我意识形式外,至少还有其他两种不同的形式。

一种是"镜像自我意识"(mirror-self-confidence):早在幼童可以说出"我"很久之前,大约在 1 岁大的时候,他们就已经可以认出镜子里的自己。我们可以推测,在这样的年纪,他们还不能以思考的生物之姿去思索自己。有些动物也可以在镜中辨识出自己,例如类人猿、乌鸦或大象。镜像测试十分简单:先在动物头上涂上颜料,接着再观察当它们站在镜子前,是否能有所反应。有别于狗和猫会去攻击或逃避自己的镜像,黑猩猩则会冷静地擦去头上的颜料。

德国哲学家托马斯·梅辛格(Thomas Metzinger)指出,传统上,哲学家只专注于语言方面的自我意识与镜像的认识。事实上,在自我意识当中,还有另一种形式,由于这种形式十分基本,因此很容易被人所忽略;就和戴眼镜一样,由于我们总是"望穿"它,因此往往不会注意它的存在。我们可以将这种形式称为非思想的"自我感"(sense of self),它会将意识中的所有印象渲染成人们会觉得这些印象全是他们自己所属。即使是年幼的儿童或无法辨识自己镜像的动物，也都会具备这种自我感。有时英美科学家会将这种自我感称为“我所属”（me-ness）或“属我”（mine-ness），换言之，我自己的感受归属于我。梅辛格推断，我们被感受到的身体促成了这种自我感。

基于这样的论点，显然可以导出，一旦丧失身体感觉，我们的自我感必然也会消失或减少。英国神经科学家奥利佛·萨克斯（Oliver Sacks）有一位名为克里斯蒂娜的女病人，便足以作为佐证。如同瓦特曼，克里斯蒂娜也患有感觉神经障碍。她曾表示她所罹患的疾病，让她失去了自己的“自我感”与“个性”。然而，瓦特曼的病例却正好是“自我感依存于身体感觉”这种假设的反例，因为他具备了特别明显的自我感。因此，瓦特曼的医师柯勒便推测，毋宁说是性格而非身体感觉造成了他们两者的差异；有别于瓦特曼的活泼，克里斯蒂娜则相当阴沉。身体感觉与自我感这两者究竟如何相互作用，这个问题依然未能获得解释，这主要是由于探询自我感其实并不容易。到底什么叫作失去个体感？什么又叫作不再将自己的感受感受成自己的感受？

在寻找“身体感受”与“我们自己的感受的属我性”的交互作用的过程中，心理学家与神经科学家遇到了一些更特殊的障碍。

离开身体的状态

它多半是发生在半睡半醒的状态里，或在癫痫发作的情况中。当遇到这种情形时，某些人会觉得自己离开了身体。他们往往会从嘴巴或颅顶“出窍”。他们会觉得自己很轻盈，飘浮在房间里。在这些过程中，当事人会觉得，他们仿佛看到自己的身体睡卧在床上。德国神经科学家欧拉夫·布兰克（Olaf Blanke）收集了许多与这些

“出体经验”(out-of-body experiences)有关的资料。在许多文化圈里,这种现象不仅众所周知,还是宗教民俗的一部分。这种现象似乎证实了某些神秘信仰所假设的“灵魂可以脱离身体”的主张。特别是因为当事人相信,自己从新的视角见到了原本的空间。有位癫痫症患者曾在某回发作时有过出体经验。当时他觉得,自己仿佛连同妻子及躺椅一起浮到了半空中,而且还从上方俯瞰了整个空间。事后他更巨细靡遗地描述了从天花板上观察整个客厅的情形。

事实上,这些人并没有确实离开身体。更准确地说,他们其实是感受到了某种复杂的全身错觉。布兰克与他的同事们,可以在某些癫痫症患者身上重现这种出体经验。为此,他们同样借助于穿颅磁刺激。利用某种外型类似交管棒(Verkehrskelle)的工具,便能制造出快速变化的磁场,借助于这样的磁场,他们就能从外部人为地激活在癫痫发作时,活动旺盛的大脑中心。布兰克的实验指出了,平衡感的障碍在出体经验中扮演了某种角色。这项错觉最有意思的地方在于,人类的心灵究竟能愚弄自己到什么样的地步?在我们身上有某些事物(打个比方)重新建构了视觉的视角,并将它调整成符合错误地被感受到的空间位置。人们会对居然可能发生这种情形感到惊讶;然而,我们大家其实都知道这种显得如此真实的、不可思议的幻觉,就在我们的梦里。

借助于穿颅磁刺激,布兰克与他的同事也能在健康的人身上,制造出类似出体的错觉。在接受刺激的过程中,受试者虽然不是感觉到仿佛离开自己的身体,却同样感受到自我知觉的紊乱,这种情况便是所谓的“自影幻觉”(autoscopic hallucinations)。受试者会觉得,自己仿佛坐在自己对面。不过,情况并非总像自己在看着一面虚拟的镜子那样。

事实上,受试者所见到的分身,往往与自己长得不一样。有些分身会穿着与本尊不一样的服装，有些则会有与本尊不一样的发型。有位受试者曾表示，他对面的人看起来像是较年轻、较生气蓬勃的他，而且他的分身还和善地对他微笑。这些观察表明，受试者的记忆促成了这种错觉。

在尼采的《查拉图斯特拉如是说》（*Also sprach Zarathustra*）里，书中的主角曾与自己展开一场对话。如今，只要借助于穿颅磁刺激，每个人都能获得这种冥思的经验。虽然我们不能搔自己分身的痒，不过我们还是可以和自己的分身一起玩这个老掉牙的游戏：谁先笑，谁就输（或就赢）。

我们的身体并非只是如格恩哈特所说，是个"毫无防备的东西"，它其实还是个奇特的东西。它总是存在着，却老是不起眼地保持低调。即使做个最简单的运动，我们的感觉、触摸与平衡感也同样是不可或缺的。另一方面，它们同样很容易受到与我们身体的界限，甚或位置有关的错觉所影响。虽然视觉往往会盖过触觉，可是我们却必须费很大的功夫，才能借助于以语言所掌握的知识改正我们扭曲的触觉，因为它们根深蒂固。这有点类似一个好的故事，无论我们在过程中思索了什么、想象了什么，它能否触动我们，结局才是关键！

第十章

生命，同时代表着死亡的到来？

我们可以将面对死亡的态度大致分为三种。正面的态度认为："有了死亡，生命才有了意义。"负面的态度认为："死亡是一种坏事。"中性的态度则认为："死亡与我们无关。"

有时，当看到一部在我童年时上映的电影，我便会陷入深深的哀伤中。也许是这些电影呼唤了诸如盖地洞、爬围篱、偷生营火等我当时的冒险经历。也许是这些电影让我认识到那些无忧无虑的探索与发现、那段还相信神话的时光，全都早已一去不复返了。

不过，这也可能是情感与思想两者混杂在一起：愉快的回忆、有限性的概念、顶多只是模模糊糊意识到却未曾表达出的想法——在电影上映时，我还只是个小孩，可当年剧中的人却和如今的我差不多老，不久之后，我就会变得和他们现在差不多老。

有时，当我遇见多年不见的老友，我会不禁陷入沉思。虽然我们的人生道路相隔遥远，虽然几乎未曾再有联系，不过我还是清楚地知道，我们曾经拥有过共同的童年。接着，我的目光便会消失在那张近乎陌生的脸里；在笑纹里，我只见到岁月的痕迹与伴随而来的自己的有限性。

有时我会想到，在几乎空无一物的宇宙里，再怎么伟大的目的，都是如此地微不足道。有时我则会想到，在永恒的时间里，再怎么充实的人生也只是稍纵即逝、毫无意义。一思及此，我便会不寒而栗。

然而，当哀伤的片刻流逝、交集的百感消散，一切又会变得如同往常一样迫切和重要。我的愿望与计划、体验与行为、整个人生，还有什么能比这些更重要呢？

记住，你会死亡！

尼采也曾在他的《快乐的科学》(*Die frohliche Wissenschaft*)一书里抒发了类似的哀伤，只不过，那只是一团混合的情感中的一部分。“生活在小巷、需求与声响的一团混乱里，我感到幸福的惆怅。在每个瞬间，出现了多少的享受、烦躁、欲望与多少的饥渴的生命和生命的醉态！然而，所有这一切熙熙攘攘、庸庸碌碌、汲汲营营，很快就会全部归于平静！”就这样，尼采指出，虽然我们每个人都难逃一死，可是我们却很少会在自己日常的事务中想到死亡，这真是相当奇怪的一件事！

当我们想到自己的死亡，我们很少会去问，生命是否具有超越无时无刻不是为了自己的意义？我们大家都知道，我们是会死的。然而，这项知识却是抽象的，它很容易用言语表达却很难理解。即使我们亲眼见到有人死亡，对于死亡我们也想不出什么结果。我们只是有个模模糊糊的印象：当我们在某个瞬间完全意识到一切都有尽头，便感觉到一阵颤抖。

在日常生活中，我们经常会被提醒死亡这件事。例如，通过新闻里因洪水或战争而罹难的死者。然而，奇怪的是，我们总是会保持事不关己的态度。当我们近距离、直接、近乎亲身地经验到死亡（例如在自家门前目击车祸死亡、在医院里见到病危的患者、亲朋好友过世等），它才会带给我们较为强烈的感受。在几个世代之前，一般来说，人们都还是在自己的家里寿终正寝，成人大半因为年纪老迈或肺结核，小孩则因为白喉或难产。过去的死亡定然与今日的死亡同样恐怖，然而它们却是日常生活经验的一部分。时至今日，死亡多半已转移阵地到医院与养老院。

一旦思索死亡（无论自己还是别人），到处都可以发现生命受限于死亡的迹象。一直以来，有限性始终都是艺术与文学的中心主题。美术将"虚无主题"（Vanitas-Motiv，即尘世的无常）作了千变万化的呈现：垂死的天鹅，带有干燥花、水果与燃尽的蜡烛的静物，印在T恤上或制作成钻戒戴在手上的骷髅头，福尔马林里的鲨鱼，哥特式教堂浮雕与夜店标志里的骨头，所有这些符号都在诉说着，"记住，你会死亡！"

死亡同样也是世界文学的主题，无论是隐晦的、含蓄的抑或是明白的、露骨的。在这当中，书名往往已经指出了不幸与没落：《魂断威尼斯》（*Der Tod in Venedig*）、《丹东之死》（*Dantons Tod*）、《瘟疫》（*Die Pest*）、《流刑地》（*In der Strafkolonie*）、《战争与和平》（*Война и мир*）、《罪与罚》（*Преступление и наказание*）、《悲惨世界》（*Les Misérables*）、《终局》（*Fin departie*）。由于这些作品以奇特的方式让我们畏惧却又神往死亡，以至纵使对死亡完全陌生，我们还是对这个主题依依不舍。可是，为什么呢？

死亡与禁忌

在托马斯·曼（Thomas Manns）所著的《魔山》（*Der Zauberberg*）里，年轻的汉斯·卡斯托普（Hans Castorp）看着自己刚刚过世的祖父。躺在灵柩里的祖父被鲜花与棕榈枝叶所包围，死亡"庄严的、精神的”面向令他印象深刻。然而，祖父的尸体同时却又令他感到恶心：“年少的汉斯·卡斯托普看着那蜡黄的、光滑的与奶酪一般硬的物质，它们构成了这个真人大小的死亡形体，那是过世的祖父的脸和手。就在此时，有只苍蝇落在那纹丝不动的额头上，接着开始上上下下地蠕动着它的嘴。”在这个过程中，卡斯托普认为自己“察觉到一股极为怪异的气味”。

法国人类学家巴斯噶·波耶认为，自从有人类以来，尸体总是会让死者家属陷入如卡斯托普所感受到的那种情感矛盾。尸体激活了我们心灵里的两种信息系统，一种是“人”的系统，因为死者早先明明就还在呼吸，亲朋好友会将死者视为一个活着的人，诚如波耶所说，死者的外貌会让生者唤起与死者有关的所有正面回忆。与此同时，“危险”的系统也会启动，因为我们与生俱来对于死亡生物的畏惧，使我们不会去区分死的是人类还是其他动物。凡是闻过动物尸体的人便知道，这套防御机制的运作有多么直接。

因此，这两种倾向会在我们身上产生冲突。一方面，我们想要去触碰或拥抱死去的亲人或友人，可另一方面，我们同时却又因想保护自己而对尸体有所忌惮。在波耶看来，与生俱来的对于死亡的恐惧，有进化方面的理由，因为它有助于人类免于遭受尸体的病源所感染。顺便一提，在世界各地的许多文化史里，我们都可以发现“具有传染性的不死生物”这样的主题，即使时至今日，诸如吸血鬼传说或僵尸的电影依然流行。

当看着一个人的尸体，我们看到的总还是一个人，虽然此时他剩下的不过就只是一具没有功能的身体。我的一位同事曾经跟我说：“虽然站在打开的灵柩前，送葬者会说，‘爷爷躺在里面’，可是如果改以哲学的口吻表述，就会变成，‘那是先前我们称之为爷爷的那个人所遗留下的物质’。”

波耶指出，虽然死亡是人类众所周知的主题，却只有在非常少数的文化里，才存在着对于死亡与自己的存在的反思。死亡总是“某个别人的死亡”这样的具体事件。波耶推测，早期的狩猎文化不太有时间为亲人的死举行什么仪式，一直等到人类开始过定居生活之后，才逐渐发展出葬礼。在这当中，尸体是核心主题。在波耶看来，葬礼的发展并非出于畏惧死亡，其实主要出于畏惧死者。

这种恶感与好感的冲突，在一些所费不赀的殡葬方式上表现得最为清楚。我们一方面想保住死者，另一方面又要防止甚或除去尸体的腐败。古埃及人的木乃伊制作技术，可被视为某种借保存遗骸来保住死者的尝试。至于其他的文化，则是敬尸体而远之。以陶土或金属做成的亡者面具（例如从迈锡尼出土的所谓“阿伽门农黄金面具”），只是让死者的容貌传世不朽，可是他们的肉身遗骸却早已消失无踪。

这种方法已经消逝了上千年，在那之后不久，人们便改以墓碑上的文字取代铸造面具。岩石不再保存死者或其形象，顶多只是保存住对他的追思。时至今日，墓园里甚至出现了上面未刻有任何姓名的石碑，只有立碑人才记得死者是谁。美国喜剧演员格鲁乔·马克斯对自己的墓葬曾有一套有趣的构想。在某次访问中，他曾表示在他死后，请将他直接葬在玛丽莲·梦露上方，并且在他的墓碑上题写：“抱歉，我起不来！”英国演员彼德·尤斯丁诺夫（Peter Ustinov）则希望自己的墓志铭是：“请勿践踏草坪！”

有些埋葬方式相当古怪，它们以近乎挑衅的手法，彰显出生者与死者的距离。并非只有在古代，才有亲属寻求能够特别亲近死者的特殊方法。同样的现象，其实也出现在我们这个时代。据说，为了纪念遭枪杀的饶舌歌手图帕克·夏库尔（Tupac Shakur），他的友人们居然将他的骨灰当成烟抽掉。音乐界似乎有这样的传统，例如，滚石合唱团（Rolling Stones）的成员基思·理查兹（Keith Richards）在某次接受访问时曾表示，他将自己父亲的骨灰连同一撮可卡因吸进自己的身体里；这也是一种与最爱的亲人同在的好方法。

并非只有尸体，就连死亡事件也是一部强力的文化发动机。数千年来，人们始终还是不了解未受任何可见外力影响的自然死亡。由于人们往往倾向借助于已知与具体的事物解释未知与抽象的事物，因此便将死亡比拟成杀手。因此，在欧洲文化里，手持大镰刀的死神四处亮相。即使时至今日，我们还是会说与死亡“战斗”或“搏斗”。拟人化的死亡具有死人的样貌，这点似乎理所当然。

虽然，相较于过去几千年，如今的生物学对死亡已有更多的了解，可是迄今为止，死亡却仍是我们这个社会里的禁忌之一。所谓的“禁忌”指的是，人们不许思考与谈论的事物。诸如上帝、金钱、性爱、离婚及死亡等，都是长久以来“经典”的禁忌。这在那些人们因避讳禁忌而改用的替代词语上，表现得最为明显。当人们谈及性爱时，会改用 Beischlaf（同床）或 Liebesspiel（爱情游戏）来规避。早期人们由于畏惧使用 Gott（上帝）一语，会以 Igitt（我的天啊）取代，或是改称上帝为 Herr（主）。为了避免提到 sterben（死），我们会改用 entschlafen（长眠）。近来几乎已经没有什么人会避讳谈论上帝、金钱或性爱。然而，死亡却依然是个禁忌，它是一个会让气氛凝重、让人语塞的话题。

什么是死亡？

让我们假设一下，托比叔叔突然倒下去，很不幸，他的心脏停止了跳动。医护人员很快赶到意外现场，借助于心肺复苏术，他们让他的心脏重新开始跳动。到了医院之后,托比叔叔恢复了意识。然而,过了一个礼拜之后,他却又中风了。由于脑部严重缺氧,因此他陷入了"持续性植物状态"(persistent vegetative state),也就是变成了俗称的"植物人"。医师无法在他主要的大脑区域里测得相应的活动。虽然他的心与肺还能运作,可是不久之后又罹患了肺炎,他的家属最后决定放弃治疗。

上述托比叔叔的例子涉及两种死亡:第一种是"心死",因为他曾有一段时间"临床死亡"(clinically dead)。当时他不仅停止了心跳,而且也没有了呼吸。如果医护人员未及时赶到,他或许就会死于"心停止"(cardiac arrest)。另一方面,在中风的情况下,托比叔叔则发生了第二种死亡,那就是"脑死亡"。尽管他在昏迷期间,还有温暖的血液流遍全身,不过他已不再是一个正常的人了。

我们可以依据以下两项特征之一来判断死亡与否:一是诸如呼吸、心跳与新陈代谢等"维生机能",二是那个人的"意识"。在过去,这两种特征几乎总是同时发生,因为维生机能一旦停摆,意识也会终止运作。

然而,借助于现代的医疗技术,如今已可将"心死"与"脑死"两者脱钩。当人们拥有一个温热的身体,直觉上我们会认为那个人是活的。由于这样的想法在人类进化上根深蒂固地烙印在我们对世界的分类上,因此第一时间我们会反对去宣告一个心脏还在跳动的人死亡。因此,如何对待无法复原的昏迷患者,这个问题在全球各地掀起激烈的伦理学辩论,因为对我们来说,以意识死亡的概念去掩盖身体死亡的概念很难。

不过,我们其实早就从童话或电影里认识到这两者的脱钩。在那些故事当中,幽灵具有意识却没有身体,僵尸具有身体却没有意识。别的方面也会涉及这项差异。例如,患有失智症(dementia)的人,会逐渐失去理智及个人人格的所有特征,可是对于感官刺激的感知能力,却会一直保持到最后。这一点让失智症患者有别于植物人。病情日益恶化的失智症患者,是没有理智却具备感知能力的人,可是植物人却连这样的人也不是。

除了上述的两种死亡样态,如今已有许多人改用更为精确的第三种死亡定义:死亡是生命机能不可逆的终结。其理由是,在托比叔叔死亡后,他的家属的确可以把他移入灌有液态氮的储存槽里。假设在遥远的将来,那时的医学已有能力将受损的大脑完全修复,托比叔叔就有可能醒着活过来。换言之,所谓的死亡,既非不再呼吸,也非不再具有意识,因为这两者都可以在暂停一段时间后恢复,必须等到这样的情况被完全排除之后,才确实有“死亡”可言。

那些认为这种复活幻想只存在于像卡通影集《飞出个未来》(*Futurama*)这类科幻作品里的人搞错了。事实上,目前已有上百位人士被保存,或如人体冷冻技术(cryonics,这个词源自古希腊文,即“冷”)专家所说的“暂停”在液态氮储存槽里。在美国,有些私人企业会收取一笔定额租金,在承租者死后将其冷藏至人们可以让他们重新复活为止。有别于19世纪60年代,人们会将整个身体保存起来,如今专家们只会将死者的大脑保存在状似烹饪锅的储存槽里。如果复活的技术成功了,将会出现一个人既非生、亦非死的案例。

不再呼吸、不再思考、不再存在,这三种特点听起来,就仿佛哲学家在争执三种不同的死亡概念。然而,如果仔细观察一下就不难发现,这三种特点全都具有同样的早于科学的概念,那就是:死去的人既不会再起身、也不会再回来。现代的自然科学只是能够更准确地确定不可逆的生物条件,从而准确地表明日常生活的死亡概念。

允许生或死

在美国这个民主法治的国家,目前有超过三千多名死刑犯正等待着自己的处决。其中为人所诟病的,不只是处决的实际执行十分残酷,还包括受刑人必须长时间忍受等死的煎熬。要将所有的司法程序走完,往往得耗费超过一年,甚至长达十多年的时间。矛盾的是,诚如美籍印度裔社会学家苏迪尔·文卡特许(Sudhir Venkatesh)所指出,死刑犯的平均寿命,其实高过美国大城市里迟早丧命于争夺地盘的毒贩。

死亡会缩短生命,死刑犯与毒贩必然会考虑到这个问题。死刑犯无法像一般囚犯那样,相对较平静地度过余生,因为他们的死亡一直就在眼前。一个在街头贩毒的人,必然同样会想到,自己恐怕无法活过十年。在这一点上,他们两者的前景是一样的。尽管如此,一个可预期但是不确定的死亡,这样的想法似乎比较容易为人所承受。

仔细想想,其实每个人一出生便都被判了"死刑"。有些学者甚至认为,早在精子与卵子结合时,我们就开始老化了。无论如何,最晚到了我们再也无法继续成长的时刻,老化便会成为某种致死的疾病。每呼吸一口空气、享用一口食物,或饮用一口水,都会损坏细胞。虽然维持生命不可或缺的物质会进入身体,可是与此同时,新陈代谢也会破坏细胞的结构。换言之,它们会长期处于修复不足的状态;我们的头发会花白、脱落,皮肤会变得又黄又皱,关节会磨损,肺活量会变小,牙龈会萎缩。

老化过程是最不为人所熟悉的自然过程之一。由于人们将细胞损伤归因于氧化,因此长期以来,老化的氧化损伤理论一直在生物学里居主流地位。只不过，虽然这套理论可以说明衰变的机制，却无法说明，为何细胞修复从某个时刻开始，功能会变得如此不彰？

在医学进步与营养改善的情况下，人类的平均寿命在过去一个世纪里几乎倍增。尽管如此，学者们还是一致认为，如今的人类纵使在最佳条件下，也很难活得超过120岁。诚如针对百岁以上的人瑞所做的相关研究指出，某种罕见基因可能才是长寿的主因。然而，即使是这个有办法活得长长久久的特殊族群，也终究难逃一死。

某些生物不会老化，因此原则上可以无限长久地活着，例如水螅（hydra）、海参、真菌、灯塔水母（*turritopsis nutricula*）等。以灯塔水母为例，它们处于永远的青春期，在达到性成熟之后，便会再度返回幼儿状态，如果没有受到外力干扰，这样的过程可以反复来回无限多次。

不是只有老化不为人所熟悉，就连其进化功能也一样。有别于地球上最初的生物只是自我分裂，受基因控制的老化则是后来才在进化史中出现的。因此，问题就是，老化究竟对我们的祖先有何益处？某项理论认为，程序化的死亡虽然不利于个人，可是对于整个物种却是有益的，因为已经繁衍过后代者，会夺走正在成长的世代的生活资源，如果高龄者自行死亡，便可留给下一代更多资源。

然而，这种说法的问题在于，许多被猎食的动物在它们死于器质性原因之前，已先于大自然的猎场里被猎食。虽然在动物园里，它们的确可以活得比较久，可是倒也不是就不会死。因此问题就是，纵使这些动物根本就不需要这种族群性的死亡计划，为何它们身上也要运行这样的计划呢？也许理由很简单：完美的细胞修复需要耗费许多能量，可是像脊椎动物这类复杂的生物，需要将能量主要利用在避免因遭受攻击而受伤方面。因此，在我们的祖先当中，多半是以外部愈合（例如皮肤的外部愈合）为重的存活了下来，可是这就需要以器官愈合为代价。

永远年轻并不保证一定就不会死,因为每个生物都可以被杀死、可以被外在环境消灭。此外,所有生命的终结都会遵循热力学的第二项基本原理:不可逆地增加"熵"(entropy),即物理的失序,简单来说,就是宇宙中的物质与能量的平均分布。我们只需要将一颗冰块放进一杯伏特加并等待它溶解,便可说明这一点。先前冰与酒精处在一个高度的有序状态,现在这两种物质则在均温的状态下均匀地混合。

由于能量会以这种方式在所有物质间进行交换,因此"热寂"(heat death)的宇宙是可以预期的。到了某个时刻,物质与能量的分布状态会平均到没有温差,在这样的宇宙里,便再也没有任何可以维持运动的能量存在。在这种情况到来的很久之前,恐怕早已不存在任何生命,因为生物是特别的"有序"。换言之,具有复杂的能量过程。他们虽然可以抵抗熵的增加,可是仅限于他们微小的生物圈里。

为了维持生命机能,我们会制造无序,将植物与动物消化成粪便,将石油与煤燃烧成二氧化碳,在每个动作中产生摩擦热,在这当中,产生了许多的熵。也就是说,维持我们的有序是以更多的无序为代价的,一旦宇宙中的无序越过某个临界点,它将再也不适合生物存活。

正如我们对死亡的一知半解,迄今为止,我们同样也还是不甚了解,到底什么是生物?在这方面,定义的特征同样众说纷纭。例如,其中的问题之一便是:病毒究竟算不算生物?虽然它们具有基因,却没有细胞结构与独立的新陈代谢。人们通常会将生长、繁殖、新陈代谢、自我调节,以及运动等因素的交互作用,视为生命的特征。然而,有疑问的是,如果有机器同样满足这所有的标准,我们是否会将它们视为生物呢？

无论我们把生命的概念放得多宽，生物与无生命之物的主要区别在于，生物的组成部分（即细胞）是会改变与交换的。即使是没有生命的物体也会停止存在，岩石会碎裂，小木屋会腐朽。有机体虽然也算是物质的物体，可大抵来说，它们是以功能过程这样的型态存在，唯有通过个别细胞持续地改变，才能维持整体的平衡。

人类是一种特别的有机体，换言之，人是一种具备意识、理性与记忆的生物。这些心智能力有赖于大脑的运作方式。如果大脑不再运作，我们也会跟着停止存在。这是天性使然，也许甚至还是基因使然。然而，并非所有的天性使然都是好的。在死亡方面，情况又如何呢？

好的、坏的、无所谓的

在接受德国新闻杂志《明镜周刊》访问时，饶舌歌手寇蒂斯·詹姆士·杰克森三世（Curtis James Jackson III；他的艺名是50 Cent［五角］）曾表示："死亡是一种娱乐，因为它关系到我们所有人。我们不想知道何时、不想知道如何，但它是我们的命运。我们都难逃一死。"这段发言让他跨入了一项历史悠久的哲学传统，这项传统从苏格拉底与伊壁鸠鲁开始，历经尼采与加缪，一直到现代。他们全都思索了这样一个问题：对于生命而言，死亡究竟扮演什么样的角色？

我们可以将面对死亡的态度大致分为三种。正面的态度认为："有了死亡生命也才有了意义。"负面的态度认为："死亡是一件坏事。"中性的态度则认为："死亡与我们无关。"乍看之下，中性的态度似乎有点牵强，毕竟，我们都害怕死亡，而且死亡在所有的文化中都是重要的主题（即使有时候是禁忌的主题），我们怎么可以主张死亡无关紧要呢？

让我们举个例子说明一下这种态度：多年前，我曾在全身麻醉的情况下接受一场手术。在经过医院的走廊时，我已经被镇静剂弄得有点迷迷糊糊。到了手术室里，麻醉发挥了效用，对我来说，整个世界仿佛全都消失了。当我在病房里苏醒时，我能记得的最后一件事情就是，在我上方有个大型的圆灯。也许我在手术的过程中曾有过感觉或思想，可是我完全记不起来。回想起来，这让我有一种在麻醉的过程中，意识仿佛消失的感觉。如果我乐意的话，也可以说我曾经停止存在一段时间。

当思索死亡时，我们往往会采取“外在视角”，想象躺在棺材里的我们及围绕在我们坟墓旁的亲朋好友会是怎样的。然而，对于死亡的哲学而言，“内在视角”才是重要的；更准确地说，这时其实就不会再存在内在视角了。因此，我们也无法形象化地想象死亡，因为每个想象都必须以我们是会思考的人为前提。曾经昏厥或被麻醉过的人，顶多只能将他们“不存在”的那段时间追述成：在那段期间里，我根本记不起来任何事！维特根斯坦曾说：“人感受不到死亡。”死亡是对任何感受的否定。

古希腊哲学家伊壁鸠鲁是对死亡持无所谓论调的最著名代表。他曾问：“我们怎么能够畏惧这种否定呢？”他的论点很简单：“死亡这件最可怕的坏事和我们一点关系也没有；只要我们还在，死亡就不在，而当死亡在时，我们也就不在了。”“垂死”与“死了”这两者的区别对于这种立场相当重要。垂死的人或许会感到痛苦或恐惧，可是死亡这个事件只不过是从存在转为不存在罢了，换言之，个人消失了。如果这时不再存在着可以感受到什么的人，自然也完全谈不上“正面”与“负面”，至少伊壁鸠鲁这么想。

早于伊壁鸠鲁的苏格拉底也是这种论调的知名代表人物之一。

苏格拉底同样无惧于死亡,只不过,他的理由与伊壁鸠鲁不太一样。据说,苏格拉底曾因被控败坏青少年与亵渎神灵被判处死刑。他原本有机会逃脱,可是却拒绝这么做。在由柏拉图所记述的《申辩篇》(*Apology*)里,苏格拉底为他的论点提出一项论据:哲学是死亡练习。他无法想象,有什么事会比在阴间与亡灵们永恒地畅谈更痛快!

他用以下这段话为自己的发言作结:“然而,现在我们该走了。我去死,你们去活。如果我们之中有谁有什么更好的事要做,那件事一定包含除了神明以外的一切。”语毕,他便饮鸩自尽。根据柏拉图的说法,苏格拉底并不畏惧死亡,这也许是因为他相信死后还有另一种存在。

然而,对于我们之中不相信这种论调的人而言,害怕死亡是否真是那么不合情理呢?的确,我在麻醉期间什么也感觉不到,可尽管如此,如今我还是很高兴可以再度苏醒,即便“我”无法领会我的死亡。万一我完全回不来了,那会是怎样的情形呢?伊壁鸠鲁的确是对的,我们无法经历并感受不存在。然而,我们所害怕的并不是我们不再存在的那种状态,而是有朝一日我们不再存在这项事实。

与恺撒同时期的罗马哲学家卢克莱修,是伊壁鸠鲁的无关紧要论的后继支持者。卢克莱修认为,每个生命都界于两个无限长的不存在之间。因此,他的对称论就是,如果我们现在不会受出生前的不存在困扰,为何应该受死亡后的不存在困扰?这样的论点乍听之下似乎也言之成理。然而,不知为何,无论是我们的死亡恐惧、抑或是生存意志,似乎都无法被抹灭,因为一旦尝到了甜头,我们就会欲罢不能。

再者,过去和我又有什么关系呢?不知为何,我们总是有这种相对来说较重视未来的“成见”,诚如英国哲学家德瑞克·帕菲特

(Derek Parfit)所说,对我们来说,比较重要的是什么会到来,而不是曾经是什么,宁可坏的在后头、好的在前面。

有位女性友人曾经告诉我:“死亡是民主的,时候到了它就会找上你!”我承认,这是公平的,可是却也不尽公平。为何我得在一切正那么美好的时刻离开呢?这就有点像是我不可以去参加全年级的校外教学。

相对于伊壁鸠鲁与卢克莱修,某些现代的哲学家对于死亡则持负面的态度,因为它夺走了我们的机会。在生命终结的情况下,我们失去珍视的一切,包括知觉、情感、思想。美国哲学家托马斯·内格尔便持这样的论调。他甚至主张,唯有当这些意识状态持续得出负面的结果,近乎于我们根据“无论快乐或痛苦,重要的是体验到了什么”这样的座右铭过活,才会去珍视这些意识状态。这样的说法似乎有点过头,因为生病的、孤独的,或忧郁的人,或许会有一个宁愿死去的好理由。然而,一般来说,我们都眷恋自己的生命,纵然只是因为日常生活中的一点小乐趣。

英国哲学家伯纳德·威廉斯(Bernard Williams)的主张与内格尔类似:至少提早到来的死亡是不好的,因为它夺走了我们实现愿望的机会。愿望会督促并充实我们的人生,没有愿望的人会精神萎靡甚或没有生活能力。内格尔与威廉斯将主观所感受到的痛苦,拿来和客观的痛苦(有时也称为“灾难”或“不幸”)作对比,因为纵使我们未能经历并感受死亡的痛苦,可是死亡终归从我们身上夺走了些什么,从而带给我们痛苦。

谁愿永生?

威廉斯又进一步推论。在他看来,“唯有”过早的死亡才是一件坏事。事实上,有了死亡,生命才有了意义,只有那些晓得一切都有尽头的人,才会认真对待自己的目标,想要达成些什么。

因此,威廉斯主张以正面的态度看待死亡。为了要更确切地了解这样的观点,我们必须先弄清楚,什么叫作永生不死?

法国作家与哲学家西蒙娜·波伏娃曾在她的小说《人皆有死》里塑造了一个叫雷蒙·佛斯卡(Raimon Fosca)的人物。他是一个永生不死的人,已经在地球上漫游了好几个世纪。佛斯卡总是面无表情,无论是他自己的人生,抑或是他周围那些终将一死的人的日常喧嚣,他全都觉得索然无味且毫无意义。

波伏娃与她的生活伴侣萨特以及加缪都是存在主义的代表人物,这是在战后的法国哲学界中一股半哲学、半文学的思潮。存在主义者倾心于人类的生活方式这类主题,例如自由与强迫、异化与真实、人类存在的意义与无意义等。波伏娃笔下的人物佛斯卡颇具说服力地体验了生命的空虚。因为,对他而言,一切只不过是无尽的重复。他的永生不死并非恩赐,而是诅咒。

威廉斯也朝着与波伏娃同样的方向。明白自己终有一死,才让生命显得充满意义;因为,如果我们永生不死,百无聊赖与缺乏动力迟早会向我们来袭,每个行为我们都可以拖延,没有什么是必须完成的,所有的目标都失去了它们的急迫性。持这种论调的人,他们所想到的,或许是像佛斯卡这样的人物;不过,他们可能没有看过电影《时空英豪》(*Highlander*),更遑论科幻小说系列《佩利·罗丹》(*Perry Rhodan*,曾缔造畅销超过十亿册的佳绩)。佩利·罗丹是一位出生于20世纪的航天员,他从更高等的生物那里获得了一种细胞活化装置,因此他得以永保年轻。在接下来的三千年里,他可完全没有闲着。他不仅纵横宇宙各星系,成为人类的领袖,还对抗了巨型蚂蚁与其他奇特的外星生物。为何无限延长的生命,就必须要墨守成规、百无聊赖呢?

内格尔与另一位美国哲学家约翰·马丁·费雪(John Martin Fischer)也曾提出同样的质疑。然而,对于这样的反驳,威廉斯自有一套说法。在他看来,这是一个事件密度与长度的问题。也许,经过上百万年之后,一切便会重复,因为到时候已经没有什么可发现的了。这样的说法其实不无问题。毕竟,在我们身上每天都会产生新的基本欲望,对于饮食与性爱,我们总是不会厌烦。以巧克力为例,它们吃起来总是大同小异,可是我们可能每天都会想吃上一点。为何在永恒里,就不能像这样继续下去?

就连我们长期的愿望与计划,也不必然因为永生不死就一定跟着消失。事实上,我们并非因为始终牢记我们终有一死,才去念书或就业。如果明白自己终有一死这件事在日常生活中根本无关紧要,为何永生不死反倒应该被这样的认知所左右?相反地,我们必然会痛苦地认识到,我们的发展过程的每个岔路,都永远地封闭了其他的可能。德国哲学家汉斯·布鲁门贝尔格(Hans Blumenberg)称此为"生命时间与世界时间的差距"。

到了某个时刻,我们会发现,生命永远都不足以遍及这世上所有可以经验的事物。相反地,如果永生不死,我们就可以去走走先前没办法走的所有人生道路;我们可以去当音乐家、流浪汉、环游世界的旅行者、建筑师、医师等。顺便提及,如此一来,也不会有人问我们:"你是不是在规定的时间里完成学业?"

威廉斯还提出另一个值得思考的论点:理智与记忆力是我们身为个体的特点,可是这两者却都是有限的,经历数千年之后,我们或许会忘了旧的、学习新的,我们的兴趣与计划或许会逐渐更换,直到某个时刻,变成完全不一样的人。这项论点确实有某些可取之处,可是改变也不必然就会干扰到我们。事实上,在每个瞬间我们都知道，我们是谁、想要什么，即使我们与从前的自己再无任何相似之处。逐渐变成另一个人，难道不比完全不再存在来得好吗？

几乎所有人都觉得青春永驻这种想法很诱人，令人惊讶的是，人类居然没有将他们全部的努力与研究专注在防止老化上。

迄今为止，只有极少数的科学家在研究如何长生不老。人体冷冻技术专家关心的是借助于未来的医学，将冷冻起来的大脑再度唤醒。相反地，在人工智能研究狂飙的阶段里，许多人相信，我们可以轻轻松松地将人的心灵如同计算机程序那样灌进硬盘里。近期以来，在细胞研究方面获得的成果显然最具有前景。生物学家如今已能在老鼠身上逆转老化过程。有人推测，也许在我们的有生之年，就可以在人类身上体验到这种效果。如此一来，青春的源泉不再是从某个秘密的源头冒出，而是来自专家手中用来谨慎修改我们 DNA 的移液器。

在某些人身上，永生不死的幻想朝着另一个方向。他们希望通过自己的行为达到“永垂不朽”。也许他们担心会遭人遗忘，也许他们希望能够超越死亡，继续对后世发挥影响。因此，现已过世的艺术家约尔格·伊门多夫（Jörg Immendorf）便曾表示：“艺术战胜死亡！”虽说这是个很美的概念，可惜却奠基在一个混淆上：传世不朽的名声并非永生不死。艺术作品或许可以继续流传，但创作者却无法从中得到任何东西。伍迪·艾伦便曾说：“我不想活在人们的心中，我想活在我的公寓里。”

生命美好且无意义

明白自己终有一死，会影响到我们如何思考生命。我们可以将基本的态度大致区分成两种。一种是正面的、肯定生命的，这种态度认为,“在死亡之后,再不能拥有什么更好的事物。人生只有一次,我要大步向前”。另一种则是负面的、失望的,这种态度认为,“一切都没有意义。如果到头来我什么也不会留下,为何还要努力与奋斗呢?”

《奥德赛》里有一段情节是关于生命的正面态度。在那段情节里,奥德修斯在地府里与阿基里斯对话。根据神话传说,阿基里斯曾认为,短暂却辉煌的生命,胜过冗长却平庸的生命。他后来战死于特洛伊之战前。对后世的人来说,他是古代伟大的英雄,在阴曹地府里,则是亡者的王侯。然而,在面对奥德修斯时,阿基里斯却向他解释名声相对于生命有多么地无关紧要:“高贵的奥德修斯,请不要对我说些与死有关的安慰话语!我其实宁愿当个下田的雇农,一个既不富裕、更没有恒产的穷人,也好过在这里率领整支由亡灵所组成的军队。”

罗马诗人贺拉斯(Quintus Horatius Flaccus)所说的“活在当下”(Carpe diem),也是这个正面传统的一部分。在他的《赞歌集》(*Carmina*)里,贺拉斯曾经写道:“放聪明点,把酒干了,把长期的愿望改短。就在我们说话的当下,嫉妒的光阴已悄悄溜走。活在当下,尽量不要寄望明天。”在《旧约》里也曾出现类似的想法:“凡你手所当做的事,要尽力去做;因为在你所必须去的阴间没有工作,没有谋算,没有知识,也没有智慧。”这是肯定生命的态度,因为它并不寄望于天国。死后的阴间似乎并不像但丁在《神曲》(*Divina Commedia*)里描绘的那种可以参观的地方,而就只是不存在。也因此,尘世的生命显得更有价值。

然而,在深受基督教影响的西方国家里,负面的态度其实才是主流。在《旧约》里同样提道:“你必汗流满面才有食物可吃,直到你归了土地,因为你是从土地而出的。你本是尘土,仍要归回尘土。”说穿了，意思就是：有的就只是粪土而已，在那之间的生命，简直毫无乐趣可言！

人们顶多只能寄望于上帝的国度，因为在那之前的光阴可说是既痛苦、又无意义。“我们一生的年日是70岁，若是强壮可到80岁，但其中所矜夸的不过是劳苦愁烦，转眼成空，我们便如飞而去。”

唯有莎士比亚才能更恰如其分地表达这样的想法。麦克白说：“人生不过是一个行走的影子，一个在舞台上指手画脚的拙劣伶人，登场片刻，便在无声无息中悄然退下。它是一个由愚人所述的故事，充满喧哗和骚动，却找不到一点意义。”在由伍迪·艾伦所执导的《安妮·霍尔》（*Annie Hall*）一片里，我们也能找到类似的想法。在电影的开场，他讲了一个笑话：“两位年长的女士坐在一家餐厅里。其中一位说：‘这里的食物真的很难吃！’另一位则回答：‘没错，而且分量还很少！’”伍迪·艾伦认为，这个笑话犹如他的人生写照：“人生充满了灾难、孤寂与苦痛，而且还逝去得太匆匆！”

那些说“生命”无意义的人多半未曾言明，他们所说的，究竟是指他们自己的人生，抑或是指全部的生命。也许只有那些痛苦的人或不幸的人，会认为自己的人生没有意义。然而，幸福、生命与意义，这三者又有什么样的关系呢？

幸福的三个层次

亚里士多德认为，所有人都在追求“εὐδαιμονία”这个目标，传统上将它翻译成“幸福”。他将幸福区分为三种层次。“粗劣的本性”只达到第一个层次，它们所追求的是诸如饮食与性爱等感官的享受。那些追求荣誉并将自己的人生奉献给城邦服务的人，会达到第二个层次。如今人们或许会说：“就是那些将自己的欲望与享受摆在更高的目的之后的人,因为他们想要达成些什么,无论是在政治方面、经济方面或艺术方面。"第三个层次,同时也是最高的幸福,亚里士多德则把它定义成,"心灵在它最在行的能力方面所进行的活动"。亚里士多德认为,思考是人类最主要的工作,因此哲学(或者更广泛地来说,科学)是最高的幸福。

我们可以质疑,身为哲学家的亚里士多德的判断是否真的百分百客观?乍看之下,他的看法不仅是精英的,而且并不正确。诚然,思索自然的谜团的确可以带来乐趣。可是,为何不能同时并存三种(即肉体享受、事业成功与思考)等值的幸福来源呢?即使是过着高度精神性生活的思想家,也会喜欢同行的赞誉或一块美味的奶酪蛋糕。仔细观察一下,不禁令人质疑,"幸福"是否确实是"εὐδαιμονια"最好的翻译?特别是因为我们会用"幸福"一词去指涉许多不同的含义,例如享受、满意或充实的人生等。

后来亚里士多德又补充,这是关系到一个人的整个人生当中的"εὐδαιμονια",因为一只燕子还不足以说明夏天的到来(即不能以偏概全)。这种结算人生的概念清楚地表明,亚里士多德所说的毋宁是"充实"。根据他的说法,我们只能回顾地结算自己的人生,唯有当后代子孙也过得好,人生才是充实的。换言之,幸福并非只是一系列片刻的享受、满意与思考,它必须放在更大的尺度上去解读。除了感官生活的部分,人生当中还必须加入履行、价值与意义。可是,我们究竟能在多大的程度上谈论"意义"呢?

生命的意义与感官性

没有什么问题像"生命的意义"这样,对于哲学而言,是非常重要却又很少被讨论的。哲学家在回答这个问题时,通常会经过四个阶段。在幼稚的阶段，人们会想破头地要找出什么是可能的答案，是幸福、生小孩、有所成就，还是拯救世界？在第二个阶段，即执拗的阶段，所得出的答案既简短、又具有毁灭性："根本就没有任何意义！"在傲慢的阶段里，人们会认为这个问题根本就是胡说八道、不知所云，从而拒绝回答。一直要到第四个阶段，即诚心的阶段，人们才会去问，究竟何谓"意义"与"生命"？

"意义"一词有许多不同的含义，其中包含了"价值"（即什么对我们是重要的）与"目的"（即为了什么要完成些什么）。就连"生命"也有多种解读方式，有时指的是"自己的人生"；有时则是代表"整体的存在"。

让我们针对自己的人生这方面来谈。承续亚里士多德的说法，我们可以将与人生有关的讨论分成两种，一种是"心理状态的讨论"；另一种则是"成就的讨论"。心理状态的讨论强调感官欲望和满意，它所涉及的是不断地自我确认自己的心境：我满意自己的工作吗？我的肚子有什么话要说？天气是否让我心烦意乱？我需要按摩一下吗？美化自己的人生以及那些美化的纪录，也都属于心理状态的讨论，例如将度假、派对、美丽的城市或名师设计的餐桌上的美味佳肴等照片上传至脸书。

那些幸福指南与人生辅导课程最会利用心理状态的讨论。在古代，给予其他人一些人生建议，还属于哲学的任务之一。时至今日，这样的工作已改由心理学家或其他对心理学感兴趣的人接手。各式各样的建议，从通过静坐让心灵获得平静，一直到"清理地下室，简化你的生活！"这类十分具体的解释，可以说是不一而足。心理学方面的幸福研究，在很大的程度上，证实了那些我们的祖父母其实早已知道的事。简单来说就是：有意识地去体验微小的瞬间、维系一个紧密的朋友圈、养育子女、照顾家庭、享受大自然、取悦周围的人、不要过于注重外表、不要过度与他人比较。此外，花草、音乐、运动与健康的饮食也不可少。这听起来似乎有点老生常谈，不过却是通往幸福人生最可靠的途径。

英国哲学家约翰·斯图尔特·密尔（John Stuart Mill）认为，人们总是本于纯粹享乐主义在追求幸福，换言之，追求享乐。对此，尼采曾语带挑衅地表示："并非所有人都在追求幸福，唯有英国人才会做这种事。"老实说，我们所追求的确实不只是快乐，我们还会追求某种意义更深远的任务。美国哲学家罗伯·诺齐克（Robert Nozick）的论点也朝着这个方向：没有任何理性的人会让自己像机器一样，通过不断制造幸福时光，好让自己忘却其他的一切。内格尔也提出了类似的看法：我们并不会只为了可以过全然快乐的童年生活，而让自己降级到幼稚的状态。

相对于心理状态的讨论，近年来，关于成就的讨论已居于主流地位。有所成就的人以工作、使命与放弃感官欲望来自我定义。在亚里士多德看来，这是个人"才能"的主动因素，换言之，以行为来介入这个世界。有才能的人会想要凭借自己的人生做些什么、达成些什么。在最极端的情况里，以成就为导向的人，甚至会对每天工作超过 14 个小时，从而隐没自己的心理状态引以为傲。顺便一提，这与美国哲学家奎因提出的人生智慧之一不谋而合："生命就是我们当中最少数的人，让我们当中大多数的人感觉到只有最少数的人才能充分利用的东西。"

德国社会学家马克斯·韦伯曾在他的《新教伦理与资本主义精神》（*Die protestantische Ethikund der Geist des Kapitalismus*）里，描述有所成就的人的原型：资本主义之所以能够广为流传，主要是因为"上帝的赐福表现在尘世间的成功"这种新教的观念，继续存活于资本主义中。换言之，那些将工作的苦行看得比享乐还重要的人，从长远看来,总是会比他们的竞争者还要成功。

传统上,有所成就的人会在一个更大的框架下审视自己。例如,他们会肩负上帝所赋予的使命,会出于责任感或荣誉感为国家社会服务。或许唯有当有朝一日这样的框架被人所打破,我们这个时代的享乐主义才会显现。到时候,人们所奉行的就会是:少点作为,多点体验!

人生辅导者有时也会关注于成就的讨论。有三个主题总是一再被提起:人们应该反省日常生活当中的例行公事、接受厄运、改变自己的人生。这三点其实都是显而易见。有不少我们多年来根深蒂固的行为模式,其实早已失去功能,有时好友三言两语的提醒,便足以让我们开始自我反省,不过有时却也可能需要许多的疗程。早在古代,斯多葛学派便曾教导大家:接受无法改变的,并且改变可以改变的。

积极过活还有另一个方面,人生辅导往往会在不知不觉中从这个方面受益。所有人都会觉得,察觉自己如何对世界发挥影响是件有趣的事。对于年幼的儿童来说,几乎没有什么事会比开地铁的门更有趣;小小的按钮,大大的作用!这种“与我们自身有因果关系”的享乐倾向,深植于我们内心,也许它们是与生俱来的。因此,我们并非只是对于“清理地下室”(如那些幸福指南所建议)这件事感到高兴。事实上,我们毋宁是因“改变地下室的是我”而感到开心。这便是存在主义所说的“自己动手做效应”(Heimwerker-Effekt)。

亲自做到改变,例如亲手打造厨房、亲手修缮房屋、亲手创办公司、亲手选择工作、亲手绘制图画等,会让人深深地得到满足。如此一来,我们便可在亲手做出的成果上,察觉到自己的影响。其中最重要的,莫过于为自己的成就(例如厨房、文章、公司等)感到骄傲,并会偷偷地享受察觉到“我们做到了”(换言之,我们不是完全被动地交由这个世界摆布)的快感。

亚里士多德其实早已指出,我们不仅仅只对自己的行为有责任,其实也对受我们的行为影响的事物有责任,例如我们的健康。同样的道理也适用于我们的生活方式、朋友圈、穿着。加缪甚至认为,从某个年纪开始,每个人都该为自己的面容负责。他很有理由这么说,因为他本人看起来就仿佛影星亨利·鲍嘉的孪生兄弟。话说回来,这种说法也并非全然是子虚乌有,那些以愉悦的心情度过自己人生的人,往往看起来总是春风满面。只不过,我们不能去批评别人说,“你们有一张你们应得的脸!”许多人就是什么也笑不出来,因为他们每天都必须为自己的生存奋斗。如果恐惧与深度的不安刻画在他们的脸上,说实在的,也不能够怪他们。

荒谬的、神秘的、惊奇的

我们跌跌撞撞地进入这个世界,必须要从中做到最好。生命对我们有某种意义(指“意义”的“重要性”这项含义)。也许幸福和满意是不够的,它们也想要成就些什么。然而,为何?美国诗人沃尔特·惠特曼(Walt Whitman)认为:“因此力量的游戏才会继续,而你才会写出与此有关的诗句。”然而,这就是真正的驱动力吗?我的所作所为与力量有什么关系呢?

我们可以为自己的人生赋予某种意义,然而,它与整体的意义有怎样的关系呢?把“意义”视为“目的”这种做法,显然无法套用在例如树木、彗星、生命甚或宇宙等自然的事物上。事实上,这当中的概念混淆的确受到批评,例如若我们认为,宇宙就如同烤面包机是为了什么目的才被制造出来,我们便过于以人性化的视角看待宇宙了。

在《偶像的黄昏：或如何以锤子从事哲学》（*Götzen-Dämmerung oder Wie man mit dem Hammer philosophirt*）这部小说里，尼采曾经说："我们发明了'目的'这个概念，在现实里并没有目的……并没有什么东西可以校正、衡量、比较、评判我们的存在，因为这意味着校正、衡量、比较、评判整体……可是除了整体以外，并无其他的东西！"

世界并不具备目的与意义。这项认识波及我们的生命。我们今日的所作所为没有一件事在100万年之后还会具有什么重要性。世界的空间与时间都是太过巨大的尺度，我们渺小的生命对我们而言有意义，可是就总的来说，却毫无意义。内格尔称这种现象为"荒谬"（absurd）。这样的想法其实源自诺贝尔文学奖得主加缪所写的《西西弗斯神话》，只不过内格尔所强调的与加缪有所不同。

加缪认为，我们在一个因神不存在而没有意义的世界里寻找意义。最具代表性的，莫过于古代的传说人物西西弗斯。他因为背叛众神遭到惩罚，必须在冥界将一块岩石推上一座山，可是每当他眼看就要将岩石推上顶峰，岩石便会在轰隆作响中滚回山下。如同西西弗斯，人类也必须认识我们存在的荒谬性。不过，为何我们不选择立刻自尽呢？

在加缪看来，自杀是唯一"真正严肃的"哲学问题。他认为，我们不仅必须认识荒谬性，还必须将它视为既有的加以接受，应该将对于生命热情却不抱幻想的肯定，看得比自杀的绝望重要。加缪将这种有点执拗的态度，称为对存在荒谬性的"反抗"（révolte）。

启蒙时代的英国哲学家大卫·休谟，在更早之前便曾指出这种荒谬性的问题。"对宇宙而言，人类的生命并不会比牡蛎的生命更重要。"黑尔格·施耐德（Helge Schneider）将这样的想法以修辞问题呈现："到底什么叫作'生命'……人类是否真比蠕虫、变形虫、肉片、汤更有价值呢？"施耐德在主题上完全遵循内格尔的路线。内格尔强调，我们不应若无其事地，而应带着幽默与讽刺去面对这种荒谬。

认识自己存在的荒谬性，不仅可以得出以正面的态度面对生命，同样也可以得出以负面的态度面对生命。奇怪的是，我们往往会在这两者之间摇摆。当我们的思绪远远地飘进了太空里，可能会觉得自己渺小到令人不禁担心、害怕了起来。与此同时，我们可能也会感觉到整个宇宙的魅力，从而产生了一股惊人的力量；如果那些星系在亿万年里都还会发光，渺小又有什么好担心的呢？

在英国喜剧团体蒙提·派森（Monty Python）所主演的电影《脱线一箩筐》（*The Meaning of Life* ，1983年）里，有位家庭主妇因自己的丈夫被活生生地取出肝脏而感到绝望。突然间，有个男人从冰箱里走出来，跟着便唱起了《银河之歌》（*Galaxy Song*）。他所要传达的就是：万一生命折磨你，请你想想，在宇宙之中存在着百万个星系，因此，你的存在是多么地难以想象、多么地伟大。我们还可以补上一句——以及多么地稀有。

莱布尼兹认为，问题应该是，为何聊胜于无呢？维特根斯坦曾经说："神秘难解的并非这个世界是怎样的，而是这个世界就是这样的。"我们可以思考事实，可是对它们的理解却或许不尽正确。尽管如此，我们还是能够察觉到康德称之为"崇高"（Erhabenheit）的某些东西。在面对伟大的自然力量时，身为渺小人类的我们，会感知到一丝夹杂着喜悦的不寒而栗。康德认为："有两种东西，我们愈是时常愈加反复地思索，它们就愈是给人的心灵灌注了时时翻新，有加无已的赞叹和敬畏——头上的星空和心中的道德法则。"

在奇境里，还在为一会儿变大、一会儿变小所苦恼的爱丽丝说："我真希望不曾钻进这个兔子洞……可是……这种生活是多么地奇特！"正如奇境之于爱丽丝，有时现实在我们看来，同样也是"奇之又奇”，我们一方面不晓得这一切到底是怎么回事，一方面又感到惊奇。

我们是有限的，却又想要永远青春、幸福。在这种情况下，没有什么论点可以说服我们，死亡是毫无意义甚或是值得向往的。在浩瀚、冷酷的宇宙里，幽默、冷嘲热讽甚或若无其事，让我们的存在是可以被承受的——无论如何，至少在那个我们感觉像是永恒的一瞬间。

有一回，在某个电子邮件网站公布了一则与一场以死亡为题的哲学研讨会有关的信息。在报名截止日的地方写着：“deadline extended”（字面上的意思就是“死亡线延长”，意即“截止日期延长”）。这真是让人松了一口气！然而，这只是某个胡思乱想的瞬间，因为所有人必定都有个尽头！

附录

一场令人兴奋的哲学冒险

华梵大学哲学系教授　冀剑制

哲学,是人类思想的精华。发展至今,大概可以分成三大类:东方哲学、欧陆哲学,以及英美哲学。这个分类不仅仅是地区上的分别,更重要的是不同的思考方法。它们各有其优缺点,也都各有其被误解之处。

据闻在多年前某个哲学研讨会上,一个中国哲学家谈论以良知作为道德的客观基础时,被一个以西方哲学为专长的学者质问:"你怎么知道大家都有良知?"这位中国哲学家却回答:"只有畜生才会问这种问题。"我们暂且先不管这种幽默方式是否恰当,但从内容来说真是个妙答。因为从中国哲学来说,良知是每个人内在的事实,向内看,每个人都会发现,不需要再诉诸客观论述,如果真的没有,那就不是人类而是牲畜了。所以,只有看不见自己良知的畜生,才会对此有所疑惑。

虽然动物有无良知还难说得很,但人类(至少个人)有良知却是不争的事实。这便显示出东方哲学最大的思考特色"体证"。许多重要的理论基础,必须通过身体力行,从内心深处挖掘真理,体验到了,就证实了,不需任何理论的支持。

然而,这不同于西方哲学要求用文字与逻辑表达出来的"论证"习惯,尽可能用客观论述来说服别人,而不诉诸难以客观化的个人体会。就算大家真的都有良知,我们体会到的良知是否相同?而且,自己有良知和别人有良知是不同的,当我们要主张所有人都有良知时,光有体证是不够的,里面还牵涉到“从自己去模拟他人”的推理过程。而这样的推理,需要有更进一步的理由。

西方哲学的优点就在于不易流于各讲各话,互相误解的窘境。但是,这样的思考方法针对许多难以用语言表达的事物来说,却难以把握。而把握这种语言之外的知识,却是东方哲学的长处。

然而,擅用语言表达的西方哲学又分为欧陆与英美两大派别。欧陆哲学善于创造整套新系统来解决某个哲学难题,尤其针对那种依据现有语言已经碰壁的问题来说,干脆创造新的概念与诠释系统,重新解读问题源头的各种现象。这种哲学的优点在于,万一我们目前的整个知识与思考系统已经错了,就不会一错再错,全部砍掉重练才是正途。然而,这种哲学的缺点则是很难消化。没有搞懂整个系统时,就会对这个哲学理论充满疑惑与误解。所以,很多人在读西方哲学时会有一种感觉,“完全不知道这是什么碗糕”。这是因为这种哲学无法从片段去理解,想搞懂,就要搞懂全部,不然就是完全不懂。而要搞懂全部,就必须花费很大的心力,先抛弃掉原本已经被(这个哲学理论)放弃的思维习惯,重新开始。由于这很难做到,所以,大多数人对这类哲学多有误解。

然而,英美哲学不再使用这种方式讨论问题,而是主张一切叙述必须回到日常生活的语言,清楚明白地进行表达。即使读者没有多少哲学背景,也能很快上手。这样的哲学又被称为分析哲学,依据现有大家已经习以为常的语言结构,先把一切问题关键分析清楚,再去深入讨论,而这样的哲学方法在当今时代已经成为主流趋势。

所以,很多哲学爱好者也发现,市面上有愈来愈多容易看懂的哲学书，但这并非哲学变简单了，而是使用分析哲学方法的人愈来愈多；而且，这也并不表示这些哲学比较没深度，只是讨论的方法不同而已。

从不同角度来看其他哲学方法，总会觉得不以为然。东方哲学认为分析哲学过于琐碎，只重视语言分析，但实际上语言分析只是初步的工作，更重要的在于分析出关键问题之后的深入探究。分析哲学觉得欧陆哲学不知所云，那是因为欧陆哲学无法从片段理解。欧陆哲学觉得分析哲学过于简化问题，见树不见林；但分析哲学则质疑欧陆哲学化简为繁，把简单的问题反而弄得更复杂难解。争议点在于，所面临的困境究竟是否有必要通过创造一个新系统来解读。另外，西方哲学觉得东方哲学过度依赖个人体悟而难以客观化，但若从不同角度思考，这却是东方哲学的优点，能够深入发觉那些非语言性质的内在知识。

此书作者菲利普·希伯尔虽是欧洲人，但其思考方法却属英美分析哲学，从这个角度来看其他哲学方法，自有其深感不以为然之处。但无论如何，对读者来说，这算是一个好消息，因为至少这样的哲学较容易理解，不会在读过半本书之后，发现自己迷失在思维的丛林间，不知身在何方。

此书除了具有表达清晰的优点之外，另有一个很重要的特质，就是其所书写的每一个篇章，都是作者本身感兴趣的问题，而不是枯燥地针对哲学界普遍认为重要的问题来谈，这两者有很大的差别。前者在于分享个人感兴趣的思考，较具感染力，读者自然容易被吸引，也感到这些问题真的很有趣、很重要、很值得思考。如果是后者，我们可能在阅读时产生一个疑惑，“我读这些做啥？”当作者自己也迷失在学术的象牙塔时，就容易形成这样的情况。然而，这种迷失在台湾却很普遍。

有一天,我站在布告栏前面,看着台湾哲学研究生的联合论文发表会海报。我很有兴趣想知道现代学子都在研究些什么,于是我认真地从第一个题目往下看,直到最后一个,内心升起一股失落感。因为,他们想探讨的问题,不管结论是什么,都无法激发我的好奇心。那么,我疑惑的是,“他们真的对自己研究的主题感兴趣吗?”当然,每个人的兴趣不太一样,我不感兴趣的,他人未必也不感兴趣。但这么多题目都无法吸引我,是我很怪异,还是台湾地区的哲学学术社群误入歧途了呢?

前一阵子,我出席一个哲学聚会,会中大多是台湾哲学界的精英学者,讨论的话题是:“当今国际最热门的研究主题是什么?”之所以要讨论这个问题,那是因为研究热门主题,论文被国际期刊接受的机会较高。所以,这个话题带着让台湾地区的学者在国际上出人头地的使命,虽有雄心壮志,但却有些沉重。

这股气氛和二十年前我还在当研究生的时候很像。学界希望赶上国际水平,希望有多点学者能够在当今居领袖地位的英美期刊发表论文,因为无论在当时还是现在,在台湾哲学学者中能够做到这点的,仍是少数。

所以,深受感染的我在美国留学的时候,就立志要写出这样的论文。虽然,我在毕业前就已经达成这个目标,但在美国的学习过程中,我却对此不再感兴趣。理由很简单,因为许多我接触到的美国卓越学者,仅仅乐于哲学的探索,对什么感兴趣就研究什么,若是碰巧以热门主题之姿登上顶尖期刊,纯属巧合。我认为,这才是哲学的初衷。若不以好奇心为本,而是以登上期刊为目标,这样的哲学将会十分无趣。

在一门课堂上,有个学生找我讨论报告题目,“人类粮食危机”“中东战火”,或是“全球温室效应”,哪一个比较适当?我回答:“你真的对这些问题感兴趣吗?”我低下头看他穿着拖鞋,于是我说:“或许你可以讨论与你更切身的问题,例如穿拖鞋来上课是否适当?”学生说:“这没什么好讨论的,就不太适当啊!”

“真的吗?你是否可以尝试想出一个适当的理由呢?”于是他打破一个习惯性的简单理解,开始了一段新的思考之旅。

如同本书作者在前言中所引用的,“最棒的旅行并非那些远赴异国的游历,而是以不一样的角度去审视这个世界”。思想的旅行正是如此,当我们从不同的角度开始一段新的旅程,我们将会发现许多新奇有趣的事物。于是,哲学思考便萌芽了,开始成长,我们好奇它未来会长成什么样子,一场令人兴奋的哲学冒险就这样展开了。

此书作者针对他感兴趣的几个主题作思考,而对于身在地球彼端的我们来说,这些主题同样具有相当程度的感染力,属于大多数人都会有兴趣的主题:情感、语言、信仰、梦、行为、知识、享受、思考、触摸、生命。当我们跟着作者的思路,走进这些想法的世界,重新发现思考的乐趣与价值,才能启动潜伏在每个人心中的哲学思路。

读者在阅读本书时,会发现作者大量引用科学研究成果,感觉好像是科学与哲学的混合体。无须惊讶,这也是英美分析哲学的特色之一,而且事实上也是哲学最初的精神。我们应该踏在当今所有学问的基础上,继续往前思考,这样才可能产生最具说服力的想法和理论。

然而,对读者来说,这本书却有个小小的缺点,就是作者引用的许多典故与范例,对该文化的人来说是习以为常的,所以不会进一步解释。就像台湾地区的作者使用金马奖、台南小吃、诸葛亮等例子时,不会再为这些多作说明,但对其他文化的读者来说,理解起来却很吃力。然而,只要换个角度思考,缺点就会变成优点。当遇到不了解的典故与范例，问一下别人或查阅一下数据，顺便多认识不同文化里习以为常的事迹，也算是个顺便的阅读乐趣。

最后，需要澄清一点，我其实非常认同与钦佩许多台湾哲学界的精英学者，走进国际学术界，与世界交流，并带回目前最前沿的信息，分享新的思路。目前许多出版社出版的最新的哲学著作（比如此书），都能让我们的思维土壤接受新观念的灌溉。但是，无论如何，最终、也最重要的是，我们仍需回到自己文化的土地上，种植属于自己的花果，让有价值、有意义以及有趣味的思想树苗，在属于我们的世界里，开花结果。

专有名词译名对照

—A —

Aaron Ben-Ze'ev 阿隆·本-及夫
Abraham 亚伯拉罕
abrahamic religions 亚伯拉罕诸教
absurd 荒谬
acetylcholine 乙酰胆碱
Achilles 阿基里斯
acte gratuit 无端行为
action potential 动作电位
activation 激活
activation-synthesis hypothesis 激活整合理论
Adolf Grunbaum 阿道夫·格林鲍姆
Aeneas 伊尼亚斯
aesthetics 美学
Afri-Cola 阿非利可乐
age of enlightenment 启蒙时期
agnosticism 不可知论
Aikaterini Fotopoulou 艾卡特莉妮·佛托普鲁
akinetopsia 皮质性动作盲
Alabama 亚拉巴马州
Alan Turing 阿兰·图灵
Albert Camus 加缪
Albert Einstein 爱因斯坦
Alexander von Humboldt 亚历山大·冯·洪堡
Alfred Tarski 阿尔弗雷德·塔斯基
Alice 爱丽丝
Alice in Wonderland syndrome 爱丽丝梦游仙境症候群
alien hand syndrome 异手症
Allah 安拉
Allan Hobson 艾伦·霍布森
allegory of the cave 洞穴寓言
Allgemeiner Deutscher Automobil-Club e. V. 全德汽车俱乐部
alter ego 另我
Alva Noë 阿瓦·诺伊
Amor 阿穆尔
amygdaloid 杏仁核

analytic philosophy 分析哲学
Andre Gide 安德烈·纪德
Andrew Newberg 安德鲁·纽伯格
Andrew Wachowski 安德鲁·沃卓斯基
Angkor Wat 吴哥窟神庙
Anna 安娜
Anne Sullivan 安妮·苏利文
anosognosia 病觉缺失症
Anselm of Canterbury 坎特伯雷的安瑟伦
anterograde amnesia 顺行性遗忘症
anthropomorphism 拟人论
antisocial personality disorder 反社会人格障碍
Antonio Damasio 安东尼奥·达玛西奥
Apollo 阿波罗
aporia 疑难
appraisal theory 评价理论
archean 太古宙
argumentum adverecundiam 诉诸权威
Aristophanes 阿里斯托芬
Aristoteles 亚里士多德
Aristotle's illusion 亚里士多德错觉
Arne Ohman 艾恩·欧曼
Arnold Schonberg 阿诺德·勋伯格
Arthur Schopenhauer 叔本华
artificial neural network 人工神经网络
Asclepeion 阿斯克勒庇恩
Asklepios 阿斯克勒庇厄斯
Asperger syndrome 亚斯伯格症
atheism 无神论
Auguste & Louis Lumiere 卢米埃兄弟
Aurelius Augustinus Hipponensis 奥古斯丁
autism 自闭症
autoscopic hallucinations 自影幻觉
Avogadro constant 阿伏伽德罗常数

—B—

Baal 巴力
Badewanne《浴缸》
Bairisch 巴伐利亚语
Barack Obama 奥巴马
Batman《蝙蝠侠》
Bayreuther Festspiele 拜罗伊特音乐节
Beatrix Kiddo 碧翠丝·基多
behaviorism 行为主义
Benedikt XVI 教宗本笃十六世
Benjamin Libet 班杰明·利贝特
Bereitschaftspotential 准备电位
Bernard Williams 伯纳德·威廉斯
Bernd & Hilla Becher 伯尔尼德与希拉·贝克
Bernhard von Chartres 伯尔尼哈德·冯·夏尔特
Bertrand Russell 伯特兰·罗素

Daniel Wolpert 丹尼尔·沃尔贝特
Dante Alighieri 但丁
Dartmouth 达特茅斯
das interesselose Wohlgefallen 无利害关系之愉悦
David 戴维王
David Chalmers 戴维·查尔莫斯
David Hume 大卫·休谟
David Lewis 戴维·刘易斯
deep brain stimulation 脑深层刺激手术
deep sensibility 深部感觉
deism 自然神论
delirium 谵妄
dementia 失智症
demon de Laplace 拉普拉斯恶魔
Derek Parfit 德瑞克·帕菲特
determinism 决定论
Dido 蒂朵
Diego Maradona 马拉多纳
diencephalon 间脑
dimethyltryptamine 二甲基色胺
documenta 当代艺术纪实大展
dogmatism 教条主义
Donald Davidson 唐纳德·戴维森
dopamine 多巴胺
double dissociation 双重分离
Dr. Gonzo 冈佐博士
Dr. Jekyll 杰奇医生
Dr. Strangelove 奇爱博士
dualism 二元论
Dummdeutsch 蠢德文

—E—

Eckhard Henscheid 艾克哈德·韩沙伊德
Edmund Burke 埃德蒙·柏克
Edmund Gettier 埃德蒙·盖提尔
Edmund Husserl 埃德蒙·胡塞尔
embodiment 具身化
Emil du Bois-Reymond 艾弥尔·迪·波-雷蒙
emotional intelligence 情绪智力
Emotionen 情绪
entbergen 揭露
entropy 熵
Epicurus 伊壁鸠鲁
epiphenomenalism 伴象论
epistemology 知识论
Erhabenheit 崇高
Ernst Poppel 恩斯特·波佩尔
Eros 厄洛斯
Erwin Schrodinger 艾尔温·薛丁格
Es 本我
ethics 伦理学
ethoxyethane 乙醚
etymology 语源

—F—

—G—

Gottfried Wilhelm Leibniz 莱布尼兹
Gotthold Ephraim Lessing 莱辛
Gotzen-Dammerung oder Wie man mit dem Greta Garbo 葛丽泰・嘉宝
Groucho Marx 格鲁乔・马克斯
Gunnar Heinsohn 古纳尔・海森
Gururumba 古鲁伦巴
Gustav Klimt 古斯塔夫・克里姆特
gymnasion 竞技训练场
gyri 脑回

—H—

Hans Blumenberg 汉斯・布鲁门贝尔格
Hans Castorp 汉斯・卡斯托普
Hans Kung 汉斯・昆
Harry Frankfurt 哈利・法兰克福
Harvey Dent 哈维・丹特
heat death 热寂
hedonism 纯粹享乐主义
Heimwerker-Effekt 自己动手做效应
Helen Keller 海伦・凯勒
Helena 海伦
Helge Schneider 黑尔格・施耐德
Herbert Paul Grice 赫伯・保罗・葛莱斯
Herbert Schnadelbach 赫伯・施德巴哈
Hermann von Helmholtz 赫曼・冯・亥姆霍兹
Herod 大希律王
Hesiod 赫西俄德
Hessen 黑森邦
Hilary Putnam 希拉利・普特南
Hillary Clinton 希拉里・克林顿
Hippocrates 希波克拉底
homeopathy 顺势疗法
Homer 荷马
homo neanderthalensis 尼安德特人
homunculus fallacy 小人谬误
hot air balloon philosophers 热气球哲学家
humanism 人文主义
humanoid 类人类
Humphrey Bogart 亨利・鲍嘉
Humpty Dumpty 矮胖子
Humpty-Dumpty-Theorie der Bedeutung 矮胖子意义理论
Hunter S. Thompson 亨特・汤普森
hydra 水螅

—I—

Ian Waterman 伊恩・瓦特曼
Ich 自我
Ideenlehre 观念论
identity theory 同一论
idiolect 个人方言

—J—

—K—

philosophy of science 科学哲学
physicalism 物理主义
Pierre-Simon Laplace 皮耶尔-西蒙·拉普拉斯
Pilatus 彼拉多
Pingelap-Atoll 平格拉普环礁
Pinocchio 皮诺丘
placebo effect 安慰剂效应
possible world 可能世界
Potemkin Village 波将金村
poverty of the stimulus 刺激贫乏论
pragmatic theory of truth 真理的实用论
pragmatism 实用主义
proprioception 肌肉运动知觉
Protagoras 普罗泰格拉
proto-fascism 原型法西斯
psilocybin mushroom 迷幻蘑菇
Psyche 心理
psychoanalysis 精神分析学
psychopathy 精神病态

—Q—

quakers 贵格派
qualia 感质
quantum physics 量子物理学
Quentin Tarantino 昆丁·塔伦提诺
Quintus Horatius Flaccus 贺拉斯

—R—

radical constructivism 极端建构论
radical interpretation 根本诠释
radical scepticism 极端怀疑论
radical translation 根本翻译
Raimon Fosca 雷蒙·佛斯卡
Raoul Duke 拉乌尔·杜克
rapid eye movement 快速眼球运动
Rechtschreibung 正字法
recursive 递归
red wine philosophers 红酒哲学家
redundancy theory of truth 真理的冗余论
relativism 相对主义
REM sleep 快速动眼期
Rene Descartes 笛卡尔
Rene Weller 勒内·维勒
revolte 反抗
Richard Dawkins 理查德·道金斯
Richard Lazarus 理查德·拉萨鲁斯
Richard Rorty 理查德·罗蒂
Richard Serra 理查德·塞拉
Richard Wagner 理查德·华格纳
Rick Strassmann 瑞克·史特拉斯曼
Robert Brandom 罗伯·布兰登
Robert Gernhardt 罗伯·盖恩哈特
Robert Nozick 罗伯·诺齐克

Robert Plutchik 罗伯・普鲁齐克
Robert Stickgold 罗伯・史蒂葛德
Rodolfo Llinas 鲁道夫・里纳斯
Roger Penrose 罗杰・潘罗斯
Rolling Stones 滚石合唱团
Romy Schneider 罗密・施耐德
Ron Howard 朗・霍华
rubber hand illusion 胶手错觉

—S—

Salvador Dali 萨尔瓦多・达利
Sandro Botticelli 波提切利
Sarah-Jayne Blakemore 莎拉-洁妮・布拉克摩尔
Schlosses Morsbroich 摩斯布罗希宫
Schwertleite 史维特莱德
Schwyzerdutsch 瑞士德语
Scott Atran 史考特・艾特伦
Scott E. Fahlman 史考特・法尔曼
Seiendes 存在物
Sein 存在
Sekundartugend 次级美德
self-confidence 自我意识
semiochemical 化学传讯素
sense of self 自我感
sensory nerve disorder 感觉神经障碍
serotonin 血清素
Shaun Spence 肖恩・史宾塞
Shire 夏尔
shoshone 休休尼语
Sidney Morgenbesser 西尼・摩根贝瑟
Sigmund Freud 弗洛伊德
Simon Mullins 赛门・穆林斯
Simone de Beauvoir 西蒙娜・波伏娃
skepticism 怀疑论
Skynet 天网
social constructionism 社会建构主义
sociopathy 社会病态
Sodom 索多玛
solipsism 唯我论
Sony 新力公司
spandrel theory of dreams 梦的三角壁理论
SPD 德国社会民主党
speech act 语言行为
spin imaging 自旋成像
spirit molecule 精神分子
spirituellen Grundgefuhl 心灵的基本情感
Sprachspiele 语言游戏
Sprengel-Museum 史普林格博物馆
St. Thomas Aquinas 圣托马斯・阿奎那
Stanley Kubrick 史坦利・库布利克
Stephen Hawking 史蒂芬・霍金
Stephen Jay Gould 史蒂芬・杰伊・古

—V—

vagueness 含糊

Vanitas-Motiv 虚无主题

Venus 维纳斯

Vergil 弗吉尔

Verkehrskelle 交管棒

VIKI 慧奇

Vilayanur S. Ramachandran 维拉亚努尔·拉玛钱德朗

Vincent van Gogh 梵谷

vis vitalis 活力

Vladimir Nabokov 佛拉基米尔·纳博科夫

Voltaire 伏尔泰

vorhanden 在手

—W—

Walt Whitman 沃尔特·惠特曼

Walter Brandmuller 沃尔特·布兰德穆勒

Walther von der Vogelweide 瓦尔特·冯·福格尔魏德

Waltraute 瓦尔特洛德

Weltanschauung 世界观

Welterklarung 解释世界

wetware 湿体

Wilder Penfield 怀尔德·潘菲德

Wilhelm von Humboldt 威廉·冯·洪堡

Wilhelm Wundt 威廉·冯特

Willard Van Orman Quine 乌伊拉德·梵·奥曼·奎因

William James 威廉·詹姆斯

William of Ockham 奥卡姆的威廉

William Shakespeare 莎士比亚

Williams-Beuren syndrome 威廉氏症候群

Witzenhausen 维岑豪森

Wolf Singer 沃尔夫·辛格

Woody Allen 伍迪·艾伦

Wotan 沃坦

Wustheuterode 维斯托伊特罗德

—Y—

Yemen 也门

yiddish 意第绪语

Yoda 尤达

—Z—

Zenon 芝诺

Zeus 宙斯

zufusen 上脚

zuhanden 上手